Anton Zischka
―――――
Tschernobyl – kein Zufall

Anton Zischka

Tschernobyl kein Zufall

Sowjetwirtschaft und die Fehler des Westens

Universitas

© 1987 Universitas Verlag, München
Alle Rechte vorbehalten
Schutzumschlag: Christel Aumann, München
Satz: Fotosatz Völkl, Germering
Druck: Jos. C. Huber KG, Dießen
Binden: Thomas Buchbinderei, Augsburg
Printed in Germany
ISBN: 3-8004-1138-5

Inhalt

I Das Gift, von dem niemand spricht
Der geistig-seelische »Fall Out« der Tschernobyl-
katastrophe 7

II Woran auch Dutzende Tschernobyls nichts ändern
Die *totale* Abhängigkeit der »Hochentwickelten« von
»harten« Energien 15

III Das »Russische Wunder«
Sergej Juljewitsch Witte und die Wirtschaftsentwicklung des Zarenreiches 25

IV Der Fluch des Goldes
Amerika und Japan, England und Rußland:
Wittes Scheitern an der Weltpolitik 37

V Der »Wanzenstich«
Rußland und der Krieg mit Japan 47

VI Die Pogrome rächen sich
Rußlands vierhundert »Kristallnächte« und die
Finanzierung des Russisch-Japanischen Krieges 59

VII Die Gewerkschaften seiner Majestät
Der Priester Gapon, der »Blutige Sonntag« und die
Revolution von 1905 69

VIII Die wahre Befreiung der russischen Bauern
Petr Arkadjewitsch Stolypin und die Überwindung
der ersten russischen Revolution 83

IX Lenin wird reich
Die Finanzierung der bolschewistischen Revolution
durch die Regierung Kaiser Wilhelm II. 99

X	Kerenskis »Versuch, auf der Lawine zu reiten« Rußlands »unbekannte« Märzrevolution 127
XI	Trotzkis Staatsstreich und die »Diktatur des Proletariats« Die bolschewistische Machtübernahme im November 1917 139
XII	Das Erbe der Brüder Nobel Rußlands Mineralölindustrie und die bolschewistische Nutzung der internationalen Trustkämpfe 167
XIII	Die Hilfe der westlichen Wirtschaftskrisen Rußlands Außenhandel und die deutsch-sowjetische und amerikanisch-sowjetische Zusammenarbeit 183
XIV	Serebrowskij nutzt den Goldwahn Die Bedeutung der sowjetischen Gold- und Diamantenvorkommen 209
XV	Die Umgestaltung der Natur Der Dawydowplan, die Erschließung der Sowjet-Arktis und Rußlands »Eiserne Sklaven« 221

Register 235

I
Das Gift, von dem niemand spricht

Der geistig-seelische »Fall Out« der Tschernobyl-Katastrophe

Am 25. April 1986 geschieht im Kernreaktorkomplex von Tschernobyl in der Ukraine, was am 28. März 1979 im Kernkraftwerk Three-Mile-Island bei Harrisburg in Pennsylvanien geschehen ist: Es kommt zur Überhitzung des Reaktorkerns, der teilweise schmilzt. Aber der Moderator ist hier Graphit, der zu brennen beginnt. Es kommt um 1 Uhr 23 des 26. April zu einer Gasexplosion (*nicht* zu einer Atomexplosion, die es in keinem Kernreaktor geben *kann*) und große Mengen radioaktiver Nukleide gelangen in die Atmosphäre. Das geschieht hier nach drei Jahrzehnten friedlicher Nutzung der Kernenergie zum erstenmal und zum erstenmal gibt es hier auch Strahlungstote, während bisher Menschen (in der West-Welt insgesamt acht) in Kernkraftwerken nur durch Unfälle umkamen, die es in *jedem* Kraftwerk gibt. Erstmals entsteht in Tschernobyl auch eine Strahlungswolke, wie sie bisher nur in Hiroshima und Nagasaki und bei den seit 1963 verbotenen Atombombenerprobungen in der Atmosphäre entstanden. Diese Wolke wird in Schweden, Finnland und Norwegen registriert.
Das Alarmsignal aber kommt am 27. Mai 1986 aus Amerika: »2200 Tote! Hunderttausende verstrahlt!« steht in den größten Lettern, über die sie verfügen auf den Titelseiten zahlloser Zeitungen der USA, als es die ersten *zwei* Toten in Tschernobyl gibt. Und nun ist die große Masse der Amerikaner überzeugt: Ronald Reagan hat recht. In Moskau herrscht der Teufel. Und aus Rußland ergießt sich nun nicht nur das Gift des Kommunismus und der Geifer des Anti-Christ über die Welt, sondern auch der heimtückische Strahlungstod.
Was in Tschernobyl geschehen ist, gibt die Sowjetregierung verspätet bekannt und ist so selber daran schuld, daß die amerikanischen Meldungen weltweit verbreitet werden. Die aber heizen eine Mas-

senhysterie an, der entgegenzuwirken politisch nichts einbringt und so gibt es auch in den von der Ausfallwolke berührten Ländern keine raschen, klaren Regierungsstellungnahmen und keine konkreten, durch Vergleiche allgemein verständlichen, amtlichen Meßdaten. Besonders Bonn ist nicht daran interessiert, der amerikanischen Propaganda offen zu widersprechen und so kommt es in Brokdorf und Wackersdorf zu Revolten, wie sie in den USA undenkbar bleiben. Da reden selbst CDU-Politiker vom »Aussteigen« aus der Kernenergie.

Immerhin werden in den Schweizer Medien Feststellungen wie die der amtlichen Schweizer Kommission zur Überwachung der Radioaktivität, nicht im Kleindruck einer hinteren Seite versteckt. Die lautet z. B. am 3. Mai 1986: »Die bisher gemessenen Strahlungspegel sind völlig unbedenklich ... Eine potentielle Gefährdung könnte sich erst bei einem Anstieg der Radioaktivität auf das Fünfhundert- bis Tausendfache ergeben, der über mehrere Wochen andauern würde ...« In der Schweiz *gab* es konkrete Zahlen und da *wurden* Vergleiche gemacht, die dem Laien ein klares Bild vermittelten. Professor Meinrad Schär, Direktor des Instituts für Sozial- und Präventivmedizin der Universität Zürich erklärte z. B. am 18. Mai 1986: Wenn im Blick auf eine Gefährdung durch Jod-131 empfohlen wird, Kleinkindern keine Frischmilch zu geben, so müßte man konsequenterweise eine Mutter, die einen Säugling ihrem Zigarettenrauch aussetzt, mit langjährigem Zuchthaus bestrafen.«

Wie die schweizer ergaben die deutschen Meßdaten völlig eindeutig: Wenn die höchste, durch Tschernobyl bedingte, zusätzliche Strahlenbelastung einen Monat lang angedauert hätte, hätte sie eine Dosis von insgesamt 36 Millirem ausgemacht. Die naturgegebene Strahlenbelastung in Mitteleuropa beträgt 520 Millirem. Ohne daß jemals negative gesundheitliche Auswirkungen festgestellt werden konnten, gibt es im Schwarzwald seit jeher Gebiete mit einer terrestrischen Radioaktivität von 1600 bis 1800 Millirem pro Jahr. Im indischen Kerala beträgt sie *stets* 1800 bis 2000 und in gewissen Gegenden Brasiliens 8000, *ohne* daß dort oder in Indien höhere Krebshäufigkeit, eine höhere Zahl von Erbschäden etc. festgestellt werden konnten. Und nicht nur von den lokalen Behörden nicht, sondern nach jahrzehntelangen Vergleichen auch von der Weltgesundheitsorganisation nicht.

Zu den naturgegebenen Strahlungen kommen seit fast einem Jahrhundert die Belastungen durch Röntgenstrahlen und seit 1945 die durch Hiroshima und Nagasaki und die diesen Atombombeneinsätzen folgenden mehr als fünfhundert Atombombentests in der Atmosphäre. Und verglichen mit dem, was diese Versuche zuerst in die Luft brachten und durch den während Jahrzehnten und bis *heute* aus der Stratosphäre herabsinkenden »Atomstaub« in den Boden und das Wasser brachten und bringen, ist der Tschernobylausfall glücklicherweise völlig bedeutungslos. Wirkungen der atmosphärischen Atombombenversuche der Vereinigten Staaten, der Sowjetunion, Englands, Frankreichs, Chinas und Indiens wurden in der Antarktis ebenso wie in Westeuropa oder Japan festgestellt und natürlich auch in Deutschland gemessen. Und so stellte auch das Physikalische Institut der Universität München fest: »Auf dem Dach unseres Instituts wurden während der zehn Tage 27. April – 8. Juni 1986 insgesamt 16 300 Becquerel Ausfallstrahlung gemessen, während der naturgegebene Wert ein Becquerel beträgt. An der gleichen Stelle wurden jedoch am 13. August 1957 durch amerikanische und russische Atombombenversuche 30 000 Becquerel und in Kempten 70 000 gemessen. Der Mittelwert 1956 – 63 an radioaktivem Niederschlag pro jeweils zehn Tagen betrug 1850 Becquerel.«
Die Folgen der Atombombenversuche interessieren heute niemanden mehr. *Weltweit,* vor allem aber in Europa und hier besonders in Westdeutschland, wirkt sich nur der »Fall Out« aus, der seit dem 27. Mai 1986 über den Ozean kam. Ein »Ausfall«, der auch mit den raffiniertesten Analysemethoden materiell nicht meßbar ist, sich aber noch verheerender als Radionukleide auswirkt. Denn der droht das »Knochenmark« der westlichen Zivilisation, das Vertrauen Unzähliger und vor allem der Jugend in Wissenschaft und Technik und in eine auf Wohlstandswachstum ausgerichtete, *freie* Wirtschaft zu zerstören. Was schon 1961 mit dem amerikanischen Bestseller »Silent Spring« begann, nahm lebensbedrohende Ausmaße an und ist durch Tschernobyl zu einem Trauma geworden, das Europa zum Selbstmord zu treiben droht. Es ist grotesk, aber nicht in der Sowjetunion wirkt sich dieser Unfall verheerend aus, sondern bei *uns.* Durch Tschernobyl bekamen Drahtzieher der verschiedensten Art *die Möglichkeit, in Europa und besonders in Westdeutschland geistig-seelisches Gift freizusetzen, das auf unabsehbare Zeit weiter-*

wirken wird und das Ängste anfacht, die noch schrecklichere Wirkungen haben können als die stärksten Strahlungen.

Natürlich *ist* die Atomangst begründet. Denn Hiroshima und Nagasaki beendeten ja nicht den Zweiten Weltkrieg, den auch Japan bereits verloren *hatte*, sondern leiteten den »Kalten Krieg« ein. Die ersten Atombombenabwürfe lösten ein nukleares Wettrüsten aus, das eine Apokalypse durchaus möglich macht. Aber das wurde und wird natürlich von *beiden* »Supermächten« nicht besonders hervorgehoben und so kam es zu einer grotesken Angst-*Verlagerung:* Nicht gegen die tausenden und Abertausenden Nuklear-*Waffen* wird demonstriert, die es in allen NATO- und Warschaupaktländern gibt, sondern gegen die *friedliche* Nutzung der Kernenergie, die Atomkraftwerke. Und nicht nur gegen die bekanntlich. Sondern gegen unsere »Maschinenwelt« überhaupt und gegen *jede* Art Wirtschaftswachstum und die Nutzung *aller* »harten« Energien.

Angst ist ein Gefühlszustand, der einer unbestimmten Lebensbedrohung entspringt; Furcht ein Affekt, dem eine greifbare oder gegenständlich klar umrissene Bedrohung zugrundeliegt. Beide stacheln den Selbsterhaltungstrieb an und waren seit jeher die großen Antreiber, ohne die es keine Anpassung an neue Lebensbedingungen gegeben hätte. Nur die Furcht vor dem Hunger führte zum Akkerbau, zur Vorratshaltung, zum Dammbau; ohne Angst gäbe es keine Ersparnisse, keine Kapitalbildung, kein Versicherungswesen. Aber Angst und Furcht wirken sich nur so lange positiv aus, als sie nicht überhandnehmen. Sobald das geschieht, lähmen sie alles klare Denken, jede Tatkraft, selbst den Willen zur Selbstverteidigung. »Bestenfalls« lösen sie Panikhandlungen aus.

Tschernobyl schuf Ängste wie nichts zuvor. Diese Katastrophe droht eine Geistesverwirrung, die in den letzten Jahrzehnten stetig wuchs, derart zu vertiefen, daß sie überhaupt nicht mehr überwunden werden kann und dazu führt, daß wir aus Angst vor eingebildeten Gefahren Selbstmord begehen. Wir *sind* (worauf der Verfasser schon 1979 hinwies) in einem Kampf ums Überleben begriffen, nicht weil es zu viele Menschen und zu wenige Ressourcen gibt; nicht weil die Welt ein stinkendes Armenhaus zu werden droht, in dem schließlich niemand mehr menschenwürdig zu leben vermag; sondern weil mehr und mehr geistig »Führende« desorientiert sind und mehr und mehr Wähler keine Ahnung haben, in *welcher* Art

Welt sie leben und *was* ihren Wohlstand ermöglicht. Weil eine zutiefst materialistische Weltanschauung die überragende Bedeutung der geistig-seelischen Einstellung zum Leben verkennt.

Fragt man z. B.:
Wieso stiegen die Vereinigten Staaten zur reichsten und mächtigsten Nation der Erde auf?
so heißt es so gut wie immer: Weil das ein an Bodenschätzen außerordentlich reicher Riesenraum zwischen zwei Ozeanen und mit günstigem Klima ist, in dem es nie Zollgrenzen gab. Aber das Fruchtland und die Bodenschätze gab es auch zur Zeit der Indianer. Erst Europas 44 Millionen Auswanderer machten Amerika reich. Und *nicht* nur deren Fleiß, deren Kenntnisse, Ersparnisse und Kinder, sondern deren Pioniergeist, deren Glauben, in ein »Land der unbegrenzten Möglichkeiten« gekommen zu sein, in dem man *alles* erreichen konnte. Diese Einwanderer kamen aus den verschiedensten Ländern, sprachen die verschiedensten Sprachen, hingen verfeindeten Religionen und Ideologien an und waren kulturell oft um Jahrhunderte voneinander getrennt. Aber alle hatten sie den unbeugsamen *Willen*, hochzukommen und *alle* besaßen sie einen unerschütterlichen Zukunftsglauben. Keine der vielen Wirtschaftskrisen, die es von Anfang an in den Vereinigten Staaten gab, vermochte ihren Optimismus zu dämpfen.

Ähnlich war und ist es anderswo:
Was machte Japan von einem mittelalterlichen Feudalstaat binnen einem einzigen Jahrhundert zur zweitbedeutendsten Industrienation der Erde?
Wie können die heute 120 Millionen Japaner auf Inseln, die nur zu einem Fünftel landwirtschaftlich zu nutzen sind und keine nennenswerten Rohstoff- und Energieträgervorkommen bergen, das zweitgrößte Bruttosozialprodukt der Erde erarbeiten? Dazu *ohne* fremde Finanzhilfe und Einwanderung wie im Fall der USA?
Japans Aufstieg begann mit einer *geistigen* Wandlung. Mit einer *neuen* Einstellung zum Leben und zur Umwelt, ausgelöst durch die gewaltsame Öffnung seiner Häfen durch die Amerikaner im Jahre 1854; durch den Japans Patriotismus anstachelnden Schock der »erniedrigenden Verträge«, die die USA und wenig später Rußland und die europäischen Großmächte der japanischen Regierung abzwangen. Um nicht in die Händel des Kolonialzeitalters verwickelt

zu werden, hatte sich das Inselreich im Jahre 1615 hermetisch von der Außenwelt abgeschlossen, sich völlig auf seine eigenen, naturgegebenen Möglichkeiten beschränkt und seine Bevölkerung durch drakonische Geburtenbeschränkungsgesetze diesen Ernährungsmöglichkeiten angepasst und 1726–1854 auf rund 26 Millionen festgehalten. Nun *mußten* die Japaner umdenken und auf eine andere als die bisherige Art zu leben versuchen. 1868 übernahm Kaiser Meiji die Gewalt, bildete eine Plankommission und die faßte das neue Staatsprogramm in die zwei Worte »Songyo rikkoku« = »Aufbau durch Industrie«. Raum, Klima und Rasse blieben unverändert. Aber zum alten, künstlerischen Gewerbefleiß der Japaner trat ihr diesseitsorientierter Pragmatismus und die Hilfe der Naturkräfte. Der *Wille*, die Weißen einzuholen und zu übertreffen schuf ein *neues* Japan.

Als sich das aufsteigende Inselreich durch England und Amerika dazu benutzen ließ, Krieg gegen Rußland zu führen, geriet es auf einen Irrweg, wurde es auch selber zu einer Kolonialmacht, unterschätzte es China. Japans *zu* rasche Erfolge lösten den Pazifikkrieg aus und 1945 schien es mit Japan (wie mit Deutschland) vorbei. Aber Hiroshima stachelte den Lebenswillen der Japaner nur noch mehr an, Hiroshima *bewies*, daß Kriege kein Mittel der Politik mehr sind und *nur* Japan machte den Rüstungswettlauf der Nachkriegsjahre *nicht* mit, schrieb in seiner Verfassung fest, daß die Verteidigungskosten ein Prozent der Gesamtwirtschaftsleistung niemals übersteigen dürfen – und ist schon dadurch seinen Handelskonkurrenten überlegen. 1985 war Japans Gesamtwirtschaftsleistung mit rund 1400 Milliarden Dollar zehntausendmal größer als hundert Jahre zuvor und bestand das Inselreich 1854 praktisch für die Welt nicht, so gibt es heute kaum einen Menschen auf der Erde, den Japans Exporte – und damit Japans Rohstoff- und Energiebedarf – nicht unmittelbar oder mittelbar berühren.

Beweist Japan
die ungeheure Bedeutung, die geistige Wandlungen für das Schicksal eines Volkes haben können,
so nicht minder Indien, das kein Entwicklungsland, sondern ein *ruiniertes* Land ist. Hier wurde die Art des Wirtschaftens *nicht* rechtzeitig den veränderten Gegebenheiten angepaßt und so wurde aus einem der höchstentwickelten und reichsten eines der ärmsten

Völker der Erde. Und ein warnendes Beispiel für Europa. Denn auch von nicht wenigen Europäern wird heute verlangt, daß 500 Millionen Menschen leben sollen wie ehedem 50 lebten und auch in Europa *gab* es ja bereits eine geistig-seelische Wandlung, durch die wir unser antikes Kultur-Erbe und die antike Technik aufgaben und ein Jahrtausend lang Wissenschaftsfeindschaft und blinder Dogmenglauben die Entwicklung hemmten. Die absolute Herrschaft der Kirche aber war nicht durch Gewalt aufgerichtet worden, sondern durch ihr Lehr- und Informationsmonopol.

Und droht ein ähnliches Monopol nicht erneut?

Konnte sich nicht auch
der Wohlstandsüberdruß und die Wissenschafts-, Technik- und Unternehmerfeindschaft
so tief in die westlichen Industriegesellschaften einfressen, weil die wirksamsten unserer Massenmedien, die Rundfunkanstalten, sie fördern?

Die sind im Besitz des »Volkes«. Aber das Volk wie die von diesem Volk gewählten Politiker bleiben auf eine Intellektuellenschicht angewiesen, die Stunde für Stunde und Tag für Tag die Informationen auswählen und kommentieren; die selber diese Medien *sind*, und die stets die Mittel und Wege finden, die Meinungen durchzusetzen, die ihren eigenen entsprechen. Ihr Publikum aber ist praktisch hilflos. Denn wir leben in einer Welt, die längst viel zu kompliziert wurde, um mehr als den eigenen, eng begrenzten Arbeitskreis überblicken zu können. Fast zwangsläufig kam es von der Arbeitsteilung zur Urteilsteilung: Wie man sich der Werkzeuge bedienen *muß*, die andere schufen, so der Urteile, die andere fällen. Die Zahl der Informationen, die ein Mensch verarbeiten, d. h. zur eigenen Meinungsbildung verwenden kann, ist begrenzt. So viele stürmen nun auf ihn ein, daß ihm nichts anderes übrigbleibt, als *vorgefaßte* Meinungen, Schlagworte und Klischees zu übernehmen und nur die Fakten zu akzeptieren, die diese vorgefaßten Meinungen unterstützen. Auf »die herrschende Meinung« kommt es an, nicht auf Tatsachen und Notwendigkeiten, denn die *Massen* wählen ja die Regierungen.

Vor zwei Jahrhunderten befand sich der entwickelte Teil der Menschheit in einer ähnlichen Lage wie heute: *Der* große Energieträger war damals das Holz. Seit Millionen Jahren war es die einzige

Wärmequelle, seit Jahrtausenden zum Eisenschmelzen als Holzkohle so unentbehrlich wie als Brennstoff zum Ziegelbrennen und Salzsieden, Holzasche unentbehrlich für die Seifenherstellung und zum Bleichen der Textilien. Die Wälder in den »entwickelten« Ländern aber drohten zu verschwinden. Die berühmten Städtebilder Merians z. B. zeigen, daß heute wieder dicht bewaldete Berge unweit größerer Siedlungen im 17. und 18. Jahrhundert völlig kahlgeschlagen waren. Und so *mußte* ein neuer Energieträger gefunden werden und da die Kohle meist tief im Boden liegt, brauchte man zur Wasserhaltung Dampfpumpen. Für beides *wurde* gesorgt.
Heute geht das Erdöl zu Ende – und in jüngster Zeit durch das Überangebot der armen Förderländer wie Nigeria, Mexiko etc. etc., die Öl um *jeden* Preis verkaufen müssen, nur umso schneller. Wie zur Zeit Watts und Boultons *gab* es rechtzeitig Forscher, Erfinder und risikobereite Unternehmer, die für einen neuen Energieträger sorgten. Die Kernenergie *könnte* durch Kohlehydrierung und Kohletotalvergasung die Lebensdauer der natürlichen Kohlenwasserstoffverbindungen vervielfachen und *könnte* eine
    Elektro-Wasserstoff-Wirtschaft
entstehen lassen, durch die so gut wie alle Umweltprobleme ebenso wie alle Energiesorgen behoben wären. Aber heute entscheiden *nicht* Wirtschaftspioniere darüber, ob die nötigen Investitionen vorgenommen werden oder nicht. Sondern letzten Endes die Regierungsbürokratien und die Wähler, und *wen* die Wähler wählen bestimmen weitgehend die »Medien« ...
Die Wähler *waren* bereits verunsichert, als es zu Tschernobyl kam. Jetzt sind es mehr denn je auch die von ihnen Gewählten und erstmals ohne Rücksicht auf die Parteibindung; in *allen* Lagern gibt es nun Politiker, die zum »Aussteigen« aus der Kernenergie raten und die Europa und besonders Westdeutschland nicht nur in Gefahr bringen, ein zweites Indien zu werden, sondern *ohne* Krieg und Gewalt völlig abhängig von der Sowjetunion. Denn *nur* die – und nicht Amerika – kann langfristig Deutschland und andere europäische Länder ohne eigene Energiequellen mit Erdgas und Erdöl und morgen mit Strom versorgen. Nur wer *selber* seine Energieversorgung sichert, bleibt auf die Dauer frei, daran ändert Tschernobyl nicht das Geringste. Das aber scheinen nur die Russen zu wissen.

II
Woran auch Dutzende Tschernobyls nichts ändern

Die totale Abhängigkeit der »Höchstentwickelten« von »harten« Energien

Eines der wenigen *echten* Weltprobleme besteht darin, daß unzählige »Entscheidungsträger« zu wenig oder überhaupt nichts über die Naturgegebenheiten wissen, die niemand und nichts ändern kann, von denen aber ihr eigenes wie das Leben *aller* Menschen abhängt. Da weiß zwar jeder »Gebildete«, daß »Energie« vom griechischen »energeia« abgeleitet ist, und daß das »die wirkende Kraft« oder »das Treibende« bedeutet. Daß die Energie in Form der Gehirnströme und auf tausenderlei andere Art *alles* beherrscht, was auf der Erde geschieht. Und daß sie den Kosmos nicht nur erfüllt, sondern schuf.
Die Energie ist also »allgegenwärtig« – wie auf der Erde die Luft. Damit so »selbstverständlich«, daß z. B. erst der österreichische Physiker Ludwig Boltzmann 1887 erkannte:
> »*Der Kampf ums Dasein ist vor allem und wird in immer stärkerem Maße ein Kampf um die Beherrschung oder Erzeugung von Energie*«.

Denn Energie in den verschiedensten Formen gibt es zwar überall und »seit jeher«. Aber für menschliche Zwecke muß sie aus Primärenergieträgern freigesetzt werden und die gibt es nicht überall und jederzeit, deren Lebensdauer ist beschränkt und vor allem erfordert diese Nutzung sehr viel Wissen und sehr viel Arbeit, vor allem auch sehr viel in Form von »Kapital« gespeicherte Arbeitskraft, über die nach wie vor mehr als die Hälfte der Menschheit *nicht* verfügt.
Was Boltzmann vor einem Jahrhundert aussprach, wußten zwar Englands Führende schon seit der »Industriellen Revolution«, die mit Watts Dampfmaschine und Arkwrights mechanischem Spinnstuhl des Jahres 1769 begann, das wußten Deutschlands »Führende« jedoch 1939 so wenig wie 1914, denn sonst hätte es weder den

Ersten noch den Zweiten Weltkrieg gegeben: 1914—18 wurden im Deutschen Reich insgesamt 431 Tausend Tonnen Öl gefördert. In den Vereinigten Staaten 245 Millionen Tonnen und dazu kam das Öl des Britischen Weltreiches. Mit Recht hieß es 1919 in Versailles: »Eine Woge von Öl trug die Alliierten zum Sieg!« Im Zweiten Weltkrieg klaffte die Energieversorgung der »Achse« und der Alliierten noch weit mehr auseinander. Mit dem Tankinhalt eines jeden der schließlich hunderten amerikanischen Großbomber hätte ein Auto sechzehnmal den Äquator umrunden können. Diese 95 000 Liter Benzin (= 851 000 kWh) kamen der Jahresmuskelkraftleistung von 8 150 Soldaten, fast einer Division, gleich. Allein für die Uran-Isotopen-Trennung stand den USA 1943 ein Drittel des Stromes zur Verfügung, den damals sämtliche Kraftwerke des Großdeutschen Reiches lieferten. Als die Amerikaner 1944 die deutschen Synthesewerke zerstörten, die 1939—44 insgesamt 23 Millionen Tonnen Synthese-Benzin herstellten, war der Krieg endgültig verloren.

Was scheinbar sehr viele unserer heutigen Strategen nicht wissen wollen, denn die raffinierte Elektronik unserer Panzer und deren Nachtsichtgeräte ändern so wenig wie selber ihr Ziel suchende Luftraketen etwas daran, daß *kein* Verbrennungsmotor und kein Düsentriebwerk ohne Energiezufuhr funktioniert und wir über die nötigen Energieträger selber *nicht* verfügen. Die zahllosen Milliarden, die der »Sicherung unserer Ernährungsgrundlage« dienen, ändern nicht das Geringste daran, daß ohne Lastautos die Ernten nicht von den Feldern zur Eisenbahn oder direkt in die Städte gebracht werden können, die Städter verhungern, lange *bevor* die Traktoren und die Fischereifahrzeuge durch Treibstoffmangel zum Stillstand kamen. Daß es unvorstellbare Mengen Energie *gibt*, ist zwar die Voraussetzung ihrer Nutzung. Aber worauf es praktisch ankommt ist *wo, wann* und in *welcher* Form: Da heute die Existenz der Industrieländer von ihrer Ölversorgung abhängt, gehen sie ohne Öl trotz ihrer teilweise enormen Kohlevorräte zugrunde. Denn kaum irgendwo übersteigen die Vorräte den Verbrauch von 100 Tagen. Keine nennenswerte Kohlehydrieranlage ist in weniger als zwei Jahren zu bauen.

Bei fast allen heutigen Energiediskussionen wird der Zeitfaktor völlig ignoriert und damit natürlich auch

die unauflösliche Verkettung zwischen der Energienutzung und der Menschenzahl
außerachtgelassen. *Die* aber zwang uns, eine »Maschinenwelt« zu schaffen. Die steigt weiter und wenn wir das auch verhindern oder zumindest in Grenzen halten *könnten,* indem wir überall für soziale Sicherheit sorgen, die Menschen der Entwicklungsländer nicht länger *zwingen,* viel zu viele Kinder zu haben weil immer noch zu viele zu jung sterben und nur *eigene* Kinder die alten Eltern vor dem Verhungern bewahren; wenn es *nur* in den ärmsten Ländern zu viele Kinder gibt und in *keinem* »hochentwickelten«, praktisch nichts geschah und nichts geschieht und so kann es schon durch das Bevölkerungswachstum keine Verminderung des Energiebedarfs geben, sondern nur eine immer raschere Zunahme.
Denn *naturgegeben* und für *alle* Menschen, gleich welcher Rasse und gleich unter welchem politischen System sie leben, gilt (durch zahlreiche arbeitsphysiologische Versuche erhärtet):
  Die verwertbare Muskelarbeitsleistung des Menschen entspricht hundert Kilowattstunden pro *Jahr.*
  Um nicht zu verhungern braucht er mindestens tausend.
  Um halbwegs menschenwürdig zu leben zehntausend und als »Hochzivilisierter« dreißigtausend.
Das heißt: *Nur* durch die Nutzung der Naturkräfte blieb der Mensch am Leben. *Nur* durch sie vermochte die Menschheit auf heute fünf Milliarden Erdbewohner anzuwachsen. Zwar wurde der Mensch vom Sammler und Jäger (der, wie wir durch die Buschleute der Kalahari wissen, die das blieben, etwa 15 Quadratkilometer »Lebensraum« pro Kopf braucht) zum Ackerbauer und Tierhalter, entwickelten sich Handel und Gewerbe. Aber als die Weltbevölkerung Ende des 18. Jahrhunderts 800 Millionen erreichte, herrschte immer öfter auch in Europa Hunger. Da war die Erde »voll« und Malthus forderte eine radikale Geburtenbeschränkung der Armen: Das wiederum aber heißt:
  »Naturgegeben« müßten heute bei Verzicht auf »harte« Energien mindestens vier Fünftel der Weltbevölkerung »eliminiert« werden.
Das Holz *mußte* durch die Kohle ersetzt werden. Zur »Industriellen Revolution« *mußte* es kommen. Und ein Zurück aus unserer »Maschinenwelt« *kann* es nicht geben, denn wenn der Mensch ein

Wunderwerk der Natur ist und seine Geisteskräfte grenzenlos, körperlich ist er trotz aller Sportrekorde schwach, jedes Pferd leistet das Fünfzehnfache seiner Muskelkraft. Wie grotesk die Diskussionen sind, die Tschernobyl auslöste, beweisen unwiderlegliche Feststellungen wie diese:
Was ein Mensch Gen-bedingt und damit unabänderlich für immer während eines *Jahres* an verwertbarer Muskelleistung zu erbringen vermag, entspricht:
  12 Kilo Kohle.
   9 Kilo Mineralöl.
   1 Gramm Uran in Leichtwasserreaktoren und
   2 Tausendstel Gramm Uran in Brütern.
In Kilowatt leistet:
Der Mensch 0,07
Ein mittlerer Traktor 90
Eine Elektrolokomotive 8000 bis 14 000
Ein mittlerer Walzwerksmotor 30 000
Eine Hochleistungsdampfturbine 200 000
Ein typisches Kernkraftwerk 1 200 000
Selbst nicht voll ausgelastet (bei nur 5 Mrd. kWh Stromerzeugung pro Jahr) und ohne Abwärmenutzung kommt die Leistung eines jeden 1200 MWe Kernkraftwerks der von 50 Millionen Muskelarbeitern gleich.
Entscheidend wichtig ist weiter:
In Kilowattstunden ausgedrückt beträgt die Jahresleistung der Weltbevölkerung an verwertbarer Muskelkraft 500 Milliarden.
Der Primärenergieverbrauch der Welt (rd. 10 Mrd. t Steinkohleeinheiten zu je 8 150 kWh) 81 500 Milliarden.
Was heißt, daß heute im Weltdurchschnitt jedem Menschen aus Fleisch und Blut 196 unsichtbare Helfer – »Energiesklaven« oder »Eiserne Sklaven« – zur Verfügung stehen, die »Hochentwickelten aber über 500 bis 1200 solcher Helfer verfügen, die ein Knopfdrücken oder Fußpedalniedertreten »mobilisiert«. Diese Helfer gibt es *nirgends* durch Sonnenenergie, den Wind oder die Erdwärme; die kann es aus naturgesetzlichen Gründen in ihrer heutigen Zahl *nur* durch »harte« Energien geben. Und die muß es morgen in noch weit größerer Zahl als heute geben. Denn *jeder* der heute 5 Milliarden Menschen auf der Erde hat das gleiche Recht auf sein Leben wie wir

– und das gleiche Recht auf die *Hilfe* der Natur bei seiner Lebensgestaltung wie wir.

Das Menschenrecht auf Energie ist ein Urrecht, ein Naturrecht, denn die *Natur* schuf uns nackt und gezwungen uns selber Kleider und Unterkunft und die Wärme zu beschaffen, ohne die wir erfrieren. Die *Natur* schuf uns schwach und *gezwungen,* die Hilfe der Tiere in Anspruch zu nehmen, Sklaverei zu treiben und schließlich nicht nur die Sonnenenergie in Form von Holz und Ernten, sondern auch in Form des Sonnenenergie-*Kapitals* der Erde, in Form von Kohle, Erdgas und Erdöl zu nutzen, und die durch die Nuklearkräfte zu ergänzen, die ja keineswegs »unnatürlich« sind, sondern die Sonne strahlen und alle Himmelskörper leuchten lassen.

Das Menschenrecht auf Energie bedeutet aber zugleich: Wir können auf *keine* mögliche Energiequelle verzichten und wir müssen *mehr* Energie freisetzen als heute, denn es ist nicht nur unmenschlich, sondern muß zu immer größeren wirtschaftlichen und politischen Schwierigkeiten führen, wenn es dabei bleibt, daß – wie heute – die Hälfte der Weltbevölkerung mit einem Zehntel aller auf der Erde gewonnenen Primärenergie auskommen muß. Die Pro-Kopfversorgung der Vereinigten Staaten zu der Indiens verhält sich wie 60 zu 1, zum Weltdurchschnitt wie 6 zu 1. Da verfügt auch jeder Westdeutsche über rund dreißigmal so viel Energie wie jeder Inder.

Insgesamt verbraucht die Dritte Welt heute nicht mehr Energie als die Autos der Industrieländer.

Und *darum* vor allem können die »Armen« nicht rationell produzieren, besitzen sie keine Kaufkraft, hungern hunderte Millionen und bilden sie keinen Markt für die Industrienationen, in denen die Arbeitslosigkeit immer höhere Prozentsätze erreicht.

Wir brauchen aber keineswegs nur *mehr* Energie. Wir müssen nicht nur die untragbaren Energieverbrauchsunterschiede ausgleichen. Wir müssen auch die Versorgung der heute über reichlich Energie verfügenden Länder *umstellen,* denn das Ölzeitalter geht, wie gesagt unaufhaltsam zu Ende. Der Ölpreis sank 1985–86 nicht deshalb auf die Hälfte, weil es zu viel Öl *gibt,* sondern weil zuviel produziert wird, der Raubbau, der seit Beginn der Mineralölwirtschaft getrieben wird, *nicht* aufhörte und wir weiter *gegen* die Natur wirtschaften: Mineralöl und Erdgas stellen etwa sieben Zehntel des Gesamtprimärenergieverbrauchs der Welt.

Der Energieträgervorrat der Erde
jedoch besteht (der Welt-Energie-Konferenz zufolge) aus:
48 % Kernbrennstoffen,
35 % Kohle,
7 % anderen Kohlewasserstoffen, d. h. praktisch Erdöl und Erdgas.
Die Gewinnung dieser beiden Energieträger ist heute also fast zehnmal so groß, als den Naturgegebenheiten entspräche und so halten eben die neuen Ölfunde schon seit 1977 *nicht* länger mit dem Verbrauch Schritt. Da sank der Mineralölanteil am Gesamtenergieverbrauch, stiegen aber die sicheren Vorräte *nicht* und es ist eine einfache Rechnung: Die sicheren Vorräte der Erde an Mineralöl reichen für 28 Jahre des heutigen Verbrauchs. Wobei diese Zahl aber leicht zu Irrtümern verleitet. Denn nicht auf die Weltvorräte kommt es an, sondern wirklich »sicher« sind nur die *eigenen* Vorräte und wenn z. B. die OPEC-Länder sichere Ölvorkommen von 61 Milliarden Tonnen besitzen und ihr Eigenverbrauch nur 120 Millionen Tonnen beträgt, das Verhältnis Eigene Reserven : Jahresverbrauch sich wie 290 zu 1 verhält, so lauten die entsprechenden Zahlen für die Sowjetunion 23 : 1, die Vereinigten Staaten 4 : 1, für Westeuropa 4 : 1, für die Bundesrepublik 0,16 : 1 und für Japan 0,015 : 1 – Japan besitzt insgesamt Ölvorkommen von 4 Millionen Tonnen bei einem Jahresverbrauch von 320 Millionen.
Als Präsident Franklin D. Roosevelt am 2. August 1941 jeden Verkauf von Rohöl oder Mineralölprodukten an Japan oder japanisch besetzte Gebiete verbot und die Niederlande und England veranlaßte, das gleiche zu tun, war Pearl Harbour vorprogrammiert und der Pazifikkrieg als größter bisheriger Ölkrieg unvermeidlich. Wollen wir einen neuen und viel furchtbareren vermeiden; wollen wir es nicht zu Wirtschaftskatastrophen kommen lassen, gegen die die Weltwirtschaftskrise der Dreißigerjahre ein Kinderspiel war, so müssen wir *sofort* mit der Umstellung auf das Nach-Öl-Zeitalter beginnen, denn die bedeutet geradezu unvorstellbare Arbeit, das ist eine viele Jahrzehnte erfordernde Aufgabe, die schon wegen des immensen Kapitalbedarfes und der nötigen Kapitalbildung nur schrittweise durchgeführt werden kann. Mineralöl stellt heute 44 % des Gesamtenergiebedarfes der Welt statt zeitweilig 56 %. Aber es deckt nach wie vor *hundert* Prozent des Energiebedarfes aller Mo-

torfahrzeuge und der Luftfahrt, 99,8 % des Brenn- und Treibstoffbedarfes der Schiffahrt. Ölmangel bedeutet – wie schon gezeigt – *Hunger* und *Wehrlosigkeit*. Er bedeutet aber auch
 keine Schiffahrt und damit Aufhören des Welthandels
und ohne den ist keineswegs nur der Wohlstand Japans oder Deutschlands vernichtet. Ohne den gehen dutzende Entwicklungsländer ebenso zu Grunde wie durch den Zusammenbruch der Rohstoffversorgung *alle* Industriestaaten.
Technisch ist die Umstellung der Luftfahrt auf flüssigen Wasserstoff und der Schiffahrt auf Nuklearantrieb oder Kohlegasturbinen kein Problem, wirtschaftlich aber eine Aufgabe wie es bisher noch keine gab. Und da wird immer wieder vergessen: Binnen einer halben Generation müssen wir eine Milliarde Menschen *mehr* versorgen. Binnen einer bis zwei Generationen das »Ölzeitalter« durch das »Elektrowasserstoffzeitalter« ablösen, das *nur* durch intensivste Nutzung der Kernenergie möglich ist. Und *gleichzeitig* ein Problem lösen, von dem nicht die Rede ist, das aber ebenfalls *rasch* gelöst werden muß, weil es eng mit den beiden anderen zusammenhängt: Wir müssen auch
 die Gefahr des Wassermangels
überwinden.
Den gibt es keineswegs nur in den Sahelgebieten Afrikas oder in zahlreichen Großstädten, der ist naturbedingt, denn nur weil es heute fünf Milliarden Menschen gibt statt der 500 Millionen, die um das Jahr 1650 lebten, regnet und schneit es nicht mehr, die Niederschläge nahmen, seit wir sie registrierten, nicht wesentlich zu oder ab. Aber wir besitzen ja auch das ungeheure Wasser-*Kapital* der Erde, die Ozeane, die bekanntlich zwei Drittel unseres Planeten bedecken. Durch die *können* wir den Wasserkreislauf *ausweiten,* entsalztes Meerwasser *wird* ja bereits im Nahen Osten nicht nur als Trink- oder Industriewasser benutzt, sondern befruchtet auch Wüsten. Die bestehenden Entsalzungsanlagen werden mit Erdgas oder Erdöl betrieben. Von beiden gibt es nicht genug und vor allem nicht lange genug. Aber ideal sind Kernkraftwerke, die Strom *und* Wärme für die Verdampfer gleichzeitig liefern – und so
 die Möglichkeit der Kaufkraftschaffung aus dem »Nichts«
bieten: Wüsten sind (wie ihre Oasen beweisen) fast nur dort unfruchtbar, wo es kein Wasser gibt. Ihr Boden ist (wie der aller Trok-

kengebiete) wertlos. Ebenso ist ungenutztes Meerwasser und Luft wertlos, der nicht ihr Stickstoff zur Mineraldüngergewinnung entzogen wird. Und wertlos ist die Sonnenenergie, die von ungenutzten Trockengebieten ungenutzt in den Weltraum zurückstrahlt. Jede Neulandernte aber bedeutet 35 000 bis 60 000 Kilowattstunden *zusätzlicher* Sonnenenergiegewinnung. Intensiver Ackerbau statt extensiver Weidewirtschaft bedeutet im Durchschnitt eine Verdreitausendfachung des Hektargeldertrages. Ausweitung des *ewigen* Wasserkreislaufes durch nukleare Meerwasserentsalzung bedeutet keineswegs nur die Lösung des Wasserproblems, sondern *zusätzliche* Lebensmöglichkeiten, zusätzliche Produktion, zusätzliche Kaufkraft, zusätzlichen Welthandel. Sie hilft das Kapital für die Umstellung auf das Nach-Öl-Zeitalter zu liefern. Sie schafft *Raum* für die Neugeborenen. Und die großtechnische Meerwasserentsalzung beweist:

> *Es gibt heute kein materielles Problem, das nicht mit den bereits vorhandenen Mitteln zu lösen wäre.*

Nur gibt es leider sehr viele ungelöste *menschliche* und vor allem Massenpsychologische Probleme. Die hat – wie gezeigt – Tschernobyl verschärft, wie kaum etwas zuvor. Und diese Kraftwerkskatastrophe kann auch einen Wendepunkt im akutesten weltpolitischen Problem, im »Ost-West«-Konflikt bedeuten, denn sie droht ja den Gegensatz Kommunismus-Kapitalismus in den Gegensatz Realismus-Illusionismus zu verwandeln. Wenn die Nutzung aller naturgegebenen Möglichkeiten in der Sowjetunion weitergeht, und bei uns nicht, dann *muß* das Übergewicht der Russen auch ohne jede militärische Aktion oder politische Umsturzbewegung unerträglich werden.

Erhöht Tschernobyl also die »Russische Gefahr?«

Riskiert Europa nicht nur seinen Wohlstand, sondern liefert es sich nicht in *jeder* Beziehung den Russen ans Messer, wenn es auf die Sicherung seiner eigenen Energieversorgung verzichtet?

Über die bolschewistische Gefahr wird seit 1917 gestritten und über die russische seit dem frühen 18. Jahrhundert. Bereits 1858 schrieb Constantin Frantz (der deshalb auf Drängen des Zaren aus dem preußischen Staatsdienst entlassen wurde):

> »Ein Weltreich zu gründen, das seine natürliche Grenze erst in der Linie von Hamburg nach Triest findet, war der Hintergedan-

ke, womit man im Frühjahr 1703 in den Sümpfen der Newa die ersten Pfähle einrammte ...«
Die Panslawisten verstärkten Befürchtungen wie die von Frantz, denn 1877 schrieb Fjodor M. Dostojewskj im »Graschdanin«:
»Die Befreiung der geknechteten Völker kann nur von Rußland ausgehen ... Nur am russischen Wesen kann der verfaulende Westen genesen ...«
Bereits 1866 sagte der große Historiker Theodor Mommsen auch schon
ein *»Weltbündnis Amerikas mit Rußland«*
voraus und nannte es »das barbarische Endstadium der Menschheit.«
Vollends nach 1945 gab es Warnungen über Warnungen – und Widersprüche über Widersprüche. Da sagte Bundeskanzler Dr. Konrad Adenauer in der Wehrdebatte des Deutschen Bundestages vom 8. Februar 1952:
»Die Sowjetunion hat heute 30 Divisionen marschbereit in der Zone stehen ... und die Kriegsvorbereitungen Moskaus zwingen uns, jeden Tag mit dem Losbrechen einer kommunistischen Offensive zu rechnen ...«
Am 3. April jedoch, 54 Tage später, erklärte Bundeskanzler Dr. Konrad Adenauer dem gleichen Bundestag:
»... Ich bin der Auffassung, daß Rußland keinen Krieg vom Zaune brechen wird ... Es hat große innere Aufgaben zu erfüllen, zu denen es Kapital und Menschen braucht ... Auch Rußland ist deshalb gar nicht in der Lage, ewig seine Rüstungen fortzusetzen ...«
Ähnlich verwirrende Erklärungen gab es in Amerika, gab und gibt es immer wieder und heute mehr denn je ist die Frage: *Wem* soll man glauben?
Die Antwort kann nur lauten: Der *Geschichte!*
Tschernobyl *zwingt* dazu, durch *Fakten* in Erinnerung zu rufen, *wie* und durch *wen* die Sowjetunion entstand und *wodurch* und durch *wen* sie sich zu halten vermochte. Soll 1986 nicht ein *Schicksalsjahr* für die Welt werden, wie es 1917 war, müssen wir endlich aus den Fehlern der Vergangenheit lernen, wissen, wie und warum das Zarentum fiel und was an der Sowjetmacht echt und was falsch ist. *Nichts* was während des vergangenen Jahrhunderts in Rußland

geschah und von außen auf diese Geschehnisse einwirkte, ist »tote« Geschichte, denn es beweist, daß immer wieder *eigenes* Versagen und nicht fremde Überlegenheit das Entscheidende ist.
Ohne die Reichsregierung Kaiser Wilhelm II wäre Lenin nie an die Macht gekommen. Ohne Deutschlands Versagen in Brest-Litowsk wäre das Russische Reich zerfallen. Ist die deutsche Energiepolitik dabei, die Sowjetmacht zu konsolidieren wie nichts es besser könnte?
Lassen wir die Geschichte antworten ...

III

Das »Russische Wunder«

Sergej Juljewitsch Witte und die Wirtschaftsentwicklung des Zarenreiches

Daß die Kommunisten behaupten, erst sie hätten Rußland industrialisiert, ist verständlich. Aber auch im Westen wird so getan, als ob bis 1917 das riesige Zarenreich alleine von Muschiks bewohnt gewesen wäre, werden die Erfolge der Bolschewiken überschätzt, weil kaum jemand die ihrer Vorgänger kennt. Und da werden sie deshalb auch disproportioniert gefürchtet.
Die Sowjetunion *ist* bekanntlich riesig,
    das größte zusammenhängende Wirtschaftsgebiet der Erde,
zweieinhalbmal so groß wie die Vereinigten Staaten, neunzigmal größer als England. In diesem Herrschaftsgebiet geht die Sonne buchstäblich *nie* unter, mit seinen rund 22 Millionen Quadratkilometern bedeckt es ein Sechstel unseres Planeten und alleine die Ukraine ist mit 600 000 qkm größer als Deutschland es 1914 war. Von Odessa nach Moskau ist es so weit wie von New York nach Chicago. Und von Moskau nach Nowosibirsk so weit wie von Chicago nach Los Angeles. 65 000 Kilometer Grenzen hat die Sowjetunion, Grenzen, um mehr als die Hälfte länger als der Äquator.
Aber das Zarenreich war *noch* größer als die heutige Sowjetunion. Und nicht das kommunistische, sondern das zaristische Rußland wuchs wie *kein* anderer Staat: Als der erste »Zar aller Reussen«, Iwan III, im Jahre 1480 die Tributzahlungen an die Mongolenkhane einstellt, die bisher seine Herren waren, umfaßt sein Herrschaftsgebiet, das Großfürstentum Moskau, mit etwa 480 000 Quadratkilometern die Fläche Vorkriegsdeutschlands und da hat er höchstens eine Million Untertanen.
Dennoch beginnt bereits 1483 Rußlands Sibirienexpansion und hundert Jahre später ist Rußland zehnmal so groß wie zur Zeit Iwan III. Als 1725 Peter der Große stirbt, hinterläßt er 6,9 Millionen Quadratkilometer (rund ein Drittel des heutigen Staatsgebietes der

Sowjetunion) und als 1848 das »Kommunistische Manifest« erscheint, reicht Rußland 5 600 Kilometer von Nord nach Süd, 14 000 Kilometer von Osten nach Westen, ist es doppelt so groß wie die damaligen Vereinigten Staaten, von deren 3,56 Millionen qkm zudem erst 1,84 besiedelt sind. Zwischen 1500 und 1900 wächst Rußland um durchschnittlich 52 000 qkm alle 12 Monate oder um die Fläche Frankreichs alle zehn Jahre. Und was sind dagegen die sowjetischen »Erwerbungen«?
Moskaus Weltraumerfolge blieben vier Monate lang »*einmalig*«. Was die Donkosaken vollbrachten, blieb bis heute unübertroffen. Denn die zogen der im mittleren Ural entspringenden Tschussowa folgend nach Sibirien, gründeten 1585 die Stadt Tjumen und nahmen 1648 das Kap Deschnew an der Beringstraße in Besitz. Sie drangen binnen knapp zwei Generationen also *sechstausend* Kilometer weit nach Osten vor. Und die verstanden ihre Eroberungen derart zu sichern, daß diese riesigen Gebiete bis heute russisch *blieben*.
Stalins Fünfjahrespläne *haben* die Welt verändert. Aber sie entwikkelten weiter, was Peter der Große, »der rastlose Riese« begann und was Aristokraten wie Anatol Nikolajewitsch Graf *Demidow* begründeten.
Urenkel des Waffenschmieds Nikita Antufejew Demidowitsch aus Tula, der durch seine Gewehre und Kanonen die Gunst des Zaren Peter gewonnen hatte; in Newjansk den ersten Hochofen Rußlands baute; und durch die Gold- und Platinvorkommen, die er im Ural erschloß, seine Familie zu einer der reichsten des Landes machte, wurde der 1813 in Florenz geborene Graf Demidow in Frankreich erzogen und diente dann als russischer Diplomat in Paris, Wien und Berlin. Aber weit mehr war er Naturwissenschaftler und während sein Vater, der als General die Prinzessin Elisabeth Stroganow geheiratet hatte, zahlreiche neue Pflanzenarten und Tierrassen auf der Krim einführte und sich vor allem der landwirtschaftlichen Erschließung Südrußlands widmete, organisierte Demidow
die Erforschung der Bodenschätze »Neurußlands«:
Er gewann die Geologen *Huot* und von *Nordmann*, den Chef der französischen Bergbauverwaltung *Le Play* und noch zwei Dutzend andere Fachleute und ging mit ihnen Anfang 1837 in die Ukraine. Seit dem 18. Jahrhundert wurde hier Kohle vermutet, aber niemand

ging diesen Vermutungen nach. Erst Demidow führte Bohrungen aus, entdeckte das rund 25 000 Quadratkilometer große Donezbekken, dessen etwa 200 Flöze mit mindestens 90 Milliarden Tonnen bester Steinkohle zu den reichsten der Erde gehören. Demidow brachte hier bereits 1837 einen Schacht nieder, vier Jahre *bevor* im Ruhrgebiet als erste die Tiefbauzeche »Graf Beust« in Betrieb kam. Er stellte die Bedeutung der ukrainischen Eisenerzlager fest, suchte Kalkvorkommen und schuf so *alle* Voraussetzungen für die Entwicklung der russischen Schwerindustrie. Drei Generationen *bevor* es zum »Gosplan« kam, veröffentlichte Demidow 1842 in Paris sein vierbändiges Werk »Voyage dans la Russie Méridionale ...«, das auf die brachliegenden Reichtümer aufmerksam machte, sie exakt beschrieb und zeigte, *wie* sie am besten genutzt werden konnten.
Als Demidow 1870 starb, lieferte das Donezbecken zwar erst 256 000 Tonnen Kohle. Aber 1913 waren es 25 Millionen Tonnen. Ähnlich war es beim Eisen, vor dem allein bei Kriwoi-Rog gut 2000 Millionen Tonnen dem Abbau unmittelbar zugänglichen Hämatits mit bis zu 67 % Metallgehalt liegen; bei den auf 400 Millionen Tonnen geschätzten, von Demidow entdeckten Manganerzen Nikopols; beim Zink und Blei, Steinsalz, Gips und Gold der Ukraine. Seit dem Jahre 1900 lieferte das von Demidow erforschte und erschlossene Bergbau- und Industriegebiet nie weniger als die Hälfte, zweitweilig aber auch drei Viertel der gesamten russischen Eisen- und Stahlerzeugung und so war *er* es, der alle weiteren Ausbaumöglichkeiten schuf.
Was Anatol Nikolajewitsch Graf Demidow begann, setzten aber nicht erst die Bolschewiken fort, sondern schon unter dem Zaren und *trotz* des Zarismus einmalige Organisationsgenies und *Unternehmer*-Persönlichkeiten wie *Sergej Juljewitsch Witte* der 1893 – 1903 Rußland *rascher* entwickelte, als je irgendein anderes Land – die Vereinigten Staaten inbegriffen – entwickelt wurde und der als erster den riesigen eurasiatischen Raum *bezwang* indem er die Transsibirische Eisenbahn baute, *mehr* Schienen verlegte als vor oder nach ihm *irgendwo* in der gleichen Zeit verlegt wurden.
Mit 7020 Kilometer ist dieser heute elektrifizierte und teilweise viergeleisig ausgebaute Schienenstrang um 4000 km oder die vierfache Entfernung Berlin-Genua länger als die von Omaha nach San Francisco führende Union-Pacific-Transkontinentallinie. Sie ist um

2800 km oder die dreifache Entfernung Stuttgart-Barcelona länger als die Halifax mit Vancouver verbindende Canadian Pacific. Sie ist zehnmal so lang wie die Strecke Brüssel-Mailand und eine Reise von Leningrad nach Wladiwostok dauert auf ihr auch heute noch so lange wie die Schiffshin- und Rückfahrt von Europa nach Amerika. Erst im Transsibirien-Express merkt man, *wie* riesig die Sowjetunion ist – und *was* es bedeutet haben muß, daß Rußland bis 1902 nur mit Pferdefuhrwerken und auf Flußdampfern zu durchqueren war, im Winter nur auf Schlitten. Kaufleute aus Wladiwostok oder wohlhabende Offiziere sibirischer Garnisonen reisten damals über den Pazifik nach San Francisco, quer durch die USA nach New York, von dort über den Atlantik nach Hamburg und mit der Bahn weiter nach Warschau und Petersburg, denn das war *weit* bequemer als der »direkte« Landweg.

Natürlich hatte es Baupläne schon seit der Frühzeit der Lokomotive gegeben. Aber noch 1886 schrieb Alexander III auf einen Bericht des Generalgouverneurs von Ostsibirien:

»Mit Kummer und Scham muß ich eingestehen, daß die Regierung bisher fast nichts getan hat, um die Bedürfnisse dieses reichen, aber vernachlässigten Landes zu befriedigen. Es ist aber Zeit! Hohe Zeit!«

Daß so lange nichts geschehen war, hatte seine Gründe: Wenn eine Bahnlinie quer durch Sibirien auch einen Weg zum eisfreien, Chinesischen Meer bedeutete, Rußland an die große *Welt* anschloß, so machte sie ja auch die riesigen Weizenebenen Westsibiriens zugänglich und Rußlands Großgrundbesitzer waren nicht daran interessiert, daß ihre Pächter und billigen Landarbeiter dort selbständige Bauern wurden und ihnen dazu noch Konkurrenz mit ihren Ernten machten. Da waren die Holzhändler und Waldbesitzer des europäischen Rußland nicht an der Erschließung Sibiriens interessiert – und da gab es vor allem nicht genug Geld für solch einen Bahnbau.

Immerhin waren 1886 Experten ausgesandt worden um die technischen Möglichkeiten einer Schienenverbindung zwischen Tomsk und Irkutsk, zwischen dem Baikalsee und Sretensk am Amur und von Wladiwostok bis Chabarowsk am Zusammenfluß des Amur mit dem Ussuri festzustellen. Und dann gab es schließlich das Eisenbahnglück von Borki mit dem der Aufstieg Wittes begann.

Im Jahre 1849 in Tiflis geboren, entstammte Witte väterlicherseits

einer holländischen Familie, die in Kurland einwanderte. Julius Witte war mit dem Großfürsten Michael in den Kaukasus gezogen, hatte da eine *Dolgoruki,* eine Millionenerbin aus dem russischen Hochadel geheiratet und war ihr zuliebe griechisch-katholisch geworden. Wittes Vater wurde schließlich Mitglied des Vizeköniglichen Rates aber für gewisse Leute blieb auch er selber noch »der Ausländer« und da er auch noch eine Jüdin heiratete ...
Sergej Juljewitsch Witte hatte in Odessa und in Kiew studiert, war da ein Schüler Nikolai von *Bunge's,* den Alexander II zum Erzieher seines Sohnes berief und der 1891 Finanzminister wurde. Bunge schuf die ersten Agrar-Banken Rußlands, war ein Anhänger Friedrich Lists und suchte Rußland mit Hilfe mäßiger Schutzzölle und reichlich Auslandskapital zu entwickeln. Und das tat später auch Witte, nur in vervielfachtem Ausmaß.
Vorerst allerdings wurde er Eisenbahnbeamter. Seit 1877 bei der Odessa-Staatsbahn, zeichnete er sich bei der Organisation der Truppentransporte an die türkische Front aus und wurde 1888 Direktor der größten russischen Privatbahn, der Südwest-Eisenbahngesellschaft.
Deren Strecken passierte der Hofzug Alexander III stets mit übersteigerter Geschwindigkeit. Witte warnte den Verkehrsminister und er warnte schließlich den Zaren persönlich. Der aber erklärte, er fahre, so rasch es ihm beliebe und so konnte Witte nur sagen: »Dann werden Majestät sich demnächst das Genick brechen!« Zwar geschah das am 17. Oktober 1890 *nicht.* Aber da zog sich der Zar innere Verletzungen zu, von denen er sich nie wieder erholen sollte, da hielt er das schwere eiserne Dach seines Waggons so lange hoch, bis der Zarewitsch gerettet war, den es zu erdrücken drohte. Denn da *war* der Hofzug entgleist. Nach Livadia unterwegs, zogen den zwei schwere Lokomotiven. Der Zar sagte »Volldampf!« Der ihn begleitende Verkehrsminister *Poljet* war ein Admiral, der von Eisenbahnen nichts verstand und so gab es in einer Kurve ein Unglück, das 26 Menschen das Leben kostete.
Der Witte hatte also recht gehabt!
Daß dieser Mann fast immer recht hatte, machte ihn Nikolaus II verhaßt, das erwarb ihm aber auch das uneingeschränkte Vertrauen Zar Alexander III, gab ihm die Möglichkeit, Rußland zu einem Wirtschaftsfaktor von Weltbedeutung zu machen.

Alexander war 1881 durch die Ermordung seines Vaters auf den Thron gekommen und haßte so verständlicherweise die Terroristen. Er hielt auch nichts von Reformen, denn Alexander II war ja ermordet worden, *obwohl* er der »Zarbefreier« war. Aber er hielt – sehr zum Unterschied von seinem Sohn – stets sein Wort, sagte wenig, führte aber mit eiserner Konsequenz aus, was er versprach.

Denn »blindes Vertrauen auf das Zarenwort« war seiner Meinung nach ein *Recht*, das seine Untertanen besaßen – wenn auch ihr einziges. Alexander galt als »Simpel«, weil er ein Riese war, mit seinen Händen Hufeisen geradezubiegen vermochte. Weil er das Landleben liebte und ein berühmter Reiter war, den Massen schon durch seinen enormen Bart imponierte. Alexanders Kriegsminister Wannowsky sagte von ihm:

»Das ist Peter der Große mit der Knute!«

Alexanders Außenminister Giers aber erwiderte:

»Das ist die Knute ohne Peter den Großen!«

Aber dadurch, daß er Witte freie Hand ließ, brachte Alexander III Rußland *weiter* voran als Peter der Große und er führte vor allem nicht wie dieser ewig Krieg. Alexanders von Fürst Trubetzkoi geschaffenes Petersburger Denkmal kennzeichnet den Zaren und das Rußland seiner Zeit: Ein unbeweglicher Koloss auf einem riesigen, barbarischen Pferd. Aber dieser Zar sagte auch:

»*So lange ich lebe, gibt es keinen Krieg in Europa!*«

Und das setzte er durch, denn für ihn war Königin Viktoria von England

»ein altes Klatschweib, gierig wie ein Wels«

und Kaiser Wilhelm II

»ein Irrer, von dem man alles erwarten kann.«

Der Zar hielt sich von ihnen fern, war wie Witte überzeugt, Rußland sei groß genug und das Vorhandene müsse endlich *genutzt* werden. Und Witte nutzte es, der wie der Zar ein Riese war, geistig aber ebenso wie körperlich; der ebenfalls grob war, »keine Zeit zum Herumreden und Floskeldrehen« hatte; und der sich bald in *alles* einmischte, weil Industrie und Landwirtschaft so wenig unabhängig voneinander sind wie Wirtschaft und Verkehr, Handel und Währung.

Wittes Aufstieg hatte, wie gesagt, damit begonnen, daß der Zaren-

zug entgleiste. Eingedenk der Warnung machte Alexander III den erst Vierzigjährigen zum Chef der Eisenbahnabteilung des Finanzministeriums, 1892 zu seinem Verkehrsminister, 1893 dazu auch zum Finanzminister. Er gab ihm freie Hand in allem, denn Wittes Ziel war klar:
Rußlands wirtschaftliche Europäisierung und seine Entwicklung zum Weltwirtschaftsfaktor.
Und wenn er auch rasch der bestgehaßte Mann des Zarenreiches wurde, weil er das als richtig Erkannte ohne jede Rücksicht auf Privatinteressen durchsetzte, Witte erreichte sein Ziel: Mit rund 70 000 Kilometern war Rußlands Eisenbahnnetz 1913 doppelt so lang wie 1890; seine Roheisenproduktion mit 4,6 Millionen Tonnen sechseinhalbmal so groß; da wurden mit 36 Millionen Tonnen sechsmal so viel Kohle gefördert; stand Rußlands Textilindustrie nur mehr hinter der Englands und Amerikas zurück. Da war der Gesamtwert der russischen Industrieproduktion beim Ausbruch des Ersten Weltkrieges *zehnmal* so groß wie beim Tod Demidows, nur *eine* Generation zuvor und durch Rußlands Exporte wuchsen Häfen wie Odessa gewaltig, statt 1870 knapp 50 000 Einwohner hatte diese Stadt 1904 schon 500 000. Witte gründete Handelsschulen und technische Lehranstalten, sparte als Finanzminister nie am Erziehungsetat. Und er machte vor allem den Rubel zu einer der »härtesten« Währungen der Welt.

Vor Wittes Reformen aber war, was der Rubel wert sein sollte, in Paris, London und Berlin bestimmt worden und besonders seit den Napoleonischen Kriegen gab es enorme Kursschwankungen: 1817 waren Rubel nur ein Viertel dessen wert, was sie 1807 gegolten hatten. Erneut der Krimkrieg und die Balkankriege ließen den Rubelwert 1877–78 um 40 % sinken.

Witte schuf eine strikte Staatskontrolle der russischen Banken und eine Art Geheimdienst, der an allen wichtigen Börsenplätzen für ihn kaufte und verkaufte. Er verbot die Silbereinfuhr und Papiergeldausfuhr, forcierte die russische Goldgewinnung und sicherte sich Auslandskredite und konnte so schließlich am 14. November 1897 einen Ukas ergehen lassen, demzufolge »der Staat mit allen seinen Ressourcen die Einlösung der russischen Banknoten in Gold garantiert« und den Rubel auf 2 Mark 16 stabilisieren.

Betrug der Banknotenumlauf Rußlands 1895 rund 1048 Millionen Rubel, so die Goldreserven 912 Millionen und die Relation wurde noch besser, weil Witte den Staatshaushalt nicht nur ausglich, sondern aktiv machte. Während der zehn Jahre seiner Finanzherrschaft verdoppelte Witte die Staatseinnahmen und stets suchte er damit auch »Nebenzwecke« zu erreichen: Da es zu viele Schnapsbrenner und zu viele Wirtshäuser gab, führte er 1893 ein Branntweinmonopol ein. Er beschränkte radikal die Ausschankstellen, erhöhte »schamlos« die Wodkapreise. Witte vermochte den Alkoholismus nicht auszurotten, aber er verminderte ihn höchst merkbar – und machte ihn zur staatlichen statt zur privaten Einnahmequelle. Der Reinverdienst des russischen Branntweinmonopols betrug 1904 rund 374 Millionen Rubel, 1913 schon 678 Millionen oder 1,46 Milliarden Mark.
Trotz einer gewaltigen Wirtschaftsausweitung, riesigen Bahnbauten und hohen Rüstungskosten stieg so die russische Staatsschuld 1903–10 nur von 6,6 auf 9 Milliarden Rubel und sank 1913 sogar wieder auf 8 Milliarden. Und die Hälfte dieses Geldes stammte aus dem Ausland: Frankreich lieh den Russen rund 3 Milliarden Rubel, Deutschland hatte bei Ausbruch des Ersten Weltkrieges etwa 500 Millionen zu bekommen, Holland 430 Millionen und England 200 Millionen. Widerstände gegen diese Politik hatte es genug gegeben, sowohl in Rußland selber wie im Ausland, aber der Rubel war nun »so gut wie Gold« und enorme Gewinne lockten. Waren 1894 z. B. insgesamt 63 Aktiengesellschaften in Rußland gegründet worden, die zusammen knapp 55 Millionen Rubel Kapital hatten, so waren es fünf Jahre später 325 mit 364 Millionen. Insgesamt wurden in den sechs Jahren 1894–99 rund zweieinhalb Milliarden Goldmark in russischen Aktiengesellschaften angelegt und die verzinsten sich hier wie sonst nirgends: Der jährliche Reingewinn der Hughes Hüttenwerke in Kriwoi Rog z. B. betrug 22 %. Die Brianskgesellschaft zahlte 1895 nicht weniger als 30 % Dividende und die South Dnjepr Co. warf in den Jahren 1894, 95 und 96 ihren Anteilhabern 20, 30 und 40 % ab.
Seit das Öl von Aserbeidschan, das Eisenerz von Kriwoi Rog und die Kohle des Donezbeckens genutzt wurden, machte Rußland einen viel gewaltigeren »Sprung nach vorwärts« als in der Stalinära. Da nahm z. B. das Kapital der Metallindustrie 1893–1900 um

665 % zu. Das der Glas-, Zement- und Ziegelindustrie um 433 %. Das des Bergbaus um 305 Millionen Rubel oder 302 % und das der Chemischen Industrie um 242 %.
All das aber war nur ein zahmer Beginn, denn erst 1892—1902 baute ja Witte »Rußlands stählernen Arm zum Umfassen Asiens«, baute er
die längste Eisenbahn der Welt, die Transsibirienlinie.
Witte gelang das, weil er Europas Finanzgewaltigen die *Welt*-Bedeutung dieses Schienenstrangs klarmachte: Der erschloß riesige, neue Märkte. Durch diese Bahn war Ostasien aber auch zu erreichen, *ohne* daß man an britischen Seefestungen vorbeimußte und die verkürzte den Postweg von Europa von zwei Monaten auf zwei Wochen. Die versprach gewaltige Aufträge und die Anleihen ansehnliche Zinsen. Und so bekam Witte rund zwei Milliarden Mark für sein Projekt, für die damalige Zeit eine Riesensumme.
Den Befehl zum Bau der Transsibirienbahn hatte Alexander III am 5. März 1891 unterzeichnet. Drei Jahre später war Omsk erreicht, 1898 Irkutsk. Mit einem Jahresdurchschnitt von 700 Kilometer neuverlegter Schienen hatten die Ingenieure der Canadian Pacific 1880—85 einen Weltrekord aufgestellt. Witte aber verlegte
siebentausend Kilometer Schienen innerhalb von neun Jahren.
Der brachte es auf einen Durchschnitt von 777 km obwohl durch Eis und Schnee de facto nur 120 Tage im Jahr, insgesamt 44 Monate lang gearbeitet werden konnte. Auf weiten Strecken gab es kein Holz, keine Steine und kein Wasser. Anderswo wiederum mußten Urwälder durchquert und Sümpfe trockengelegt werden. Die Arbeiter mußte man tausende Kilometer weit heranschaffen, allein deren Versorgung schon war ein Problem und es dauerte lange, ehe Witte durchsetzte, daß den sibirischen Verbannten die halbe Strafzeit erlassen wurde, wenn sie sich beim Bahnbau bewährten.
Der Bau hatte gleichzeitig in Wladiwostok und in Samara begonnen, dem heutigen Kuijbyschew an der Wolga. Dazwischen lag eine Entfernung, so groß wie die zwischen London und San Francisco. Aber die *wurde* überbrückt und das veränderte nicht nur ganz Rußland, sondern die Welt. Kaum lagen die Schienen, kamen die »Khodaki«, von ihren Dörfern ausgesandte »Späher«. Die zerkrümelten

die Erde zwischen den Fingern, beschnupperten sie – und 1914 gab es in Sibirien vier Millionen Bauern, die achteinhalb Millionen Hektar Neuland bebauten, die die Taiga rodeten und die Städte aufblühen ließen. Die Transsibirienbahn war, was Witte stets in ihr gesehen hatte:
> eine »Initialzündung« gewaltigen Ausmaßes.

Denn die Sägewerke, die in ihrer Nähe entstanden, brauchten Maschinen, die neuen Bergwerke mußten ausgerüstet werden, die neuen Rohstofflager lockten Hüttenwerke an. Da brachten die Holzexporte und die Getreideexporte Rußland Geld, das zum Ausbau der Fabriken verwendet werden konnte. Da stieg die Goldförderung in Sibirien sprunghaft an, weil moderne Bagger eingesetzt werden konnten, wo bisher mit Handsieben gearbeitet werden mußte.

Sergej Juljewitsch Witte hatte Erfolg – geradezu unglaublichen Erfolg, denn als er den Zaren vor einem Unglück warnte, war Rußlands Außenhandelsumsatz geringer als der Belgiens und 15 Jahre später war es der größte Holzexporteur der Erde, im Durchschnitt der Jahre 1906–13 kam eine Million Tonnen russischen Getreides *monatlich* auf den Weltmarkt. Aber im damals *wesentlichsten* versagte Witte dennoch: In der sowjetischen Geschichtsschreibung spielt Nikolaus II keinerlei Rolle. In Rußland aber spielte der von 1894 bis 1917 die *entscheidende* Rolle – und dem trug auch Witte nicht Rechnung. Der verachtete den Sohn Alexander III, von dem er sagte:

> »Ja ist bei dem immer nur eine Ausflucht, ein Mittel, Zeit zu gewinnen, Umwege zu machen. Umwege, die unweigerlich in einem Morast oder in einer Blutlache enden ...«

Witte sah auch in der Zarin Alexandra Feodorowna nur »die hessische Fliege«, eine kleine, exaltierte, deutsche Provinzprinzessin. Aber *nur* auf die hörte der Zar und so wurde Witte 1903 mit einem Ehrenposten abgespeist.

Wie er den Zaren nicht zu ändern vermochte, so aber natürlich auch nicht Rußlands Umwelt. Witte riß Rußland mit einmaliger Energie und in einem einmaligen Tempo hoch – aber das löste Reaktionen aus. Die Transsibirienbahn brachte Rußland an den Pazifik. Aber der Stille Ozean war nun nicht mehr, was er bei Wittes Geburt gewesen war, längst hatten sich wie Rußland auch die Vereinigten

Staaten und Japan verändert. Rußland hatte Alaska entwickeln können, denn das war Niemandsland gewesen und zeitweilig schien es, als ob auch Kalifornien russisch werden würde. Aber dann wurde dort 1848 Gold gefunden.

Und *das* war eigentlich das Ereignis, das Wittes Werk zunichtemachte und Rußland in die Revolution trieb ...

IV
Der Fluch des Goldes

Amerika und Japan, England und Rußland: Wittes Scheitern an der Weltpolitik

Es gibt Leute, für die die Russische Revolution mit Karl *Marx'* Klassenkampftheorie und seiner Mehrwertlehre beginnt. Aber mindestens ebensoviel trug zu ihr
Johann August Sutter bei, ein reicher Schweizer, der 1842 durch unglückliche Bürgschaften sein Vermögen verlor, in Amerika als Verkäufer in einer Drogerie, als Schweineschlächter, Schmied und Pferdeputzer, als Mathematiklehrer, Zahnarzt und Sägemüller arbeitete und mit 2000 Mark, die er durch einen Boxkampf verdiente, bei St. Louis Land kaufte. Das brachte Gewinn und Sutter zog weiter nach Vancouver und nach Sitka im damals russischen Alaska, fuhr von dort mit einem russischen Schiff nach Kalifornien, das damals noch zu Mexiko gehörte.
Rund 410 000 Quadratkilometer umfassend, hatte Kalifornien statt seiner heute 25 Millionen 1844 knapp 35 000 Einwohner, davon nur 5000 Weiße. Sutter besuchte den Gouverneur *Alvarado* in Monterey und versprach, das Land hochzubringen. Er bekam so viel Ödland, wie er wollte, errichtete die Kolonie »Neu-Helvetia« und baute »Sutterstadt«, das heutige Sacramento. Er kaufte Land von russischen Kolonisten und wurde der Besitzer von Gebieten, auf denen jetzt San Francisco liegt, Fairfield, Riovista und Venencia. Sutter schuf Bewässerungsanlagen, führte Zuchtvieh ein, ließ Saatgut aus Südrußland kommen – und wurde einer der reichsten Leute Amerikas.
Sutter ließ seinen Vorarbeiter James W. *Marshall* in Coloma aber auch eine Mühle bauen – und das wurde ihm, und im Grunde auch Rußland und halb Asien zum Verhängnis. Denn am 19. Januar 1848 entdeckte Marshall in dem Bach, den er stauen sollte, Gold. Sutter erkannte sofort die Gefahr, versuchte alles, um den Fund geheimzuhalten, aber seine Diener stahlen seine Pferde und ritten nach Co-

loma, seine Landarbeiter folgten, seine Handwerker und Händler schlossen ihre Werkstätten und Geschäfte und seine Siedler zogen in einem endlosen Strom an seinem Haus vorbei auf das Goldfeld. Sutter verfluchte das Gold, das nach dem Gesetz ihm gehörte, denn sein Obst verfaulte an den Bäumen und seine Kühe wurden nicht mehr gemolken und bald packte
der Goldrausch
ganz Amerika und halb Europa dazu. Zehntausende wanderten in sein Reich und kümmerten sich den Teufel um Sutters Rechte. Der hatte Wüsten in Fruchtland verwandelt, aber die Goldsucher gründeten Gemeinden kraft ihrer Gewehre. Sutter ließ gegen 17 221 Personen Klage wegen gesetzwidriger Niederlassung auf seinem Land einbringen. Er wandte sich an die Regierung der Vereinigten Staaten, die durch den Vertrag von Guadalupe Hidalgo am 2. Februar 1848 in Mexikos Rechte eingetreten waren und auch Sutters Rechte ausdrücklich anerkannt hatten, aber da war Millard *Fillmore* Präsident, einer der widerlichsten Heuchler aller Zeiten. Am 15. März 1855 entschied der Oberste Gerichtshof zugunsten Sutters. Aber der Mob brannte das Gerichtsgebäude nieder und *nie* wurde etwas getan, um das Urteil zu vollstrecken, als Sutter am 17. Juni 1880 im Kapitol von Washington der Schlag traf, hatte er 22 Cents in der Tasche.
Fillmore aber nahm inzwischen Kalifornien als Bundesstaat in die Union auf und leitete
Amerikas Asienexpansion
ein. Und die erwies sich als ungleich wirkungsreicher als das »Kommunistische Manifest«, das Marx und Engels am *gleichen* Tag dem Londoner Drucker. J. E. *Burghard* übergaben, an dem J. W. Marshall 16 000 km entfernt das kalifornische Gold fand. Dieses Programm endet mit den Worten:
»Die Kommunisten verschmähen es, ihre Ansichten und Absichten zu verheimlichen. Sie erklären es offen, daß ihre Zwecke nur erreicht werden können durch den gewaltsamen Umsturz aller bisherigen Gesellschaftsordnungen. Mögen die herrschenden Klassen vor einer Kommunistischen Revolution zittern. Die Proletarier haben nichts in ihr zu verlieren als ihre Ketten. Sie haben eine Welt zu gewinnen. Proletarier aller Länder vereinigt Euch!«
Bisher taten sie das bekanntlich *nicht.* Wie »die große, revolutionäre

Lawine«, mit der Marx und Engels rechneten, 1848 nicht ins Rollen kam, so auch 1918 nicht, als Lenin sie erwartete, und auch 1949 nicht, als Mao Tse-tung an die Macht kam – und heute sind die Sowjetunion und China Gegner.
Japan aber *ist* nun eine Weltmacht – und wurde von dem Selfmademan Fillmore *gezwungen*, eine zu werden. Denn der vereinte außerordentliche Geschäftstüchtigkeit mit Weltbeglückungsphrasen, wie sie später Woodrow Wilson propagierte, hatte in seinem Amtszimmer einen Ausspruch Abraham *Clark's*, eines der Unterzeichner der amerikanischen Unabhängigkeitserklärung, anbringen lassen, der bereits am 8. Februar 1777 erklärte:
»*Nur* Amerika bekämpft die Tyrranei in allen ihren Formen und wo immer sie auftritt. Darum wird Amerika schließlich *überall* herrschen!«
Präsident Fillmore tat zwar nichts gegen die Sklaverei in den USA, ließ aber »als Demonstration gegen die barbarischen Habsburger« *Kossuth* ins Weiße Haus kommen. Er unterstützte die Revolutionäre auf Kuba gegen das »bigotte Spanien« und beschloß, Japan aus seinem »Dornröschenschlaf« zu erwecken: Seit zweieinhalb Jahrhunderten war, wie geschildert, dieses Inselreich für die Welt praktisch nicht vorhanden – und – natürlich konnte so diese Umwelt mit Japan auch keine Geschäfte machen. Und wenn das zweieinhalb Jahrhunderte niemanden störte, Präsident Fillmore fand, daß »San Franciscos wunderbarer Hafen« genutzt werden *mußte* und daß es seine »Pflicht« war
»dem von den Shogunen unterjochten japanischen Volk Möglichkeiten der Befreiung zu bieten und es mit der amerikanischen Zivilisation bekanntzumachen.«
Die bestand vorerst aus den Kanonen von vier Kriegsschiffen, die Fillmore unter dem Kommando von Commodore *Perry* am 24. November 1852 zu der »Einsiedlernation« entsandte um den »Fortschritt« mit *Gewalt* den Weg zu bahnen.
Die Samurai, die an Bord von Perry's Flaggschiff kamen, trugen Kettenpanzer und waren mit Holzkeulen bewaffnet. Perry hatte »Salut« schießen lassen und so blieb den Japanern nichts anderes übrig, als am 31. August 1854 einen Handelsvertrag mit den Vereinigten Staaten zu schließen, dem bald ähnliche Verträge mit anderen Kolonialmächten folgten. Aber *gezwungen*, sich umzustellen, stell-

ten die Japaner sich ungleich *rascher* um, als es sich Fillmore träumen ließ und schon 1877 veröffentlichte Tani Kanjô ein »Programm«, in dem es heißt:
»Sichert unser Land militärisch.
Ermutigt und schützt unser Volk im Innern – und dann wartet auf Europas Verwirrung und Bruderkriege. Mit denen haben wir selber nichts zu tun, aber sie werden Asien in Aufruhr bringen ... und das müssen wir nutzen, um die *Führung* des Orients zu übernehmen ...«
Genau so kam es. Schon 1904–05 besiegten bekanntlich die Japaner das riesige russische Reich, lösten sie die Revolution von 1905 aus, stoppten sie Wittes Aufbauarbeit. Schließlich machte die japanische Marine ihren Gegenbesuch in den USA und was mit Pearl Harbour begann, ging 1945 nur *scheinbar* zu Ende ...
Allerdings nicht nur durch die Schuld Fillmore's und der amerikanischen Imperialisten alleine, denn wenn Japan durch die *Amerikaner* ein Faktor der Weltpolitik wurde, so waren es die *Engländer,* die das zuerst nutzten und die die Japaner zu ihren Eroberungen drängten. Deren erster Gesandter berichtete 1860 nach London, Japan sei
»eine Staubwolke von Inseln, die sich bis zum Horizont nach Osten dehnen ... von wunderlichen, wilden Menschen bevölkert ...«
Aber zehn Jahre später gab die City diesen »Wilden« die erste Million Pfund Kredit. Zu 9% Zins statt der damals üblichen 4% und nur auf neun Jahre statt der üblichen zwanzig. Aber es war ein Beginn und 1873 folgten weitere zweieinhalb Millionen £ und die genügten, um das Inselreich auf den Weg zur Weltmacht zu bringen.
Das Geld aber hatte England gegeben, weil es in Japan *ein Gegengewicht gegen Rußland und ein Werkzeug zur Zerschlagung des Chinesischen Reiches*
sah.
Früh hatte es Handelsbeziehungen zwischen England und Rußland gegeben – über Rußland suchten ja die »Abenteurerkaufleute« nach China zu gelangen – und durch die kam es 1742 zum ersten britisch-russischen Bündnis, über das *Bestutschew* der Zarin sagte:
»Es dient der gegenseitigen Sicherung der Kronen gegen Schweden, Dänemark, Preussen und Polen; beruht auf dem wechselsei-

tigen Wohl der beiden Staaten und auf dem bedeutenden Handel, den die britische Nation in diesem Reich treibt ...«
Dieser Handel war für *England* lebenswichtig: Seine Schiffe wurden im 18. Jahrhundert zu 98% aus russischem Holz gebaut, mit russischen Masten versehen und russischem Pech gedichtet, russischer Flachs für die Segel verwendet und russischer Hanf für das Tauwerk.
Aber 1787 baute *Wilkinson* das erste eiserne Schiff und 1807 fuhr *Fulton's* erstes Dampfschiff. Da wurde durch die Unabhängigkeit der Vereinigten Staaten und den Abfall der spanischen Kolonien der Amerikahandel für England wichtiger als der Rußlandhandel und da kam es durch den Krimkrieg zum
Ausweichen Rußlands nach Asien, begann England um *Indien* zu fürchten: Rußland war längst riesig. Aber es besaß lange keinen Zugang zum freien Meer. Peter der Große nahm den Schweden einen Teil der Ostseeküste ab, gründete Petersburg und dessen Hafen – aber auch der ist viele Monate lang vereist und die Ostsee ein Nebenmeer. Zar Nikolaus I suchte deshalb die Sperren am Schwarzen Meer zu durchbrechen, aber da schloß England mit Frankreich ein »Bündnis zum Schutz der Türkei«, Rußland verlor den Krimkrieg und mußte im Frieden von Paris 1856 auf seine Balkan- und Mittelmeerpläne verzichten.
Und erschien so 1857 am Amur, denn auch das Gelbe Meer ist ja eisfrei. Da wurde 1860 das Ussurigebiet russisch, 1867–68 Turkestan und das Chanat Buchara erobert, 1881 das Gebiet der Turkmenen, und 1885 standen die Russen an der Grenze Afghanistans, 1891 wehte die Zarenflagge auf dem Pamir. Im gleichen Jahr begann der Bau der Transsibirischen Eisenbahn und da zeichnete sich ein immer engeres Einvernehmen zwischen Rußland und China ab.
Aber war China nicht *Japans* »naturgegebener Expansionsraum«? Und Japan nicht Englands best-denkbarer Asienpartner?
Wie die Amerikaner hatten 1854–56 die Russen, Franzosen und Engländer das alte Kulturvolk gezwungen, die Konsulargerichtsbarkeit anzuerkennen, hatten sie Japan die Zollhoheit verweigert und für alle Ausländer Steuerfreiheit durchgesetzt. Lord *Salisbury* aber brachte 1890 eine Revision dieser Verträge zur Sprache. Im Juli 1894 wurde Japan als *gleichberechtigtes* Mitglied in die Völkerfami-

lie aufgenommen. Und elf Tage später griff Japan China an. Da zwang es am 17. April 1895 das Riesenreich im
Frieden von Shimonoseki zur Anerkennung der »Unabhängigkeit« Koreas, zur Abtretung Formosas, Liautungs und der Pescadores-Inseln und zur Zahlung von 200 Millionen Taels Kriegsentschädigung. Und dadurch kam Japan mit Rußland in Konflikt, das ja schon seit 1648 an den Pazifik grenzt, das nun, wie gesagt, auch die ehemals chinesischen Amurgebiete und Ussuriterritorien besaß und das Wladiwostok gegründet hatte.

War Rußland direkt an den mandschurischen und koreanischen Fragen interessiert, so war Japan auch Frankreich und Deutschland *zu* rasch hochgekommen und so protestierten die gemeinsam mit Petersburg gegen die »Annexionspolitik«, »rieten« sie Tokio am 22. April 1895 auf die mandschurischen Erwerbungen gegen 30 Millionen Tael zusätzlicher Kriegsentschädigung zu verzichten. Japan gab am 8. November nach, vierzig junge, japanische Offiziere begingen aus »Scham über Japans Schwäche« gemeinsam Harakiri und England hatte, was es wollte: Zwietracht zwischen Japan und China war gesät und zwischen Japan und Rußland. Deutschlands und Frankreichs Einfluß in Tokio nahm ab, der Englands stieg.

Witte hatte das vorausgesehen, hatte vor dem Protest gewarnt, hatte auf *seine* Art Chinapolitik getrieben: Peking besaß die rund 1200 Millionen Goldmark nicht, die als Kriegsentschädigung an Japan gehen sollten. Witte schloß deshalb am 6. Juli 1895 ein Abkommen zwischen dem Russischen Finanzministerium und einer Gruppe französischer und russischer Banken, garantierte einen entsprechenden Kredit an China und gründete am 10. Dezember 1895
   die Russisch-Chinesische Bank
die Hauptbüros in Peking und Petersburg erhielt, zahlreiche Filialen in Sibirien, der Mandschurei, China und Japan gründete und die 1896 die »Chinesische Ostbahngesellschaft« finanzierte. Mit vier Zehntel russischem und sechs Zehntel französischem Kapital kam so die Eisenbahnlinie zustande, die die Mandschurei erschloß, von Blagowestschensk an der Transsibirienlinie abzweigend über Harbin nach Dairen und Port Arthur führt. Diese beiden Häfen am Gelben Meer verpachtete China durch das nach dem russischen Gesandten benannte »Cassiniabkommen« vom 27. März 1898 den Russen und so hatte Witte die Linienführung der Transsibirischen

Bahn nicht nur um mehr als tausend Kilometer oder die Entfernung Hamburg-Genua abgekürzt; da konnte er die nicht nur quer durch die Mandschurei von Tschita über Mandschuli nach Wladiwostok führen statt der Grenze am Ussuri entlang; da hatte er in der Mandschurei auch einen gewaltigen Frachtproduzenten gewonnen,
ein »Zukunftsland« von ungeheurer wirtschaftlicher Potenz.
Und schließlich praktisch eine neue russische Provinz, denn Pekings Herrschaft über diese Randprovinzen war damals rein nominell, lokale Machthaber und Räuberbanden beherrschten große Teile der Mandschurei und so bekamen die Russen das Recht, 22 Kilometer links und rechts der Bahndämme »militärisch zu sichern«. Da durften sie je Bahnkilometer 15 Mann »Bahnwache« halten ...
Praktisch hatte Witte also ungleich mehr erreicht als Japan durch seinen Chinakrieg und mit ungleich geringerem Aufwand: Chinas Unterhändler war der Vizekönig *Li Hung-tschang* gewesen, der 1896 an der Krönung des Zaren teilnahm und den Witte überzeugte, daß eine Defensivallianz Chinas mit Rußland Japan in Zaum halten und daß russische Bahnen ein Segen für sein Land sein würden. Witte hatte diese Überzeugung durch ein kleines Geschenk von einer halben Million Rubel verstärkt, auch dem chinesischen Unterhändler *Chang* eine Viertelmillion in die Hand gedrückt, für die mandschurischen Konzessionen also rund eineinhalb Millionen Mark »Unkosten« gehabt, während Japans Feldzug der Jahre 1894—95 mehr als 200 Millionen Gold-Yen oder rund 420 Millionen Mark gekostet hatte.
Was aber ungleich wichtiger war: Witte hatte auch den Japanern *eindeutig* bewiesen, daß Leben und Lebenlassen ein besseres Prinzip ist als blindwütiger Kampf. Er brachte 1898 auch mit den Japanern – und diesmal ohne Bestechung – ein Abkommen zustande, das die Interessen klar abgrenzte und
die friedliche Erschließung der ostasiatischen Randgebiete
sichern sollte: Rußland erhielt freie Hand in Nordchina. Japan sollte »alleine und uneingeschränkt« Korea »entwickeln«, denn Witte erkannte an, daß das durch seine geographische Lage einem »Dolch, der Japans Herz bedroht« gleicht.
Und da die Gelegenheit günstig schien, ging Witte sofort einen Schritt weiter, suchte er *weltweit* Vernunft und Zusammenarbeit an

die Stelle wilden Säbelrasselns zu setzen. Da waren es nicht *Lenin* und nicht *Chruschtschow,* die als erste »Koexistenz« predigten, sondern Sergej Juljewitsch *Witte* – und warum der das tat, ist klar: *Nur* wenn nicht Unsummen für kriegerische Abenteuer ausgegeben wurden, konnte er seine wirtschaftlichen Erschließungspläne durchführen.
Nur wenn wie in Asien auch in Europa Frieden herrschte, bekam er Auslandsanleihen, fanden Rußlands Exporte die Märkte, die er brauchte.
Wie für die heutige Sowjetunion war für das damalige Rußland *Frieden* das einzig mögliche Erfolgsrezept und deshalb war es *Witte,* der
  die erste moderne Abrüstungs- und Friedenskonferenz
zustandebrachte, das »Zarenmanifest« ausarbeitete, das Nikolaus II am 28. August 1898 allen damals am Petersburger Hof beglaubigten Diplomaten übergeben ließ.
In diesem Manifest, das leider nichts von seiner Aktualität eingebüßt hat, heißt es:
»... Die Erhaltung des Friedens ist als das Endziel der internationalen Politik deklariert worden. Mächtige Bündnisse wurden von großen Staaten im Namen des Friedens geschlossen. Um besser den Frieden wahren zu können, haben sie in bisher unbekanntem Grade ihre Militärmacht entwickelt und fahren fort, sie zu verstärken, ohne vor irgendeinem Opfer zurückzuschrecken. Alle ihre Bemühungen haben dennoch ... die ersehnte Friedensstiftung nicht gezeigt ... die finanziellen Lasten dagegen treffen bereits die Wurzeln der Volkswohlfahrt. Die geistigen und physischen Kräfte der Völker, die Arbeit und das Kapital werden zum großen Teil von ihrer natürlichen Bestimmung abgelenkt und in unproduktiver Weise aufgezehrt. Hunderte Millionen werden aufgewendet, um furchtbare Zerstörungsmaschinen zu beschaffen, die heute als das letzte Wort der Wissenschaft gelten und doch schon morgen durch irgendeine neue Entdeckung allen Wert verlieren ... Diesen unaufhörlichen Rüstungen ein Ziel zu setzen und ein Mittel zu suchen, dem Unheil vorzubeugen, das die ganze Welt bedroht, das ist die höchste Pflicht, die sich heute allen Staaten aufzwingt ... und so schlage ich den Zusammentritt einer Konferenz vor, welche sich mit diesen ernsten Fragen zu beschäftigen hätte ... In einem mächtigen Bündel würde sie die

Bestrebungen aller Staaten vereinigen, welche aufrichtig darum bemüht sind, den großen Gedanken des Weltfriedens triumphieren zu lassen über alle Elemente des Unfriedens und der Zwietracht ...«
Die Aufnahme dieses Zarenmanifests war alles andere als begeistert.

Sofort hieß es, Rußland wolle nur Frieden in Europa, um seine Asienexpansion ungestört fortsetzen zu können. Der Faschodakonflikt hatte gerade England und Frankreich gegeneinander aufgebracht; der eben beendete spanisch-amerikanische Krieg den Imperialismus der USA enthüllt; und in Südafrika drohte der Burenkrieg. Und wenn Witte bei diesem Manifest auch nicht an die Mandschurei gedacht hatte, so nannte er es doch selber später »eine der gelungensten Mystifikationen der Weltgeschichte«, denn der aktuelle Anlaß für die russische Friedensaktion war Österreichs Artillerieumrüstung gewesen.
Als *Kuropatkin,* der Kriegsminister des Zaren, von dieser Modernisierungsabsicht erfuhr, schlug er dem Außenminister *Murawiew* vor, sie durch ein Abkommen mit Wien zu verhindern, weil sonst Rußland nachziehen mußte, weil das Milliarden kostete und unabsehbare Scherereien mit sich brachte. Witte aber konnte solch ein Stillhalteabkommen nicht brauchen, weil es Zweifel an Rußlands finanzieller Potenz erregen, seine Kreditfähigkeit und damit den gerade in vollem Gang befindlichen Bau der Transsibirienbahn behindern konnte. Witte schlug deshalb eine Politik der *allgemeinen* Abrüstung vor und fand schließlich die Unterstützung des niederländischen Außenministers, der am 6. April 1899 die Mächte einlud, die vom Zaren vorgeschlagene Konferenz im Haag abzuhalten. Am 18. Mai trat man im Haus ten Bosch zusammen und 26 Regierungen waren vertreten.
Der russische Abrüstungsvorschlag ging dahin, fünf Jahre lang die Militärbudgets nicht zu erhöhen, drei Jahre lang keine neuen Kriegsschiffe zu bauen. Es war also ein sehr bescheidener Vorschlag und der militärische Bevollmächtigte Rußlands, von *Gilinsky,* verurteilte das Wettrüsten mit unschlagbaren Argumenten, hob vor allem hervor, daß trotz allen Aufwandes das Kräfteverhältnis zwischen den verschiedenen Staaten doch immer das praktisch gleich bleibe. Aber in Wiesbaden erklärte Kaiser Wilhelm II:

»Ein scharf geschliffenes Schwert bleibt die beste Friedensbürgschaft!«
England war dabei, seine Flotte auszubauen wie noch nie und auch Frankreich war keineswegs bereit, sein Heer »stagnieren« zu lassen. Die Abrüstungsvorschläge wurden ausschließlich von Militärdelegationen beraten und so glichen sie einer
»Aufforderung an die Schuster, die Stiefel abzuschaffen.«
Es kam also im Haag nur zu einer Resolution, daß die »Rüstungsverminderung äußerst wünschenswert« sei. Aber zwecklos war diese Konferenz deswegen keineswegs, denn ein anderer Beschluß wurde gefaßt, der über die *friedliche* Beilegung internationaler Streitigkeiten. Ein ständiger Schiedsgerichtshof im Haag wurde eingerichtet, der im April 1901 seine Tätigkeit aufnahm und sehr bald praktisch wertvolle Arbeit leistete, Streitfälle zwischen den USA und Mexiko, zwischen den USA und Venezuela, zwischen Japan und verschiedenen europäischen Mächten und 1905 auch zwischen Frankreich und England regelte.
Der aber bekanntlich *nicht* den Russisch-Japanischen Krieg verhinderte. Noch weniger den Ersten Weltkrieg. Und der so auch nicht die Russische Revolution aufhielt.
Denn da *blieb* »der Fluch des Goldes«:
Witte war ein *sehr* mächtiger Mann in Rußland geworden. Aber er war nicht der »Zar aller Reussen«. Und es gab in Rußland nicht nur Terroristen und Nihilisten, sondern auch
skrupellose Geschäftemacher
die den Zaren *besser* zu behandeln verstanden wie der ehrlich-grobe, laut polternde Witte.
Und so kam es *trotz* dessen genialer Politik, die keineswegs nur Rußland, sondern der ganzen Welt hätte zugutekommen können, zum Russisch-Japanischen Krieg und damit zur »Generalprobe der Großen Revolution«, zu den blutigen Unruhen des Jahres 1905.

V

Der »Wanzenstich«

Rußland und der Krieg mit Japan

Ob ein »fortschrittlicher und klügerer« Zar als Nikolaus II die Russische Revolution hätte verhindern können, ist trotz Witte und Stolypin nicht unbedingt zu bejahen, denn schon über die Regierungszeit Katharinas der Großen schrieb ja Alexander *Puschkin* (der *kein* Zarengegner war):
»Das Volk unterdrückt und verhöhnt.
Die Staatskassen von den Favoriten ausgeplündert ...
Vom Kanzler des Reiches bis zum letzten Kanzleischreiber, alle und alle stahlen und ließen sich bestechen.
So hatte man die Staatsautorität vor die Hunde gebracht ...«
Die innere Fäulnis war also vielleicht doch schon zu weit fortgeschritten, als daß zwei oder drei geniale Staatsmänner sie hätten überwinden können. Aber mit ein wenig Glück? Kaum ein Mensch aber hatte mehr Unglück als der letzte Zar und in die Situationen, die er nicht zu meistern verstand, gerieten andere gar nicht ...
Als Nikolaus II 1896 zur Krönung nach Moskau kam, war in altrussischem Stil und nur für diesen einen Tag ein Sonderbahnhof gebaut worden. 16000 Kirchenglocken läuteten, als er vor diesem Bahnhof seinen Apfelschimmel bestieg um zum Petrowskypalast zu reiten. Aber man hatte übersehen, daß der siebente Tag nach dem Geburtstag des Zaren, an dem die Krönung stattfand, der dreizehnte des Monats war, Nikolaus der dreizehnte der Romanow. Das ganze Land sah darin ein Omen, denn als drei Tage nach der Krönung das Volk auf dem Chodinskyfeld die Geschenke des Zaren entgegennehmen sollte, auf einem Manövergelände, über dessen Schützengräben man nur leichte Bretter gelegt hatte, kam es zu einer Panik, bei der mehr als 5000 Menschen zertrampelt wurden. Der Zar ließ aus seiner Privatschatulle den Hinterbliebenen jeden Opfers tausend Rubel auszahlen. Aber er ließ auch, statt Volkstrauer zu erklären, die Krönungsfeierlichkeiten fortsetzen, tanzte, wäh-

rend die treuesten seiner Anhänger im Leichenhaus lagen und so wurde der blutige Beginn seiner Herrschaft *nie* vergessen.
Und wie er schon als Thronfolger ein Unglück nach dem andern hatte, *blieb* Nikolaus II
»*der Unglückszar.*«
Seine Weltreise machte der Zarewitsch 1891 auf dem Panzerkreuzer »Asows Gedenken«. Auch sein Bruder Georg war an Bord und an einem langweiligen Nachmittag auf hoher See wurden Ringkämpfe veranstaltet. Nikolaus und Georg kamen dabei einer Treppe zu nahe, der Bruder stürzte in die Tiefe und erlitt so schwere innere Verletzungen, daß er sich nie wieder erholte. Niemand sprach es je aus. Aber der Zar fragte es sich selber: War er zum Brudermörder geworden?
In Japan wurde während dieser Reise am 30. April 1891 der Biwasee besucht und die malerische Stadt Ozu mit ihrem berühmten Buddhatempel. Die Russen waren die ersten Europäer, die zu diesem Heiligtum kamen und ein Tempelwächter ertrug die Profanierung nicht, fiel den Zarewitsch an und verwundete ihn durch einen Schwerthieb.
Es war keine schwere Verletzung. Die japanische Regierung tat alles Erdenkliche, um die Beleidigung gutzumachen. Aber die Reise wurde abgebrochen, Nikolaus II vergaß »das Attentat« nie – und dieses Nichtvergessenkönnen wurde sein und Rußlands *größtes* Unglück. Denn das ließ den Zaren nur sehr widerwillig Wittes Russisch-Japanisches Abkommen von 1898 unterschreiben. Und als er es tat, sagte er:
»Bilden sich diese schlitzäugigen Zwerge ein, daß sie *mir* und *meinen* Ministern Vorschriften machen können? Was Rußlands Interessengebiet ist, bestimme *ich!*«
Und so will der Zar auch nichts von einem Bündnis wissen, zu dem die Japaner das Abkommen von 1898 auszubauen suchen: Am 26. August 1901 hat die Regierung *Katsura* beschlossen, den Marquis *Ito* in geheimer Mission nach Petersburg zu entsenden. Der wird von Witte wie von Außenminister Murawiew sehr freundlich empfangen, auch dessen Nachfolger, Graf *Lamsdorff*, befürwortet eine Langfristregelung mit den Japanern, aber schon *weil* Witte die will, ist sie dem Zaren unsympathisch und so empfängt er den Marquis erst im Dezember 1901 und dazu äußerst kühl.

Geheim ist dessen Mission inzwischen natürlich längst nicht mehr. Kaum ist Ito in Petersburg eingetroffen, wird Baron *Hayashi*, der japanische Botschafter in London, fast täglich ins Foreign Office gebeten und Sir Francis *Bertie* beeinflußt ihn da so geschickt wie einer der besten Freunde des Japaners, der deutsche Botschaftsrat Freiherr von *Eckardstein*. Der ist mit einer Engländerin verheiratet, hat die besten Beziehungen zu Londoner Finanzgewaltigen und will »große Politik« machen. Und so gewinnt England das Rennen, wird am 30. Januar 1902 statt des russisch-japanischen
der englisch-japanische Bündnisvertrag
geschlossen. Eckardstein strahlt, als ihm im November 1902 König Eduard VII sagt:
»Wir werden Ihnen nicht vergessen, daß Sie der eigentliche Urheber unseres Bündnisses mit Japan sind!«
Und der hätte hinzufügen können:
»Und daß Sie damit den Ring um Deutschland schlossen!«
Was damals allerdings nur wenige merken, England aber schon sehr bald seiner Asiensorgen enthebt, denn Rußland schaltet sich selber als Konkurrent aus, Nikolaus II *bleibt* blind. Der glaubt nun keinerlei Rücksichten mehr auf Japan nehmen zu müssen und hört so höchst gnädig den Rittmeister der Kavaliersgarde *Besobrasow* an, der ihm vorschlägt, Korea durch eine russische Handelsgesellschaft »ganz unmerklich« russisch zu machen, ähnlich
»wie der große Hastings seinerzeit in Indien Englands Machtübernahme ›kommerziell‹ vorbereitete ...«
Obwohl Witte mit dem Rücktritt droht und Besobrasows Frau jedermann erklärt:
»Mein Mann ist nicht normal. Längst gehört er in ein Irrenhaus!«, kann der Rittmeister 1902 zusammen mit einem natürlichen Sohn Alexander III, dem Admiral *Aleksejew*, und dem Seeoffizier *Abasa* die »Russische Forstgesellschaft« gründen, die einem russischen Kaufmann bereits 1896 von der koreanischen Regierung erteilte Wald- und Bergbaukonzessionen übernimmt, in Yonampo, an der Mündung des Yalu, Sägewerke und einen Hafen errichtet und die durch eine »private« Schutzwache sichern läßt, die aus Offizieren und Mannschaften sibirischer Regimenter besteht. Vorsitzender dieser Gesellschaft wird der Schwager des Zaren, der Großfürst Alexander Michailowitsch. Von diesem animiert, zeichnet die gan-

49

ze Hofgesellschaft Aktien und auch der Zar selber investiert in ihr Millionenbeträge. Und damit die nicht verlorengehen, erzwingt Rußland am 20. Juli 1903 von Korea einen Vertrag, der die »Russische Forstgesellschaft« praktisch in eine fremde Macht verwandelt, die Yaluregion in eine russische Kolonie.
Nun ist, wie gesagt,
Korea »der Dolch, der Japans Herz bedroht«.
Für Tokio ist die Kontrolle Koreas kein Geschäft, sondern eine Lebensnotwendigkeit und so werden erneut Verhandlungen mit den Russen aufgenommen und alles Erdenkliche versucht, einen Ostasienkonflikt zu vermeiden. Aber inzwischen hat Witte einen weit gefährlicheren Gegner als Besobrasow und die geschäftemachenden Höflinge gefunden: Wer es nun mit allen Mitteln auf einen Krieg mit Japan anlegt ist der Innenminister
Wjatscheslaw Konstantionowitsch Plehwe.
Der russischen Linie eines ostpreußischen Adelsgeschlechtes entstammend, ist der 1846 im Gouvernement Kaluga geborene Plehwe 1881 Direktor der Staatspolizei geworden und hat das Vertrauen Alexanders III durch das Geschick errungen, mit dem er die Mörder aufspürt, die dessen Vater töteten. Plehwe hat an den Universitäten Warschau und Petersburg studiert, ist keineswegs ungebildet, haßt aber alle »Gebildeten« weil sie Feinde des Absolutismus sind und so »Rußland schwächen«. Plehwe ist auch Wittes Feind, denn der hat den westlichen Kapitalismus in Rußland »eingeschleppt«, schafft durch die Industrialisierung ein gefährliches Proletariat und zugleich einen »liberalen« Mittelstand und eine reiche Unternehmerschicht, die immer lauter Reformen verlangen. Witte ist zugleich ein Gegner der »Russifizierung«. Plehwe aber will
»ein großes, einiges, dem Zaren untertanes Russisches Reich«
und hat deshalb schon 1899, als er Staatssekretär für Finnland geworden ist, alle Autonomiebestrebungen rücksichtslos unterdrückt, wie die Finnen später auch die Polen, Litauer und Armenier »russifiziert« und die armenische Kirche enteignet, weil sich die dieser Russifizierung widersetzte.
Ein fanatischer Russifizierer ist auch der (neben der Zarin) einflußreichste Berater Zar Nikolaus II, sein alter Erzieher *Pobedonoszew*. Als der Innenminister Durnowo demissioniert, wird er gefragt, wer als Nachfolger in Frage komme und Pobedonoszew erwidert:

»Es gibt nur zwei Kandidaten, Sipjagin und Plehwe. Der eine ist ein Trottel, der andere ein Schuft. Als Innenminister eignet sich in Rußland nur ein Trottel oder ein Schuft.«
Der Zar wählt vorerst den Trottel und Pobedonoszews Urteil erweist sich rasch als richtig, denn am 2. April 1902 wird der Innenminister von dem Studenten Balmatschow ermordet. Jetzt kommt Plehwe an die Reihe, von dem Fürst Bernhard von *Bülow* sagte:
»Plehwe war einer jener Deutschrussen, die vielleicht weniger grausam als die Russen selber sind, sich aber durch ihre methodische Strenge und Härte noch weit verhaßter machen. Sohn eines verarmten ostpreußischen Gutsbesitzers, war er als Kind nach Russisch-Polen gekommen und fühlte sich ganz als Pole. Ebenso rasch fühlte er sich später ganz als Russe. Er besaß eine enorme Arbeitskraft und ungewöhnlichen, persönlichen Mut. Plehwe herrschte mit eiserner Faust. Er war boshaft und schlau – und fuhr nur in einem gepanzerten Wagen, dessen Ziel er erst unterwegs angab ...«
Rasch hält der Zar Plehwe für die wichtigste Stütze seines Throns. Und was immer Witte sagt, dem widerspricht Plehwe. Witte erklärt, ein Krieg mit Japan sei »eine verbrecherische Dummheit«. Plehwe nennt ihn »eine innen- wie außenpolitische Notwendigkeit«. Aber Plehwe bekreuzigt sich vor jedem Heiligenbild im Zarenpalast und Witte geht achtlos vorbei und das genügt dem Zarenpaar. Als Plehwe schließlich doch ermordet wird, schreibt Nikolaus II.
»Im guten Plehwe habe ich einen Freund und einen unschätzbaren Innenminister verloren. Schwer straft uns Gott mit seinem Zorn!«
Als Witte stirbt, sagt der Zar einem ausländischen Diplomaten: »Das ist der glücklichste Tag seit Jahren!«
Und er strahlt dabei.
Nun, 1903 sind beide noch sehr lebendig und Plehwe weiß:
»Wir stehen vor einer Revolution und nur ich sehe es!«
Und an »Unrastbeweisen« mangelt es wirklich nicht. Die Sozialrevolutionäre ermorden Provinzgouverneure und Minister zu Dutzenden und wenn Nikolaus II nicht ebenso ermordet werden soll wie Alexander II, müssen geradezu phantastische Vorsichtsmaßnahmen ergriffen werden: Die Eisenbahnreisen der Zarenfamilie z. B.

überwacht ein spezieller Geheimdienst. Die elf Waggons des Hofzuges sind im Beisein von Inspektoren gebaut worden, die die Makellosigkeit jedes einzelnen Bauteils mit ihrer Unterschrift bestätigen müssen, persönlich für jedes gewollte oder ungewollte Versagen haften. Dementsprechend kosten diese elf Waggons zwölf Millionen Vorkriegsmark.
Fährt der Zar – was zweimal jährlich geschieht – auf die Krim, so stehen auf den 2000 Kilometern zwischen Petersburg und Sewastopol zu beiden Seiten des Bahndamms Wachen zu Fuß und zu Pferde, befinden sich besondere Wachmannschaften an allen Straßenübergängen, Brücken und Kreuzungen und in allen, auch den kleinsten, Bahnhöfen. Die Postenkette längs der Schienen darf sich nicht umdrehen, steht mit dem Rücken gegen den Zug. Vierundzwanzig Stunden vor jeder Durchfahrt beginnt die Bewachung, denn niemand erfährt außer dem Geheimdienstchef und den drei höchsten Beamten des Reiches die genaue Zeit der Reise. Einige Tage vorher untersuchen Bahngendarmen genauestens die ganze Strecke und alle Gebäude in ihrer Nähe, versiegeln sie alle Kellerräume damit keine Stollen zum Bahndamm gegraben werden können. Stundenlang vor der Durchfahrt des Zarenzuges darf keine Privatperson mehr einen Bahnhof betreten, niemand mehr in der Nähe der Linie auf den Feldern arbeiten und der gesamte Güterverkehr wird am Reisetag eingestellt.
Eigene Lokomotiven besitzt der Zarenzug zwar nicht. Aber die normalerweise mit Kohle geheizten der verschiedenen Bahndepots werden für Zarenreisen mit Holz geheizt und zwar Holz, das nicht lose, sondern in versiegelten Säcken auf die Tender geladen wird, so daß Bomben nicht in die Feuerung gelangen können. Das Hofministerium und die »Inspektion der Kaiserlichen Züge« sprechen für jede Reise mit dem Geheimdienst besonders variierte Fahrpläne ab und stets gibt es dann *zwei* Züge: Den »Zug von äußerster Wichtigkeit A« und den »Zug von äußerster Wichtigkeit B«, die sich in einem Abstand von 30 bis 60 Minuten folgen. In einem reist die Zarenfamilie mit ihrer Leibwache und dem Gefolge. Im andern die hohen Würdenträger. Der Zar selber entscheidet im letzten Augenblick, in welchem Zug er fahren will.
Wann Plehwe einen Zug benutzen will, weiß *nur* er und längst fährt sein gepanzerter Spezialwagen nur im Galopp durch die Straßen.

Aber mehr als für sich selber fürchtet er für das Russische Reich und so will er
»einen rasch zum Sieg führenden Krieg, weil das Rauschen der Fahnen die Stimmen der Unzufriedenheit übertönen wird; weil die Heldentaten des Zarenheeres die Herzen der Zweifler erneut für den Thron des Monarchen schlagen und das Phantom der Revolution verschwinden lassen werden ...«
Oft schon *ist* mit Erfolg versucht worden, die Volkswut auf einen *äußeren* Feind abzulenken. Und konnte es einen besseren Feind geben als die »Gelben«, die nicht nur Rußland bedrohten, sondern »die ganze weiße Rasse«? Mußte der Zar nicht nur bei seinem eigenen Volk, sondern bei *allen* »zivilisierten Völkern« Ruhm ernten, wenn er die Japaner schlug?
Nikolaus II ist davon fest überzeugt, nur glaubt er nicht an einen Krieg. Kurz vor Ausbruch der Kämpfe sagt ihm der Großfürst Alexander:
»Man spricht im Volk von einem nahen Krieg.«
Der Zar erwidert:
»Es gibt keinerlei Grund, über einen Krieg zu sprechen.«
»Wie willst du den Krieg denn vermeiden, wenn du nicht nachgeben willst?«
»Die Japaner werden nicht wagen, uns den Krieg zu erklären.«
»Und wenn sie es doch tun?«
Nikolaus II wird ungeduldig:
»Aber ich sage dir doch, Sandro, daß ich weder mit Japan noch mit sonst jemanden einen Krieg zu führen beabsichtige!«
Dieses Gespräch findet am 21. Januar 1904 statt.
Am 26. brechen die Japaner die Verhandlungen ab, am 5. Februar die diplomatischen Beziehungen.
Und in der Nacht vom 8. zum 9. Februar 1904 schlagen sie so überraschend zu wie 37 Jahre später in Pearl Harbour, versenken japanische Unterseeboote vor Port Arthur zwei russische Linienschiffe und einen Kreuzer.
Dem Zaren zufolge ist das
»ein Wanzenstich«.
Er erklärt den Japanern am 11. Februar den Krieg und erläßt eine Proklamation, in der es heißt:
»In unerschütterlichem Glauben an die Hilfe des Allmächtigen,

in der festen Überzeugung, daß all Unsere treuen Untertanen sich gemeinsam mit Uns zum Kampf für das Vaterland erheben werden, erflehen wir Gottes Segen auf unser Heer!«
Die Transsibirienbahn ist noch eingleisig. Der Hofzug, dem kein anderer in die Nähe kommen darf, bringt alle Truppentransporte in heillose Unordnung, aber der Zar läßt es sich nicht nehmen, persönlich überall seine in den Kampf ziehenden Soldaten zu segnen. Hoch zu Roß nimmt er die Paraden ab, dann knien die Truppen nieder und kleine Ikonen des Heiligen Seraphim von Sarow werden verteilt.
Inzwischen verteilen Revolutionäre aller Schattierungen das Geld unter den Terroristen und Saboteuren, das aus Japan stammt, den Japanern von Amerika und England geliehen wurde.
Inzwischen widerruft der Admiral *Aleksejew,* den der Zar zum Oberbefehlshaber ernannte, jeden Befehl, den der ehemalige Kriegsminister *Kuropatkin* erläßt, den der Zar ebenfalls in die Mandschurei entsandte, ohne aber Aleksejew abzuberufen. Zum Kriegführen haben so beide keine Zeit, denn sie müssen Feldzugspläne nach Petersburg senden und sich ununterbrochen gegenseitig beim Zaren denunzieren. Und als Kuropatkin schließlich Alleinkommandierender wird, wendet sich das Kriegsglück keineswegs, denn für den war dieser Feldzug von Anfang an nichts als eine ergiebige Geldquelle: In seinen 1934 in Paris erschienenen Memoiren schildert der damalige Finanzminister und spätere Premierminister Wladimir Nikolajewitsch *Kokowzew* die General Kuropatkin (Austen Chamberlain zufolge »eine Schreiberseele, zum Handeln und Denken im Großen unfähig«) von ihm ein *Monats*-Gehalt von 100 000 Rubel – 216 000 Mark – verlangte, dazu »Fouragegeld« für 30 Pferde obwohl er nur eines besaß, das ihm zudem die Stadt Moskau geschenkt hatte. Und auf Befehl des Zaren mußte Kokowzew diese Forderung bewilligen.
Nun gab es natürlich auch noch andere Russen. Russen, die heldenhaft kämpften. Aber die sollen mit Kanonen schießen, denen nicht selten die Verschlüsse fehlen. Die bekommen Munition, die nicht in die Gewehre paßt.
Am 28. April 1904 beginnt die Belagerung von Port Arthur.
Ein Monat später gewinnen die Japaner die Seeschlacht, die sich vor diesem Hafen abspielt und am 2. Januar 1905 ergibt sich die Festung,

obwohl sie noch für viele Monate Nahrungsmittel und zwei Millionen Runden Munition hat.
Der nächste Flottenstützpunkt der Russen ist damit Wladiwostok. Und den versucht
   Sinowij Petrowitsch Roschestwenskij
zu erreichen, auf den setzen nun die in der Mandschurei Kämpfenden *all* ihre Hoffnung. Denn sobald es eine überlegene Flotte im Japanischen Meer gibt, kann der japanische Nachschub unterbunden werden. Da sind die 550000 Toten, die die Russen hier bereits opferten, nicht umsonst gefallen.
Aber *hat* Rußland denn eine Flotte?
Oberbefehlshaber der Kriegsmarine ist der Großfürst *Alexis*, ein Vatersbruder des Zaren, der im Dienst grau geworden ist. Auch der Schwager Nikolaus II, Großfürst *Alexander,* dient in der Marine und der hat seit Jahren kein Blatt vor den Mund genommen: Völlig veraltet die Ausrüstung. Völlig unzulänglich die Ausbildung. Die Versorgung der Mannschaften so schlecht, daß sie eines Tages meutern *müssen.*
Der Zar hört das alles nur mit halbem Ohr: Soll er etwa seinem alten Onkel Vorwürfe machen? Gott hat bisher die Schiffe beschützt. Er wird es auch weiter tun. Und der Zar betet inbrünstiger denn je, kommt mit rotverweinten Augen aus der Moskauer Kathedrale, kniet stundenlang im Petersburger Dom. Und hat er nicht auch eigenhändig den Matrosen der Ostseeflotte geweihte Heiligenbilder geschenkt, um sie zu beschützen?
Den Auftrag, von Libau nach Port Arthur auszulaufen, hat das von Roschestwenskij befehligte und aus der Ostseeflotte gebildete »Zweite Pazifikgeschwader« bereits im Februar 1904 erhalten. 1903 Chef des Admiralstabes geworden, ist Roschestwenskij einer der hervorragendsten Offiziere Rußlands – aber sein Geschwader wird und wird nicht fertig, erst Mitte Oktober kann der Admiral mit vier neuen, kaum erprobten und drei älteren Linienschiffen, mit zwei völlig veralteten Panzerkreuzern und seinen Torpedobooten und Hilfsschiffen die Reise antreten.
Und er muß um die halbe Welt fahren, denn England hat allen Verträgen zum Trotz den Russen den Suez-Kanal gesperrt. England hat den Japanern zwei Kriegsschiffe verkauft, die als »Niskin« und »Kasuga« gegen die Russen eingesetzt werden, weigert sich aber,

den Russen Kohlen zu verkaufen. Zwar stellt nun Albert *Ballin,* der Chef der Hamburg-Amerikalinie und intimste Berater Kaiser Wilhelm II den Russen eine Flotte von Kohlendampfern zur Verfügung, arbeitet er einen genialen »Bekohlungsplan« aus – aber die Übernahme von Brennstoff auf hoher See verzögert natürlich die Fahrt und die Engländer sabotieren die Versorgung der russischen Flotte in allem, rasch leidet sie unter Wassermangel und die Hungerrationen machen die Besatzungen aufrührerisch. Da gibt es neben Tropenkrankheiten Skorbut und an dieser Mangelkrankheit stirbt zwei Tage vor Tsuschima auch Roschestwenskijs Stellvertreter, der Admiral *Fölkersahm.*

Dennoch versucht Roschestwenskij durch ständige Übungen aus den Bauern, die man ihm an Bord schickte, brauchbare Matrosen zu machen. Er weiß, daß er viel zu wenig Munition hat und erzieht so seine Artilleristen zu genauem, wenn auch langsamen Einzelfeuer. Und das wird ihm schließlich zum Verhängnis wie der Bodenbewuchs seiner Schiffe, die dreiviertel Jahre nicht docken können und die so ungleich langsamer sind als die japanischen.

Durch 20 000 Meilen einer höllischen Fahrt völlig erschöpft, kommen die Russen so in die kaum 200 Kilometer breite Straße von Tsuschima. Will er Wladiwostok erreichen, so *muß* Roschestwenskij durch diese Meeresenge, denn um Japan zu umfahren hat er keinen Brennstoff mehr und Port Arthur ist ja längst gefallen.

Und das weiß der japanische Admiral *Togo* natürlich.

Zwar verfügen die Russen über 41 schwere Geschütze, die Japaner nur über 27. Aber Roschestwenskij läßt Togo außer Gefechtsentfernung an seiner Spitze vorbeiziehen, so eine Feuerstellung gewinnen, bei der der Wind den Japanern freies Ziel gewährt, die Russen aber durch den Pulverdampf schwer behindert werden. Und während Roschestwenskij sorgfältig zielen lassen *muß,* überschüttet Togo ihn mit Massen hochexplosiver Sprengladungen, mit zahllosen Geschossen, die Verzögerungszünder haben und an Bord der russischen Schiffe ein Blutbad anrichten.

Nach kaum dreiviertel Stunden ist so die erste Linie der russischen Flotte außer Gefecht gesetzt, Roschestwenskij selber schwer verwundet. *Nebogatow,* der Zweitkommandierende, nützt die letzte Chance, die den Russen noch bleibt, nicht aus und so ruhen am nächsten Mittag vier Panzerschiffe, fünf Kreuzer und fünf russische

Hilfsschiffe auf dem Grund des Japanischen Meeres. Und zur Niederlage tritt die Schmach: Entsetzt haben die Matrosen gesehen, wie ihre Granaten wirkungslos von den japanischen Schiffen abprallen. Das kann nur heißen, daß diese Granaten nichts taugen, Verrat im Spiele ist. Und sie meutern, zwingen ihre Offiziere, weiße Flaggen zu hissen: Vier Panzer- und zwei Hilfskreuzer ergeben sich. Als Roschestwenskijs Flaggschiff auf der Flucht von den Japanern eingeholt wird, Treffer auf Treffer erhält und zu sinken beginnt, wird auch hier die Flagge gestrichen und der Admiral gefangen. Die Japaner pflegen ihn gesund und er kommt daheim vor ein Kriegsgericht. Aber er wird freigesprochen, denn Roschestwenskij hat getan, was in seiner Macht stand. Er hat nicht nur gegen Japan und gegen England gekämpft, sondern auch gegen die Mißwirtschaft seines eigenen Landes. Es war eine Heldentat gewesen, daß er das Kommando übernahm und es war eine *einzigartige* Leistung, daß er seine Flotte rund um Afrika, über Madagaskar und die Kamranbucht in Annam bis vor Japan brachte.
Aber mit Tsushima ist der Krieg gegen Japan endgültig verloren. Diese Niederlage löst die Russische Revolution von 1905 aus, die nur äußerlich unterdrückt werden kann, sich langsam aber immer tiefer ins Mark frißt, weiterschwelt und unausweichlich zum Zusammenbruch der Zarenherrschaft führt. Und damit rächen sich die russischen Judenverfolgungen auf eine Art, die bis heute weltweite Folgen hat.

VI
Die Pogrome rächen sich

Rußlands vierhundert »Kristallnächte« und die
Finanzierung des Russisch-Japanischen Krieges

Gibt es auch heute noch Leute genug, die felsenfest an eine »Jüdische Weltverschwörung« glauben, so nicht minder Unzählige, die Angst haben als Antisemiten zu gelten, wenn sie die Dinge sehen, wie sie sind. Und nur ein Blinder kann leugnen, daß der Einfluß jüdischer Bankiers, jüdischer Zeitungsherausgeber, Public-Relations-Fachleute und Politiker enorm *ist*, und daß die Weltpolitik von jüdischen Interessen nicht minder beeinflußt wird wie von amerikanischen oder russischen, deutschen oder englischen. Denn schon auf dem ersten Weltkongreß der Zionisten sagte ja Theodor *Herzl* 1897 in Basel klar und eindeutig:
»Wir sind eine Nation. Wir sind nicht länger amerikanische oder russische Juden, sondern nur mehr *Juden!*«
Und ein so prominenter geistiger Führer des Judentums wie Dr. Martin *Buber* schrieb in »Der Jude«, Band III, S. 449 (Berlin 1918/19):
»Der Zusammenbruch der drei Mächte (Deutschland, Österreich-Ungarn und Rußland) in ihrer alten Form stellt einen erheblichen Vorteil für die nationale jüdische Sache dar und die Tatsache, daß der gleiche Krieg, der die weltweite Anerkennung des Zionismus brachte, auch zum Fall dieser drei antijüdischen Mächte führte, ist eine Koinzidenz, die reichlich Stoff zum Nachdenken gibt ...«
Weniger noch als die deutsche und die österreichische Revolution aber ist die russische zu begreifen, wenn man die Augen vor der *selbstverständlichen* Tatsache verschließt, daß *kein* Jude die Zarenherrschaft bejahen konnte, solange in Rußland tausende und abertausende seiner Glaubensgenossen bestialisch umgebracht werden, jahrzehntelang
Pogrome als innerpolitisches Sicherheitsventil
dienten.

»Pogrom« ist russisch und heißt »Verwüstung«.
Jede Hetze gegen eine besondere Bevölkerungsschicht, die mit Gewalttaten und Plünderungen verbunden ist, heißt »Pogrom« und es gab in Rußland auch Mohammedaner-, Armenier- und Deutschenpogrome. Aber im Russischen Reich lebten lange die weitaus meisten Juden der Welt, *trotz* der Massenauswanderung auch 1914 noch gut sechseinhalb Millionen, und so bekam das Wort weltweit die Bedeutung von »blutige Judenverfolgung«.
Allerdings erst Ende des 19. Jahrhunderts, denn lange ging es den schon im zehnten Jahrhundert aus den Schwarzmeergebieten eingewanderten Juden in Rußland nicht schlechter als anderswo und unter Peter dem Großen wurde der Jude *Schawirow* sogar Vizekanzler und Baron. Aber dann kamen unter Katharina große Teile Polens unter russische Herrschaft, bekamen die Zaren 1772—95 *so* viele jüdische Untertanen, daß sie ihnen fünfzehn besondere Wohngebiete anwiesen, ihre Freizügigkeit aufhoben. Erst seit 1855 und besonders seit dem Judengesetz Alexanders II. aus dem Jahre 1865 durften einzelne jüdische Handwerker, reiche Kaufleute und Akademiker außerhalb der Ghettos und ihrem »Niederlassungs-Rayon«, den »Tschertas«, wohnen, aber deren Zahl blieb durch Sondervorschriften und einen »numerus clausus« an allen Hochschulen gering und so galt bis zum »Gleichberechtigungsgesetz« der provisorischen Revolutionsregierung vom 2. April 1917 praktisch für alle russischen Juden:

Beschränkung des Wohnrechtes auf genau vorgeschriebene Gebiete und Stadtteile und Unmöglichkeit des Grunderwerbs außerhalb der Judendistrikte.
Verbot, in den Regierungsdienst zu treten.
Verbot – außer für jüdische Ärzte – in Selbstverwaltungskörperschaften tätig zu sein.
Unmöglichkeit, Offizier zu werden.
Durch Quoten weitgehend Ausschluß vom Anwaltsberuf.
Beschränkung, der jüdischen Schülerzahl auf 5 % in den Provinzhauptstädten, 10 % in allen übrigen Staatsschulen.

In den »Tschertas« waren die russischen Juden Kaufleute und Geldverleiher, vor allem aber Schnapsbrenner und Schwankwirte. Sie waren vereinzelt Steuereinnehmergehilfen, wurden im Lauf der Zeit immer öfter aber auch Gutsverwalter und »Hausjuden« der

Adeligen – und hatten als Geldgeber des Adels ein Interesse an möglichst hohen Gutserträgen und Pachteinnahmen: Sie wurden zu »Antreibern und Fronvögten der Blutsauger«, hatten auch sonst Gelegenheit genug, sich beim Volk, das ja *alle* Erträge erarbeiten mußte, verhaßt zu machen und so wurden die ersten großen Pogrome – die des Jahres 1881 – von der »Partei der Volksfreiheit« organisiert, einer Vorgängerin der Sozialrevolutionären Bewegung. *Die rief zum*
»Kampf gegen die Grundbesitzer und Juden«
auf.
Bald allerdings änderte sich das. Da die Juden in Rußland praktisch rechtlos waren, schlossen sie sich den Revolutionären an, stellten sie, wie gesagt, auch zahlreiche Terroristen. Natürlich gab es keine jüdische »Einheitsfront« gegen den Zaren, wie es ja überhaupt ein festgefügtes »Judentum« so wenig wie ein homogenes »Christentum« gibt, die früh aus Spanien und Portugal nach Westeuropa ausgewanderten Juden die Ostjuden verachteten und das zum Teil noch immer tun; wie sich Chaim Weizmann und David Ben-Gurion heftig bekämpften und menschewikische Juden wie Martow oder Axelrod boldschewikische Juden wie Trotzki oder Sinowjew, Joffe oder Kamenew. Da wurde der jüdische Tscheka-Chef Uritzki von dem Juden Kannegieser ermordet, verübte die Jüdin Dora Kaplan ein Attentat auf Lenin. Aber in weiten Kreisen Rußlands wurden »Revolutionäre« und »Juden« gleichgesetzt und so löste jedes Attentat neue Judenverfolgungen aus, brachten diese wiederum den Extremisten neue Anhänger.
Schon dieser Teufelskreis war furchtbar genug und bereits die »spontanen« Pogrome grauenerregend, vor allem in Polen, der Ukraine und in Kaukasien. Überall war das Ritual so gut wie das gleiche: Da hat ein Jude zu viel Zins genommen, ein anderer beim Viehverkauf betrogen oder ein dritter Schnapstrinkern den Kredit gesperrt. Ein Wort gibt das andere und plötzlich dringen die Bauern in die jüdischen Häuser ein, jagen die Bewohner aufs Dach und johlen, wenn sie herabstürzen. Da werden die Daunenbetten zerfetzt und den Kindern zugerufen: »Seht, wie es schneit!« Da werden die Fensterscheiben zerschlagen, die Einrichtung auf die Straße geworfen und wenn sich ein Klavier findet oder ein großer Spiegelschrank, dann nimmt der Jubel kein Ende. Oft fliehen die Juden in die Keller.

Dann wird da Petroleum hinuntergeschüttet und Feuer gelegt. Wer zu entkommen versucht, wird gesteinigt. Haben die Juden Glück, so jagt ein Regenschauer die Menge auseinander. Haben sie Pech, so kommen die Kosaken auf ihren kleinen, langmähnigen Pferden, die die Bauern mit ihren Lederpeitschen traktieren, die Juden aber mit Säbelhieben ...
Gibt es mehr Tote als gewöhnlich, geht ein Bericht nach Petersburg und der Zar befiehlt, die Schuldigen zu bestrafen. Aber kein Schuldiger wird je gefunden. Nach ein paar Wochen ist der Pogrom vergessen. Und kaum je erfährt die Auslandspresse etwas, denn Rußlands Zensur ist gut organisiert.
Aber da gab es die Flüchtlinge und die Auswanderer und die reichen russischen Juden mit Auslandsbeziehungen und so berichtete z. B. am 3. Juni 1891 der deutsche Botschafter in Paris, Fürst *Münster-Derneburg*, an den Reichskanzler von *Caprivi:*
»Die Herren von *Rothschild,* welche ich diese Tage gesehen habe, sind sehr entrüstet über die Judenverfolgungen in Rußland und behaupten geradezu, daß die Russische Regierung ihnen gegenüber wortbrüchig gewesen sei. Sie sagen nämlich, daß, als sie nach den ersten Judenverfolgungen mit der Russischen Regierung wieder Geschäfte machten, ihnen versprochen worden sei, daß die Verfolgungen und Ausweisungen aufhören sollten ... Besonders auf den Zaren sind diese Herren sehr schlecht zu sprechen, wogegen sie den Finanzminister Witte als den größten Finanzmann rühmen, den Rußland seit langer Zeit gehabt habe. Dieser sehe sehr gut ein, wie gefährlich es unter Umständen für den russischen Kredit sein könne, sich mit den wichtigsten finanziellen Kreisen Europas zu verfeinden ... Die Presse ist ganz mit der Haltung der Rothschilds einverstanden, und in sonst russenfreundlichen Blättern wird eine ganz andere Sprache geführt als bisher ...«
Sollte sich
die Verfeindung der Zaren mit den »wichtigsten finanziellen Kreisen«
Europas als verhängnisvoll genug herausstellen, so aber bald noch mehr die mit den führenden Bankiers Amerikas, denn die Rothschild waren ja immerhin keine Ostjuden, während es in den USA *Millionen* aus Russisch-Polen, Rußland selber oder den Balkan-

und Baltenstaaten stammende Juden gab und von denen einige zu Schlüsselpositionen aufstiegen.

Israel *Goldstein's* »A Century of Judaism« zufolge, das 1930 in New York erschien, gab es bei Ausbruch des amerikanischen Unabhängigkeitskrieges nur etwa tausend Juden in den englischen Amerikakolonien. Um 1825 dürften es etwa 8000 gewesen sein, 1890 aber waren es über 800 000 und nicht weniger als 1,67 Millionen der insgesamt 2,17 Millionen Juden, die den amtlichen Zahlen zufolge zwischen 1880 und 1927 in die USA einwanderten, kamen aus Rußland. Insgesamt waren von den 4,2 Millionen deklarierten Glaubensjuden, die 1925 in den Vereinigten Staaten gezählt wurden, mehr als dreieinhalb Millionen Ostjuden.

Nicht alle diese Juden wurden reich und nicht viele gewannen überragenden Einfluß. Aber genug, um nicht nur Rußland, sondern schon durch die Gründung des Staates Israel den ganzen Nahen und Mittleren Osten in einen bis heute nicht befriedeten Unruheherd zu verwandeln, denn unleugbar ist ja auch

der Weltzionismus eine Reaktion auf die zaristische Judenpolitik.
Zwar verhalf der Wiener Journalist Theodor *Herzl,* der 1896 sein Buch »Der Judenstaat« veröffentlichte, dem Zionismus zu Weltbedeutung. Aber *Gründer* der Bewegung war Leo *Pinsker* aus Odessa. Durch die Pogrome angestachelt, die 1882 der Ermordung des Zaren Alexander II folgten, predigte der damals einundsechzigjährige, reiche Getreidehändler die »*Selbst*-Emanzipation der russischen Juden« durch »eine erneuerte, auf jüdischem Boden ihr eigenes Leben lebende jüdische *Nation*« und seine Vereinigung »Chowewe Zion« (die »Zion Liebenden«) begann mit der Gründung jüdischer Kolonien in Palästina.

Erst durch die »Balfour-Deklaration« vom 2. November 1917 begann diese »Jüdische Heimstätte in Palästina« Form anzunehmen und erst am 14. Mai 1948 konnte der Staat Israel proklamiert werden. Aber auch Dr. Chaim *Weizmann,* dessen erster Präsident und der Mann, der Balfour zu seiner Erklärung veranlaßte, wurde 1884 (als eines von vierzehn Kindern eines kleinen Holzhändlers) in Motol bei Pinsk in Russisch-Polen geboren, wie er selber sagte

»in der dunkelsten und verlorensten Ecke des Gefängnisses, das vom zaristischen Rußland für die jüdische Bevölkerung errichtet worden war ...«

Entscheidend zur Realisierung der Ideen Leo Pinskers trug Nahum *Goldmann* bei, der während des Zweiten Weltkrieges Direktor des »Jewish Intelligence Service« – des Jüdischen Nachrichtendienstes – in New York war, zum Vorsitzenden der Zionistischen Weltorganisation wie des »World Jewish Congress« gewählt wurde und schließlich die Wiedergutmachungsverhandlungen mit der Bundesrepublik führte. Und auch Goldmann ist 1895 in Wischnewo (Wissniew) in Russisch-Polen geboren, floh vor den russischen »Kristallnächten« nach Deutschland und von hier nach Amerika.

Stets arbeiteten natürlich auch die Zionistenführer und die jüdischen Bankiers Hand in Hand, denn wie *jede* Organisation kostete die der Juden Geld: Den von Theodor Herzl angeregten ersten Weltkongreß der Zionisten, der 1897 in Basel abgehalten wurde und an dem 197 Delegierte teilnahmen, finanzierten Lord Edmond *Rothschild,* der Chef des Londoner Bankhauses, und Jacob H. *Schiff* gemeinsam. Die auf diesem Kongreß beschlossene Gründung der »Zionist Organisation of America«, die noch im gleichen Jahr zustandekam und deren Präsidium Richart *Gottheil* von der Columbia-Universität übernahm, während Generalsekretär Rabbi Stephen S. *Wise* wurde, der Oberrabbiner der USA, finanzierten die Teilhaber des New Yorker Bankhauses Kuhn, Loeb & Co. alleine und seither *blieb* Amerika die wichtigste Geldquelle aller jüdischen Unternehmungen – und vor allem auch der Revolutionierung Rußlands.

1867 von Abraham *Kuhn* und Salomon *Loeb* gegründet, bekam das New Yorker Bankhaus dieses Namens erst durch

Jacob Heinrich Schiff

Bedeutung, der am 10. Januar 1847 in Frankfurt am Main geboren wurde und am 25. September 1920 in New York starb. Einer mit den *Oppenheim* verwandten Familie angehörend, machte Schiff seine Banklehre bei den Rothschilds, wanderte 1865 nach Amerika aus und gründete da die Maklerfirma Budge, Schiff & Co. Seit 1870 amerikanischer Staatsbürger und seit 1875 mit Therese *Loeb,* der Tochter des Mitinhabers von Kuhn, Loeb & Co. verheiratet, wurde Schiff, als sich 1885 die beiden Gründer zurückzogen, Chef dieser Bank und bald eine Wallstreetberühmtheit: Schiff erkannte, was während des »Deutschen Wunders« dann vor allem Rudolf *Müne-*

mann praktizierte: Versicherungsgesellschaften dürfen ihre riesigen Prämieneinnahmen langfristig nur »sicher« anlegen, können mit diesem Geld selber weder spekulieren noch es kommerziell und industriell nutzen. Aber kurzfristig dürfen sie Geld geben und Kurzfristkredite kann ein geschickter Manipulator durch ständige Prolongierungen in Langfristkredite verwandeln und das tat Schiff. Er lieh sich vor allem bei der »Equitable« die Riesensummen, die er brauchte, um die 156 amerikanischen Eisenbahnen zu »reorganisieren«, die durch die Krise von 1881 in Konkurs gingen, finanzierte 1893 und 1897 Edward H. *Harriman*, der so Herr der Union Pacific Railway wurde, und unterstützte den 1901 im Kampf gegen James J. *Hill* und J. P. *Morgan* (mit dem er später eng zusammenarbeitete), gewann ihm die Kontrolle der Northern Pacific. Schiff verschaffte der American Smelting & Refining Co. und den *Guggenheim* das zur Vertrustung der amerikanischen Metallwirtschaft nötige Geld, mobilisierte im Lauf der Jahre aber nicht nur Milliardenbeträge, sondern gewann seiner Bank vor allem auch »Finanztalente«: Felix Moritz *Warburg* von der gleichnamigen Hamburger Bankfirma, der Jacob Schiffs Tochter Frieda heiratete und 1896 Partner von Kuhn, Loeb & Co. wurde; von Paul *Warburg*, der Nina Loeb heiratete und 1902 in die Firma eintrat; und von Otto H. *Kahn,* der bei den Mainzer Husaren diente, ehe er den Schwiegersohn Abraham *Wolff's* (eines Mitbegründers von Kuhn, Loeb & Co.), der »Diplomat« Schiffs und 1897 Mitinhaber der Bank wurde. Sagte Kahn,

»Ich bin als Jude geboren und will etwas für die Juden tun, ehe ich als Jude sterbe«,

so gründete Schiff das »Semitische Museum«, das er 1903 der Harvard-Universität schenkte, trat er aber vor allem gleich nach seiner Ankunft in Amerika der bereits 1859 gegründeten »Delegiertenkammer der amerikanischen Israeliten« bei, deren Aufgabe es war, »zugunsten unterdrückter Juden in aller Welt« zu intervenieren. Und Jacob H. Schiff finanzierte nicht nur weltumspannende Wirtschaftsunternehmen, sondern offen zugegeben im Interesse seiner russischen Glaubensgenossen auch den Krieg Japans gegen Rußland, später gemeinsam mit dem Bankhaus Morgan England und Frankreich im Ersten Weltkrieg, denn klar hieß es ja 1916 in einem Flugblatt der Pariser »Alliance Israélite«:

»Die Revolution von 1789 brachte den Juden des Westens die Befreiung von der Knechtschaft und ein Sieg der Entente wird nun das Judentum im übrigen Europa erlösen!«

Was 1914—18 einen Höhepunkt erreichte begann aber schon 1904: England war, wie gezeigt, an der Schwächung Rußlands durch einen Krieg mit Japan interessiert, aber die englische Regierung konnte diesen Krieg nicht gut selber finanzieren und die Londoner City sah das als zu riskant an. Denn Japan war ja 1904 nicht, was es später wurde. Zwar überstieg seine Bevölkerung nun 47 Millionen, während sie 1871 erst 35 Millionen betragen hatte. Aber Rußland besaß damals *hundert* — 47 Millionen Einwohner, zog jährlich 300 000 Rekruten ein und verfügte über vier Millionen ausgebildete Soldaten gegen die 430 000 Japans. Das Inselreich besaß 1904 insgesamt 4000 Fabriken, die über motorische Kraft verfügten (statt 20 Jahre später 37 000), besaß weder eine nennenswerte Schwerindustrie noch ausreichende Werften, konnte seine Armee selber praktisch nur mit Sommeruniformstoffen versorgen: Wolle mußte in Australien gekauft werden. Der Reis für die Truppenverpflegung kam aus Indochina. Schienen wie Lokomotiven und Waggons stammten aus den USA und England. Werkzeugmaschinen mußten importiert werden wie *hunderterlei* Kriegsbedarf und die große Frage war: Mit welchem Geld?

Wenn Rußlands Goldreserven dank Witte im März 1904 rund 921 Millionen Rubel oder über zwei Milliarden Goldmark betrugen, der Notenumlauf aber nur 1200 Millionen Mark; so hatte Japan 558 Millionen Mark umlaufen bei nur 242 Millionen Staatsbankreserven. Japans Auslandsschuld war von 26,8 Millionen Yen 1877 auf Null im Jahre 1897 gesunken. Aber 1904 stand sie bei rund 312 Millionen oder rund 660 Millionen Mark und für mehr war das Land den Citybankiers nicht gut.

Wohl aber Jacob Schiff, der in einem verlorenen Krieg Rußlands mit Recht eine Chance der Revolution sah, und so steht in der Ausgabe 1906 der »Jewish Encyclopaedia«:

»Die große japanische Kriegsanleihe der Jahre 1904—05 wurde vom Bankhaus Jacob H. Schiffs aufgelegt.«

Jacob Schiff traf sich am 21. Januar 1904 in London mit Korekiyo *Takahashi*, Japans Finanzminister (der dann 1911—13 Gouverneur der Bank von Japan und 1921—24 Ministerpräsident war) und

schloß mit ihm eine Anleihe von 200 Millionen $ – 800 Millionen Goldmark – ab,
die größte Auslandsanleihe, die vor dem Ersten Weltkrieg in den Vereinigten Staaten untergebracht wurde.
Billig war diese Anleihe nicht. Auch die japanischen Schatzscheine, die Kuhn, Loeb & Co. im Mai 1904 übernahmen, mußten mit 93,5 ausgegeben und mit 7 % verzinst werden (während Rußland damals Schatzscheine zu 100 ausgab und mit maximal 5 % verzinste) und im Oktober 1904 stand trotz aller japanischen Siege der Bondskurs auf 90,5. Aber *nur* dank der Anleihe Schiffs konnte Japan im Februar 1904 seinen Krieg gegen Rußland beginnen. Und die von ihm erwarteten Unruhen *brachen* aus. Eindeutig als Kriegsfolge. Aber ausgelöst wurde die Revolution von 1905 nicht durch Revolutionäre oder Terroristen, sondern durch die *zaristische* »Arbeiterbewegung«.

VII
Die Gewerkschaften Seiner Majestät

Der Priester Gapon, der »Blutige Sonntag« und die Revolution von 1905

Zu den wenigen Leuten, denen Zar Nikolaus II vertraut, gehört der General Dmitrij Feodorowitsch *Trepow:* Von mächtiger Statur, mit funkelnden, energiegeladenen Augen, offen, gerade und »von gesunder Unkompliziertheit« ist Trepow 1896, als Vierzigjähriger, Oberpolizeimeister von Moskau geworden und hat da gezeigt, wie man mit Revolutionären umgehen muß: Er hat seinen Truppen den berühmten Befehl erteilt
»Mit Kugeln wird nicht gespart!«
Und er hat die Hochschulen schließen lassen. Denn wenn es keine Studenten gibt, kann es keine Studenten-Verschwörungen und keine Studentenunruhen geben.
Aber General Trepow hat auch schon 1898 geschrieben:
»Um die Agitatoren zu entwaffnen, muß den Arbeitern eine *legale* Möglichkeit geboten werden, ihre Klagen zu äußern. Auch wenn die Jungen revolutionär bleiben sollten, werden doch die älteren Arbeiter den gesetzlichen Weg wählen und die Macht der Massen durch ihre Spaltung gebrochen sein ...«
Dem Innenminister Plehwe schien das keine schlechte Idee. Trepows Stellvertreter Sergej Wassiljewitsch *Subatow* bekam die entsprechenden Aufträge und Mittel und gründete Gewerkschaften »Seiner Majestät des Zaren«, die zwar nicht so hießen, aber reine Polizeiinstrumente waren. Erst- und einmalig auf der Welt entstand in Rußland
eine Arbeiterbewegung, die die zaristische Polizei finanzierte und förderte.
Der im Mai 1901 gegründeten »Moskauer Gesellschaft zur gegenseitigen Hilfe der Maschinenindustriearbeiter« folgten bald ähnliche Gesellschaften in ganz Rußland. Denn Subatow und Trepow ließen ihnen gegen *kleine* »ausländische Ausbeuter« weitgehend

freie Hand und die »Ochrana«, die Geheime Staatspolizei, rief auch nicht selten russische Unternehmer zusammen, um ihnen Konzessionen an die Arbeiter »anzuraten«. Von diesen Fabrikarbeitern waren zwar auch 1913 noch mehr als 30 000 weniger als 12 Jahre alt und mehr als 200 000 zwischen 12 und 15. Von diesen rund 2,2 Millionen in Fabriken mit mehr als je 15 Leuten Beschäftigten waren bei Ausbruch des Ersten Weltkrieges 724 000 Frauen, die bis 1897, als die Sonntagsruhe eingeführt wurde und eine »normale Arbeitszeit von nicht mehr als elfeinhalb Stunden täglich«, ebenso 15 bis 16 Stunden arbeiten mußten wie die Männer und Kinder. Aber die kaiserlichen Gewerkschaften erreichten hie und da Verbesserungen und so nahmen die Arbeiter es hin, daß deren Versammlungen stets mit Huldigungen an den Zaren begannen und endeten und Trepows Idee bewährte sich.

Bis im Winter 1904 die Petersburger »Gesellschaft für gegenseitige Arbeiterhilfe« einen neuen Führer, den Priester

Jurij Gapon,

bekam.

Gapon war ein Bauernsohn aus der Ukraine, der mit Maxim *Gorki* in Verbindung stand und *Tolstoi* bewunderte. Gapon war auch ein Spitzel des Petersburger Polizeichefs, General Iwan *Fulon*, und der setzte große Stücke auf ihn, weil er ein blendender Redner war und – damals 32 Jahre alt – ein schöner, eindruckerweckender Mann mit einem schmalen Heiligengesicht und einem kohlschwarzen Bart. Gapon hielt sich zuerst strikt an die Vorschriften seiner Chefs, predigte den Arbeitern:

»Beschränkt euch auf erfüllbare Forderungen! Verlangt nicht Unmögliches wie den Achtstundentag!«

Aber dann entwickelte er eigene Ideen: Gapon schlug vor, die Regierungsgewerkschaft in »Union der Russischen Fabrikarbeiter« umzubenennen. Die Polizei fand das gut, sandte den Priester auf eine Werbereise und rasch gewann der überall Anhänger. Und das scheint Gapon in den Kopf gestiegen zu sein: Als streikende Petersburger Metallarbeiter ausgesperrt wurden, schrieb er am 21. Januar 1905 auf eigene Faust einen Brief an den Zaren, in dem es hieß:

»Majestät! Glauben Sie Ihren Ministern nicht. Die belügen Sie über den wahren Stand der Dinge. Das Volk vertraut Ihnen. Und

das Volk wird morgen um 2 Uhr nachmittags zum Winterpalast ziehen um Euer Majestät seine Sorgen zu unterbreiten ...«
Dieser Brief versetzte das Innenministerium und die Polizei in eine schwierige Lage: Gapon war ihr Mann. Aber würde er die Massen in der Hand behalten? Vor allem die Arbeiterschaft der Putilowwerke gehörte zu seinen Anhängern und diese Rüstungsarbeiter waren die radikalsten Rußlands. Man beschloß, Gapon zu verhaften. Aber der war in der Nacht des 21. Januar nirgends zu finden. Man fragte den Zaren. Aber der dachte nicht daran, den »Mob« zu empfangen, reiste nach Zarskoje Selo und kam nie mehr in den Winterpalast zurück, den er sowieso haßte, seit Anfang 1905 beim Salutschießen scharfe Munition »mitunterlaufen« war, Granaten in den Palast einschlugen. Und so war die Demonstration des 22. Januar zwecklos. Aber das wußten die 200 000 Männer, Frauen und Kinder nicht, die mit Kirchenfahnen, Ikonen und Zarenbildern zum Palast zogen. Die sangen immer wieder »Gott erhalte den Zaren« und Gapon führte sie an, die Bittschrift in der Hand, in der um den Achtstundentag und einen Mindestlohn von einem Rubel täglich – damals 2 Mark 32 Pfennig – gebeten wurde.
In fünf Kolonnen unterteilt nähert sich die Masse langsam dem Palast. Hier sind inzwischen große Truppenmengen zusammengezogen worden und deren Offiziere verlieren die Nerven: Der Gesang übertönt ihre Aufforderung zum Stehenbleiben. Die Menge will in den Vorhof und da wird gefeuert, auf nur 10 bis 20 Meter Entfernung und so gibt es mehr als
fünfhundert Tote und tausende Schwerverletzte.
Der Schnee färbt sich rot. Die Zarenbilder sind von Kugeln zerfetzt, die Kirchenfahnen von den Säbelhieben der Kosaken zerschlissen. Es ist ein wahrhaft »Blutiger Sonntag« geworden und mit dem Vertrauen der Arbeitermassen in »Väterchen Zar« ist es nun endgültig vorbei. Am Abend bringt Maxim Gorki den Priester Gapon in eine Versammlung und der ist nun kein Polizeispitzel mehr, der schreit in die Menge:
»Die Kugeln der kaiserlichen Soldaten haben in uns den Glauben an den Zaren getötet. Nehmen wir Rache an diesem vom Volk verfluchten Zaren und seinem ganzen Schlangengeschlecht, an allen Ministern und Plünderern der russischen Erde. Stürmt die kaiserlichen Paläste und zündet sie an! Alle aber, die auf unsere

unschuldigen Frauen und Kinder schossen, belege ich mit meinem priesterlichen Bann!«

In *ganz* Rußland wird dieser Ruf gehört. Am 17. Februar 1905 wird der Onkel des Zaren, Großfürst Sergius Alexandrowitsch in Moskau ermordet und binnen 12 Monaten »liquidieren« die Revolutionäre drei Minister und die Gouverneure Ignatiew, Bobrikow, Starinkewitsch und Hwostow. Da fällt der neue Petersburger Polizeipräsident von der Launitz einem Bombenattentat zum Opfer wie der Militärstaatsanwalt Pawlow und die Generäle Mien, Karangosow und Alichanow. Wie den Großen geht es jetzt aber auch zahllosen »Kleinen« an den Kragen: Gendarmen, Steuereinnehmern, Dorfbürgermeistern. Die Zahl der politischen Morde steigt auf sechzehn pro Tag.

Und damit hat Nikolaus II Verachtung des »Mobs« erneut zunichtegemacht, was Sergej Juljewitsch *Witte* an schier Unglaublichem zustandebrachte. Denn der hat ja inzwischen in Portsmouth, im amerikanischen New Hampshire, mit den Japanern einen Frieden geschlossen, durch den

Rußlands Niederlagen wie weggezaubert

scheinen.

Witte hat – wie Rußlands Außenministerium – immer wieder vor dem Krieg gegen Japan gewarnt, er ist 1903 in Ungnade gefallen, könnte nun seine Hände in Unschuld waschen. Aber Witte hat längst erfaßt: Daß während der achtzehn Monate des Russisch-Japanischen Krieges die »Gelben« *alle* und die »Weißen« nicht eine einzige Schlacht gewannen, hat die Welt nicht minder erschüttert wie seinerzeit die Erkenntnis, daß die Sonne sich nicht um die Erde dreht. *Alle* »Weißen« fühlen sich nun zutiefst getroffen, sehen plötzlich in der »Gelben Gefahr« eine *Realität* – und das beschließt Witte zu nutzen. Vom Zaren persönlich gebeten, schifft er sich auf dem »Wilhelm dem Großen« nach Amerika ein und benimmt sich (wie er in seinen Memoiren schreibt), so »als ob Rußland ein mächtiges Imperium wäre, dem in einem fernen Gebiet eine kleine Unannehmlichkeit wiederfahren ist ...«

Die Weisungen des Zaren lauten:

»Keinen Zoll russischen Bodens, keinen Groschen Tribut!«

Die Japaner fordern drei Milliarden Goldmark Kriegsentschädigung, fordern die Insel Sachalin, fordern Rußlands Rückzug aus der

Mandschurei. Aber Witte führt den Befehl des Zaren aus – denn geschickt wirbt er nicht um die Gunst der Sieger, sondern um die der Zuschauer: Er steigt auf der Fahrt von New York nach Portsmouth aus seinem Salonwagen aus und schüttelt dem Lokomotivführer die Hand. Er hat das New Yorker Judenviertel besucht und sich nach dem Geschäftsgang erkundigt. Er hat zahllose Einladungen angenommen, sich den Magen ruiniert aber bei jeder Gelegenheit die »Neue Welt« gelobt. Er hat sich mit dem japanischen Delegierten, Baron *Kurino*, photographieren lassen, der klein und häßlich und todernst ist, während Witte als jovial lächelnder Riese sofort das Publikum für sich gewinnt. Und Witte hat vor allem jeden, der es nur wollte, Interviews gegeben, hat immer wieder gesagt:

»Die Japaner haben gesiegt? Wieso? Standen sie vor Moskau? Haben sie Petersburg erobert? Will Maresuke Nogi sich mit Napoleon vergleichen, der schließlich auch nicht siegte?«

Das zu hören freut die »Weißen«. Und hat Witte die öffentliche Meinung hinter sich gebracht, so natürlich auch die westliche Diplomatie: Dem verlorenen Krieg folgt ein Frieden, der *keine* russische Niederlage bedeutet, denn England hat so wenig Interesse daran, Japan *zu* mächtig werden zu lassen wie die USA, die Japans Expansion längst mit Mißtrauen verfolgen und *niemand* will die russische Konkurrenz beseitigen, nur um eine neue japanische zu schaffen.

Und so müssen die Japaner in Portsmouth verzichten und verzichten und verzichten. Selbst die Hälfte des damals wertlosen Sachalin will Witte ihnen nicht geben und Präsident Theodore *Roosevelt* (der den Zaren und die Japaner zum Friedensschluß aufforderte und nach Portsmouth einlud) muß sich persönlich an Nikolaus II wenden und *der* gibt nach. Am 5. September 1905 ist der Friede geschlossen und Japan erhält nicht einen der 1508 Millionen Yen oder mehr als drei Milliarden Goldmark zurück, die der Krieg kostete. Auf der Rückreise wird Witte von Kaiser Wilhelm II nach Rominten eingeladen und als Friedensstifter geehrt und gefeiert. Der Zar hat ihn eigentlich verbannen wollen, weil er seine Unterschrift »unter die größte Schande Rußlands« setzte, aber die Auslandsreaktion veranlaßt ihn, Witte stattdessen in den Grafenstand zu erheben.

Die russische Revolution jedoch ist nichtsdestoweniger in vollem Gang. Amerika ist fern und was wissen Rußlands Bauern schon von

der Weltpolitik? Aber sie waren im Krieg. Sie haben *erlebt*, wie der geführt wurde. Und sie haben erkannt:
Der Zar ist nicht allmächtig!
Immer wieder haben sie auf seine Hilfe und sein Verständnis gewartet. Der »Blutige Sonntag« hat Rußlands Massen bewiesen, daß er nicht helfen *will*. Und die Niederlagen in der Mandschurei haben ihnen bewiesen, daß er gar nicht helfen *kann*. Und so nehmen die Heimkehrer ihr Schicksal in die eigene Hand. Da hacken die Bauern Löcher ins Eis der Flüsse und versenken darin die Popen und Gutsbesitzer und Polizisten. Viele Adelige wohnen nicht auf dem Land. Aber da ist ihr Rassevieh und so entlädt sich die Wut und die Enttäuschung der Muschiks an den Zuchtbullen, die sie kastrieren, und an den edlen Reitpferden. Und da lassen sie auch überall den »Roten Hahn« los, gehen in Rußland 1905 über 2000 Landhäuser und Schlösser in Flammen auf.
Die Kosakenregimenter reiten durchs Land und ihre Peitschen knallen wie die Schüsse der Exekutionspelotons. Aber Rußland ist groß.
Wer kann 120 Millionen Menschen zum Gehorsam zwingen?
Die Kosaken jagen durch ausgestorbene Dörfer. Aber kaum sind sie abgezogen tauchen aus den Wäldern und Sümpfen die Bewohner wieder auf und brechen in die Schlösser ein, betrinken sich, putzen sich mit Federboas und wagenradgroßen Hüten heraus, zünden die ausgeplünderten Häuser an und tanzen in wilder Lust um die Scheiterhaufen ihrer Zwangsherrschaft.
Wie mehr und mehr Gutshäuser brennen die damals noch hölzernen Bohrtürme von Baku. Streikunruhen sind hier Tartaren- und Armeniermassaker gefolgt und es wird Jahre dauern, ehe sich Rußlands Mineralölindustrie wieder erholt. Auch in den Industriestädten Lodz und Bialystok ist es zu Straßenkämpfen, zu Maschinenzerstörungen, zu Ladenplünderungen gekommen. Unruhen in Kiew und Warschau, Helsingfors und Riga. »Ein Strom von Blut fließt zwischen dem Zaren und seinem Volk.« Und dann kommt es erstmals zur
Verbrüderung der Arbeiter und Soldaten
und das scheint das Ende des Zarentums: Am 27. Juni 1905 soll die Besatzung des Panzerkreuzes »Knjas Potemkin Tawritschewskij« Fleisch essen, das von Maden wimmelt. Die Leute weigern sich und

der Kommandant will ein Exempel statuieren. Er *befiehlt,* das Fleisch zu essen und wer den Gehorsam verweigert, soll erschossen werden. Aber der Exekutionspeloton schießt nicht. Stattdessen werden die verhaßtesten Offiziere gefesselt ins Meer geworfen, der Rest eingesperrt und die Meuterer dampfen nach Odessa, um auch die Besatzungen der dort liegenden Schiffe zum Meutern aufzufordern.
Nur auf einem weiteren Kreuzer geschieht das. Aber inzwischen haben sich die »Potemkin«-Matrosen mit den streikenden Arbeitern von Odessa vereint und erst als 40 000 Mann Truppen zusammengezogen sind und es in Straßenkämpfen 1160 Tote und 3400 Verwundete gegeben hat, ist die Revolte niedergeschlagen, flieht die »Potemkin« nach Constantza in Rumänien. Den Zaren aber trifft die Meuterei schwerer als der Untergang seiner Flotte bei Tsushima, denn sie bedeutet ihm »Untergang der Disziplin«.
Und die Vorgänge auf der »Potemkin« wirken ähnlich wie der »Blutige Sonntag«, sie enthüllen den Abgrund zwischen dem Volk und den »Herrschenden« und so nehmen nicht nur die Attentate erschreckend zu, sondern vor allem die Streiks. Da kommt es am 5. Oktober 1905 zum russischen Eisenbahnerstreik, treten dreiviertel Millionen Eisenbahner in den Ausstand, liegen 42 000 Kilometer Linien still, ruht von Wladiwostok bis zur Ostsee aller Verkehr. Da können die noch in der Mandschurei befindlichen Truppen so wenig eingesetzt werden wie das Exportgetreide in die Häfen kommt.
Und da kommt es schließlich zum Generalstreik: Am 23. Oktober erfaßt er Moskau, Charkow und Reval. Am Tag darauf Smolensk, Koslow, Jekaterinoslaw und Lodsch. Über Kursk, Samara und Poltawa, Minsk und Simferopol erreicht die Streikwelle Petersburg und

eine Streikbewegung wie hier hat es noch nirgends auf der Welt gegeben:
Am 27. Oktober 1905 stehen nicht nur alle Fabriken still, sondern da treten auch die Ärzte und Rechtsanwälte in den Ausstand. Am 28. schließen sich ihnen die Post- und Telegraphenbeamten an, die Beamten des Finanzministeriums, der Staatsbank und aller Privatbanken. Da streikt das Ballettkorps des Mariinski-Theaters, alle Hausangestellten und Kutscher, sogar die Portiere.
Die Minister, die nach Zarskoje Selo wollen, müssen also selber

stundenlang kutschieren. Und denen sagt der Hofmarschall Graf *Benckendorff:*
»Schade, daß der Zar fünf Kinder hat. Das wird die Flucht ins Ausland sehr erschweren ...«
Nicht wenige Höflinge *sind* bereits im Ausland. Dringende Geschäfte und Familienangelegenheiten haben sie zu den Reisen gezwungen und freundlich hat sich der Zar von allen verabschiedet. Selber spielt er Billard und Tennis wie immer. Fährt in einem kleinen Motorboot spazieren und widmet sich seiner Familie. Aber schließlich läßt er doch Witte kommen.
Der hat über die Japaner triumphiert, der hat nun aber auch in Rußland freie Bahn, denn hier ist inzwischen Wittes erbittertster Gegner, Plehwe, »abgetreten«: Der hat, als er Innenminister geworden ist, den Staatsrat *Gerassimow* zum Chef der »Ochrana« gemacht.
»Ochrana« heißt »Schutz«. Als Folge des Attentats auf Zar Alexander II im August 1881 geschaffen, ist die »Ochrannoje Otdelenije« – die »Schutzabteilung« – ein Geheimdienst, der ohne Angabe von Gründen Verhaftungen vornehmen kann, über »Agenten der Äußeren Beobachtung« – die Polizeispitzel – und die »Agenten der Inneren Beobachtung«, die sogenannten »geheimen Mitarbeiter« verfügt, die sich als angebliche Gesinnungsgenossen in das Vertrauen der politisch Tätigen einschleichen, Leute wie der Priester *Gapon*, wie der Stolypinmörder *Bagrow* oder Lenins Vertrauensmann, der Dumaabgeordnete *Malinowski*. Unter Gerassimow funktioniert dieser Apparat keineswegs schlechter als vorher. Aber die Tätigkeit der Terroristen hat, wie gesagt, enorm zugenommen und so will überhaupt niemand mehr Minister werden. Plehwe beschimpft Gerassimow im Beisein der ganzen Hofgesellschaft, erklärt, da sie doch nichts tauge, werde er die »Ochrana« auflösen und dann könne ihr Chef betteln gehen.
Gerassimow hat Schulden. Er hat teure Freundinnen und er hat kein Glück im Spiel. Der beginnt Plehwe zu fürchten – und da wird ihm am 1. Juli 1904 berichtet, daß gegen den Innenminister ein Mordanschlag geplant ist. Die Nachricht kommt vom besten Agenten der »Ochrana«, von *Raskin*. Und der berichtet auch: Gewöhnliche Bomben taugen in diesem Fall nichts. Aber »man« hat sich neuartige aus dem Kaiserlichen Pyrotechnischen Institut verschafft. Stets umgeben sechs seiner besten Leute Plehwe's Panzerwagen. Aber

man will die Bomben von vorne werfen, der Attentäter ist bereit, sich von den Pferden zertrampeln zu lassen.
Gerassimow überlegt, was der Tod Plehwe's für seine Karriere bedeuten könnte. Er läßt sich von Raskin die Namen der Verschwörer geben und erklärt:
»Zwanzig Minuten vor Plehwe's Abfahrt lasse ich verhaften, wer immer sich auf seinem Weg befindet. Pro forma natürlich auch Sie. Und so müssen wir ja wohl die Bomben in die Hand bekommen!«
Raskin hat vor einer Woche 10000 Rubel bekommen und verlangt nun weitere 10000. Er erhält sie. Und Plehwe ist ein toter Mann. Denn Gerassimow »irrt« sich in der Zeit. Und Raskin heißt mit seinem wirklichen Namen Ingenieur Enoch *Asew*. Das ist der Mann, der die Terroristenattentate organisiert: Ein geheimer Ausschuß der Sozialrevolutionäre verhängt die Todesurteile und gibt das Geld für die »Exekutionen«. Die Ausführung obliegt der »Bo«, der Terroristenorganisation, deren Führer Asew ist. Gleichmütig vernichtet der Großfürsten *und* Revolutionäre. Von ihm hängt es ab, ob ein Attentat gelingt, oder nicht gelingt. Er läßt Morde durchführen, um sein Ansehen bei den Revolutionären zu erhalten. Er läßt sie von der Polizei verhindern, um bei der »Ochrana« lieb Kind zu bleiben. Er berauscht sich an seiner *Macht* – und er liebt das *Geld,* das er in immer größeren Beträgen von der »Ochrana« verlangt. Asew hat ein gallig-gelbes Gesicht, das am schrecklichsten ist, wenn er lächelt. Er hat kleine, heimtückische, fast schwarze Augen und dichtes, gekraustes Haar, das ein gefährliches Gehirn bedeckt, dicke, wollüstige, wulstige Lippen. Er wird schließlich als Doppelagent entlarvt, überlebt aber Plehwe um vierzehn Jahre. Den zerreißt am 28. Juli 1904 eine kaiserliche Spezialbombe. Asew stirbt 1918 in Berlin – eines natürlichen Todes.
Plehwe's Nachfolger als Innenminister wird der Fürst *Swjatopol-Mirsky* und der sagt offen, daß er in seinem Bett zu sterben wünsche. Der gibt ein Interview, in dem er erklärt:
»Grundstein der Beziehungen zwischen der Regierung und der Öffentlichkeit muß das gegenseitige Vertrauen sein!«
Der Fürst läßt zahlreiche Intellektuelle aus der Verbannung zurückkommen, erlaubt in Petersburg einen Kongreß, der offen den »blutigen Zarismus« verdammt und legt dem Zaren schließlich im No-

vember 1904 einen Entwurf von »Maßnahmen zur Verbesserung der staatlichen Ordnung« vor, die die Einberufung einer Volksvertretung – der Duma –, Rede- und Koalitionsfreiheit und eine Amnestie vorsehen.
Witte hat also Verbündete bei seinen Reformbestrebungen. Und nun zeigt er dem Zaren die Tiefe des Abgrunds, vor dem er steht und sagt ihm:
»Es gibt zwei Wege: Die Diktatur. Oder Reformen. Wenn Eure Majestät die Diktatur wählen, so empfehle ich, sie Großfürst Nikolai Nikolajewitsch zu übertragen, dessen Anschauungen starr genug sind und dessen zupackende Tatkraft nicht anzuzweifeln ist.
Entschließen sich Majestät zu Reformen, so stelle ich mich zur Verfügung. Aber so wie bisher geht es auf keinen Fall weiter!«
Der Zar verzieht keine Miene. Seine Hand, die eine Zigarette hält, zittert nicht. Er sagt kein Wort. Aber die Erbitterung gegen Witte wächst in ihm: Welch ein Ton! Nikolaus hat bei seiner Thronbesteigung geschworen, bis zu seinem Tod an der Alleinherrschaft festzuhalten. Soll er jetzt sein Erbe verschleudern, nur weil ein paar Bauern aufsässig wurden und verhetzte Eisenbahner nicht gehorchen? Witte ist für den Zaren »der typische Liberale«, der an die Stelle des Thrones das Finanzkapital setzen will. Ein Gottloser dazu. Gewalttätig und herrschsüchtig.
Beim Empfang ist die Kaiserin zugegen und Alexandra Feodorowna schweigt ebenfalls. Stolz und bleich sitzt sie in ihrem Stuhl, aber rote Flecken zeigen sich auf ihren Wangen, die Nasenflügel beginnen zu beben. Der Zar weiß, was das bedeutet. Und er weiß, daß sie es ihm niemals verzeihen würde, wenn er jetzt nachgäbe. Er läßt sich von Witte den Aufruf an das Volk übergeben, den der entworfen hat: Versicherung der Kaiserlichen Gnade – und Pressefreiheit. Glaubensfreiheit. Allgemeine Amnestie. Einführung eines gesetzgebenden Reichstages.
Ich soll also alles preisgeben, womit mich *Gott* beauftragt und begnadet hat, denkt der Zar. Aber er geleitet Witte liebenswürdig zur Tür und sagt eine Entscheidung für morgen, vielleicht für übermorgen, zu.
Und nun läßt der Zar den Staatsrat *Goremykin* kommen, fordert

ihn auf, das kaisertreue, das alte Rußland zu retten – mit welchen Mitteln immer.
Goremykin dankt dem Zaren dafür, daß er Witte gegenüber festblieb. Er dankt ihm für das Vertrauen. Aber erschrocken sagt er auch:
»Majestät überschätzen meine Kräfte!«
Immerhin »korrigiert« Gorymikin Wittes Manifest: Er schmückt die Gnade des Kaisers aus. Streicht die Pressefreiheit. Streicht das Parlament.
Witte wird erneut gerufen, aber als er die »Verbesserungen« sieht, tobt er. Er beschimpft das »Zärchen«, nennt den Kaiser einen Waschlappen und Schwächling – und natürlich wird das Nikolaus II sofort hinterbracht. Aber der erhält zugleich auch Wittes Antwort auf das Angebot der Regierungsübernahme: Entweder unveränderte Annahme des Reformprogramms oder Verzicht auf seine Mitarbeit.
Ein Ultimatum also!
Der Zar ist empört. Aber seine Ratgeber wissen keinen Rat, denn der Streik geht weiter, die Lebensmittel werden knapp, es kommt zu den ersten Hungerrevolten in Petersburg. Schließlich läßt der Zar seinen Onkel, den Großfürsten Nikolai Nikolajewitsch rufen und der verspricht, Nikolaus' Vater zu fragen.
Ist der nicht längst tot?
Gewiß. Aber da ist
  der »Doktor Philipp«
und der beschwört seinen Geist.
Dieser »Dr. Philipp« heißt Philippe *Nisier-Vachot* und ist in Lyon Metzgergehilfe gewesen. Ein sehr schlechter, denn in seiner Freizeit hat er alle erreichbaren Bücher über Spiritismus, Magie und Geisterbeschwörung verschlungen. Schließlich ist er entlassen worden, hat sich als Heilpraktiker etabliert, ist, von Ärzten angezeigt, eingesperrt und so zum »Märtyrer« geworden, um den sich in Paris ein paar Exaltierte scharen. Als 1903 die Gattin Nikolai Nikolajewitsch, die aus Montenegro stammende Großfürstin Miliza, nach Compiègne kommt, lernt sie in »Monsieur Philippe« einen Geisterbeschwörer kennen, der sie fasziniert. Sie lädt ihn nach Petersburg ein und hier bekommt er eine Villa in Peterhof, in der bald höchst illustre Gäste verkehren: Neben den Großfürstinnen Miliza und An-

astasia Zar Nikolaus II und die Zarin Alexandra Feodorowna. »Dr. Philipp«, wie er nun heißt, beschwört den Geist Alexander III. Und so muß er doch auch »die Seele des noch ungeborenen Zarewitsch dem Weltall entreißen« können: Die Zarin gebar nur Töchter. Sie *muß* einen Sohn haben. Und so wird – wie Witte berichtet –
»im Widerspruch zu allen Gesetzen und beides geheim Philipp die Würde eines Doktors der Medizin der Petersburger Kriegsmedizinischen Akademie und der Rang eines wirklichen Staatsrates zugesprochen.«
Er übersiedelt ins Winterpalais und beginnt mit den mystischen Beschwörungen, die die Zarin mit einem Sohn segnen sollen. Bald fühlt sich die Kaiserin schwanger. Der Zar strahlt. Die Schwangerschaft wird amtlich bekanntgegeben. Schließlich übersiedelt Professor *Ott* ins Palais, der Leibgeburtshelfer. Die Zarin läßt sich zwar nicht untersuchen, aber schließlich gibt es doch keinen Zweifel mehr: Sie hat sich ihre Schwangerschaft nur eingebildet.
Was aber »Dr. Philipp« nicht weiter schadet und jedenfalls ist er es, der die »Krise von 1905« überwindet: Eine Séance wird veranstaltet. Der Geist Alexanders III erscheint. Mit hohler Stimme befiehlt er dem Sohn, eine Verfassung zu gewähren und Witte zum Premierminister zu ernennen.
»Und mein Schwur in der Upenskij-Kathedrale?«
stöhnt Nikolaus. Der Geist seines Vaters entbindet ihn von diesem Schwur. Und so wird am 30. Oktober 1905 ein Kaiserliches Manifest angeschlagen, in dem es heißt, kein Gesetz könne nunmehr ohne Billigung des Parlaments in Kraft treten; in dem das russische Volk das Recht erhält
»über die Gesetzmäßigkeit der Handlungen der von Uns bestellten Behörden zu wachen«;
das das Russische Reich in eine konstitutionelle Monarchie verwandelt und Witte zum ersten verfassungsmäßigen Ministerpräsidenten macht.
Um dieses Manifest herauszubringen haben die Setzer und Drucker ihren Streik beendet.
Um es aller Welt bekanntzumachen, haben die Telegraphisten wieder die Arbeit aufgenommen.
Weil »eine neue Aera« begonnen hat, wird der Eisenbahnerstreik abgeblasen. Aber während das Leben sich wieder normalisiert, er-

scheint die Moskauer Zeitung des »Heiligen Synod« mit einem schwarzen Rand und nur einem einzigen Satz auf der ersten Seite: »Gott rette den Zaren!«
Und der Großfürst Alexander schreibt:
»Die Wünsche der Bauern sind nicht befriedigt worden, aber die Intelligenz hat endlich ihr heiß ersehntes Parlament ... Damit ist der Zar zu einer Parodie auf den König von England geworden ... teilt er seine Macht mit einer Bande von Verschwörern, politischen Mördern und Provokateuren: Das ist das Ende der Dynastie. Das Ende des Imperiums ...«
Aber so weit ist es noch nicht. Denn die Wahlen, die im Dezember 1905 Rußlands ersten Reichstag bringen sollen, fallen nicht zugunsten Wittes aus, sondern zugunsten der Extremisten, die den Bauern Land versprechen. Witte hat Geduld. Er hat am 16. Dezember den Petersburger Arbeiter- und Soldatenrat, den ersten »Sowjet« Rußlands, verhaften lassen und Anfang 1906 ist das Land wieder ruhig. Und so hat auch der Zar Witte höchst gnädig empfangen, als er ihm am 9. Mai 1906 die Thronrede überreicht, mit der am Tag darauf der Reichstag – die Duma – eröffnet werden soll.
An diesem 10. Mai drängen sich im großen Thronsaal des Petersburger Winterpalais die Großfürsten und Generäle, die Minister und der Uradel. Sie nehmen die rechte Hälfte des Saales ein, während die linke vom feierlichen Schwarz der Abgeordneten erfüllt ist. Der Hofmarschall klopft dreimal mit seinem Stab auf die Marmorstufen, die zum Zarenthron führen. In der einfachen Uniform eines Infanterieobersten, aber in den gelben, hermelingefütterten Krönungsmantel gehüllt, nimmt Nikolai Alexandrowitsch neben seiner Gemahlin Platz, blaß, die Stirn feucht vor Erregung, denn nun tut er, was Alix – die Zarin – von ihm forderte: Er liest *nicht* Wittes Regierungserklärung vor. Sondern leise und stockend sagt er:
»Die Sorge um mein Land hat mich bestimmt, die Vertreter meines Volkes zusammenzurufen, um mit ihnen in der Vorbereitung der Gesetze zusammenzuarbeiten ... Ich begrüße in Ihnen die Männer, die zu wählen ich meinen lieben Untertanen befohlen habe. Vergessen sie nicht, daß die göttliche Vorsehung den Zaren berufen hat, sich um das Wohl seines Volkes zu sorgen. Zeigen sie sich meines Vertrauens würdig und beginnen sie sofort mit ihrer

Arbeit, denn mein heißester Wunsch ist es, Rußland glücklich zu sehen und meinem Sohn ein dauerhaftes Erbe zu hinterlassen ...«
Begeistert rufen die Großfürsten ihr Hoch in den Saal. Unheilverkündend schweigen die Dumaabgeordneten. Wortlos starrt auch Witte seinem Kaiser ins Gesicht. Der bittet ihn, ihn am Nachmittag zu besuchen. Umarmt ihn beim Abschied. Und als Witte heimkommt, findet er ein Lederetui und einen Brief. Das Etui enthält die Brillianten zum Alexander-Newski-Orden. In dem Brief steht:
» ... und so bedauern Wir es auf das tiefste, daß es Uns nicht möglich ist, mit Ihnen, lieber Graf, weiter zusammenzuarbeiten. Zum Zeichen unserer persönlichen Huld und Verehrung, haben Wir ...«
Witte tobt nicht mehr.
Er hat eingesehen, daß es keinen Sinn hat. Und er vertraut auf Petr Arkadjewitsch *Stolypin*, dessen Agrarreform seit 1906 in vollem Gange ist und der so die *entscheidende* Rolle bei der Überwindung der Revolution von 1905 spielt.

VIII
Die wahre Befreiung der russischen Bauern
Petr Arkadjewitsch Stolypin und die Überwindung der ersten Russischen Revolution

Wenn es zur Sowjetunion kam, so *nicht* weil Karl *Marx* recht behielt. Denn demzufolge ist nur das Industrieproletariat revolutionär und das gab es in Rußland praktisch nicht: Von etwa 317 000 im Jahre 1850 stieg die Fabrikarbeiterschaft hier auf 2 254 600 bei Ausbruch des Ersten Weltkrieges. Zählt man die 790 000 Eisenbahner hinzu und die Gesellen der Handwerksmeister, so kommt man auf höchstens vier Millionen städtisches Proletariat bei damals 172 Millionen Zarenuntertanen: Auf 2,4 % also.
Aber da war die Landbevölkerung und die hing dem Kosaken *Pugatschew* schon im 18. Jahrhundert so treu an, daß dessen Rebellion, die unter dem Schlagwort
    »*Boden und Freiheit!*«
stand, sich sechzehn Monate lang halten konnte. Dann hatte der Dekabristenaufstand von 1825 Landreformen zum Ziel und in den folgenden dreißig Jahren gab es nicht weniger als 556 Bauernunruhen. Denn wenn sie auch nie etwas von den »Menschenrechten« gehört hatten und von der Französischen Revolution so wenig wußten wie von der Aufhebung der preußischen Leibeigenschaft im Jahre 1810, diese Bauern wollten ihren *eigenen* Boden wie alle Bauern auf der Welt das stets wollten.
Und auch von Zar Alexander II. bekamen die Bauern Rußlands ihre Äcker *nicht*. Daß der am 3. März 1861 die Leibeigenschaft aufhob, 37 Millionen Russen frei machte, die bisher Privatbesitz der Grundeigentümer gewesen waren und beim Verkauf je nach der Lage des Gutes 70 bis 200 Rubel – rund 150 bis 430 Mark – einbrachten, ohne Boden aber nur etwa 6 Rubel oder 14 Mark pro »Seele« kosteten, *war* eine große Tat. Denn das geschah ja vier Jahre *bevor* die Sklaverei in den Vereinigten Staaten abgeschafft wurde und das geschah *ohne* blutigen Bürgerkrieg. Das tat Alexander 27 Jahre bevor die

Sklaverei de jure aus Brasilien verschwand und das tat er gegen einen mächtigen Adel, eine mächtige Kirche und seine eigene, riesige Bürokratie. Das trug ihm auch *nirgends* Dank ein, ließ Westeuropa nur noch lauter die »russische Despotie« verdammen, denn die Bauernbefreiung löste ja die Polenaufstände aus und wer wußte schon, daß da nicht »das Volk« um seine Freiheit kämpfte, sondern daß der polnische Adel gegen die Aufhebung der Leibeigenschaft auftrat wie die Kirche als zweitbedeutendster Bauernbesitzer? Wer wußte schon, daß polnischer Propagandachef in Europa Graf Ladislaus *Plater* war, der mit dem Geld seiner Freundin Karoline Bauer, der früheren Geliebten des belgischen Königs Leopold I, einen feudalen Haushalt auf Schloß Kilchberg in der Schweiz führte?

Die Leibeigenschaft fiel also. Aber wenn Rußlands Bauern nun auch persönlich frei waren, so besaßen sie ja noch keinerlei Eigentum, lebten sie nach wie vor in Katen mit gestampftem Lehm als Boden und einem Loch im Dach als Rauchabzug; lebten die Familien mit den Haustieren zusammen in einem einzigen Raum.

Und so gewährte ihnen Alexander II im Jahre 1861 auch das Recht, ein Drittel des Landes, das sie bisher als Unfreie bebaut hatten, zu kaufen. Die Grundbesitzer bekamen für den so verlorenen Boden vom Staat großzügige Entschädigungen, die die Bauern binnen 20 Jahren zurückzahlen sollten. Und da sagte die Bürokratie:

»*Welche Sicherheit haben die Muschiks zu bieten?*«

Der einzelne schien ihr ein zu unsicherer Patron. Das Bauernland wurde deshalb nicht Privatbesitz einzelner, sondern man kehrte zu den altslawischen »MIR« zurück, zu den »Obtschinas« oder dem »Gemeindeeigentum«: Die Dorf-*Gemeinschaft* bekam den unverkäuflichen und unbelastbaren Boden und haftete für die Zahlungen. Der Bauer war nun zwar »frei«, aber immer noch landlos, denn wenn er aus der MIR austrat, mußte er auf seinen Bodenanteil verzichten, sein Vieh und seine Kate entschädigungslos aufgeben.

Viele traten trotzdem aus, zogen in die Städte. 1860–1914 nahm der Anteil der ländlichen Bevölkerung Rußlands von 91 auf 83% ab, den Zurückgebliebenen aber ging es dadurch nicht besser, denn die Erträge blieben gering, mehr als 5,5 Doppelzentner Weizen pro Hektar wurden im Durchschnitt der Jahre 1887–1900 nicht geerntet. Zwar bearbeitete jedes MIR-Mitglied seine eigenen Äcker mit

den eigenen Werkzeugen, aber in regelmäßigem Turnus wurde das Land neu verteilt und schon dadurch
jede intensive Bewirtschaftung unmöglich.
Stets neu verteilt aber mußte ja werden, weil die Familien unterschiedlich rasch wuchsen, die Zahl ihrer Arbeitskräfte wie der Münder ständig variierte. Wollte man die unterschiedliche Bodenqualität berücksichtigen, so kam man auf sehr kleine Parzellen und so *verschlechterte* sich die Lage der russischen Landwirtschaft nach der Bauernbefreiung. Mehr und mehr Gemeinden konnten ihre Schulden nicht bezahlen, das Land fiel zurück an den Staat oder die Adeligen und so waren 1905
die Besitzverhältnisse
im europäischen Rußland folgende:
169 Millionen Hektar oder 39% der gesamten Nutzfläche inklusive Wald gehören der Krone, der Kirche und den Klöstern;
152,5 Millionen Hektar oder 35 % gehören den MIR, den Agrarkommunen, die rund 100 Millionen Bauern umfassen;
109 Millionen Hektar sind im Besitz von rund 3 Millionen Privaten. Sechs Zehntel dieses Privateigentums sind Latifundien von mehr als je tausend Hektar, ein Viertel Güter von 100 bis 1000 ha, ein Siebentel kleiner.
Die 700 größten russischen Grundbesitzer haben durchschnittlich 32 500 ha, so viel, wie 600 000 »mittlere« Besitzer zusammengenommen.
Nun hatte zwar schon Zar Alexander II Kronland und Staatsland verteilen lassen wollen. Aber es gab weder Katasterämter noch auch nur annähernd genug Landmesser und es gab keinerlei staatliche Organisation, die eine Agrarreform hätte durchführen können, denn jahrhundertelang waren ja die adeligen Grundbesitzer die *alleinigen* Mittler zwischen ihren »Seelen« und den Beamten gewesen, arbeitsfähige Gemeindeverwaltungen gab es so wenig wie Landbauschulen oder Saatzuchtanstalten, jede ländliche Polizeiorganisation fehlte wie Lagerhäuser und Landkaufleute. Man hatte so auch den MIR-Ältesten Polizeifunktionen übertragen müssen und die erwiesen sich nur allzuoft als ärgere Tyrannen wie die früheren Herren: Sie besaßen unumschränktes Züchtigungsrecht. Nach 10 Uhr abends durfte niemand mehr sein Haus verlassen. Und wer sich mißliebig machte, wurde als Rekrut nominiert. Aus Leib-

eigenen der Adeligen waren Leibeigene der Dorfschulzen geworden.
Die Zaren gründeten die ersten Kolchosen.
Und die Unzufriedenheit wuchs mit jedem neugeborenen Kind. Denn der Boden wurde immer knapper obwohl in Westeuropa damals rund sieben Zehntel der Gesamtfläche land- oder forstwirtschaftlich genutzt wurden, in Rußland dagegen nur ein Fünfundzwanzigstel. Boden zu kaufen gab es natürlich genug. Aber wo sollten die Bauern das Geld hernehmen, wenn pro Kopf der Agrarbevölkerung die Landwirtschaftskredite in Rußland nur 5 Kopeken ausmachten – weniger als elf Pfennig – gegen damals 70 Mark in Deutschland? Die Ackerfläche der 47 Getreide bauenden Provinzen Rußlands wuchs so 1887–1900 nur von 71 auf 74 Millionen Hektar oder um wenig mehr als 4 %, während die bäuerliche Bevölkerung sich hier um 20 % vermehrte. Jede Mißernte bedeutete so Hunger und 1891–94 gab es
verheerende Hungersnöte in Rußland.
1903–04 wiederum schweren Nahrungsmangel in einem Reich, das spielend die fünf- oder sechsfache Bevölkerung hätte ernähren können.
Was das alles zur Folge haben mußte, sah klar und rechtzeitig Petr Arkadjewitsch *Stolypin* und dieser weitblickendste aller russischen Staatsmänner war auch einer der energischesten, ein Witte noch übertreffendes Organisationsgenie. Stolypin *verwirklichte* seine Reformpläne und hätte zweifellos die Revolution von 1917 verhindert, wenn er nicht 1911 ermordet worden wäre. Aber *weil* er auf dem Agrarsektor so erfolgreich war wie Witte auf dem der Finanzen und des Verkehrs; *weil* er dabei war, Rußland zu einem der zukunftsreichsten Länder der Erde zu machen, mußte er ja sterben.
Dem mittleren russischen Landadel entstammend und 1862 in Dresden geboren, hat
Stolypin
in Petersburg studiert, dann die Beamtenlaufbahn eingeschlagen. Zuerst Adelsmarschall im Litauischen Gouvernement, 1901 Gouverneur von Grodno und seit 1903 von Saratow, ist Stolypin dem Zaren durch seine klaren, ruhigen Kommentare und seinen persönlichen Mut aufgefallen, im Mai 1906 Innenminister und nach Auflö-

sung der ersten Duma im Juli 1906, als erst Vierundvierzigjähriger Premierminister geworden.
Stolypin weiß genau, was er will und sucht dazu die Hilfe *aller* Aufbauwilligen. Er will auch Liberale an seiner Regierung beteiligen, aber Ministerposten sind längst nicht mehr gefragt und die Herren ziehen vor, in der Duma ungefährliche Reden zu halten. Und so handelt Stolypin alleine: In den sechs Wochen vom 1. Juli bis zum 15. August 1906 haben die Terroristen 613 Attentate verübt und dabei 244 Menschen getötet. Stolypin verhängt deshalb eine Art Belagerungszustand über den größten Teil des Reiches. Aus Offizieren bestehende Feldgerichte verurteilen binnen weniger Monate über tausend und 1906–12 insgesamt 3620 Revolutionäre zum Tod. Wenn Stolypin in der Duma erscheint, wird ihm »Mörder!« und »Henker!« zugerufen. Der nimmt es hin. Aber läßt zugleich dokumentarische Beweise dafür sammeln, daß 55 Dumaabgeordnete unter dem Schutz ihrer Immunität eine ausgedehnte Verschwörertätigkeit entfalten. Als die Duma sich weigert, deren Immunität aufzuheben, wird sie am 16. Juni 1907 aufgelöst und durch eine »arbeitsfähige« ersetzt.
Nun ist Stolypin
 »der blutige Kettenhund des Zaren«.
Aber längst ist er der *Ursache* der Unzufriedenheit zu Leibe gegangen, hat er am 9. November 1906 einen Ukas durchgesetzt, der
 »den Starken hilft, nicht den Faulen, Schwachen und Untüchtigen. Der dem fleißigen Bauern, diesem Salz der russischen Erde, die Möglichkeit gibt, sich vom Joch seiner jetzigen Lebensverhältnisse zu befreien ...«
Durch diesen Ukas fallen alle Besitzbeschränkungen.
Mit Zweidrittelmehrheit kann sich jede MIR-Gemeinde auflösen und ihren Besitz in individuellen Besitz verwandeln.
Löst sie sich nicht auf, muß jeder Austretende voll entschädigt werden.
Gleichzeitig wird eine Bauernbank gegründet, die Großgüter und Kronland kauft, gegen langfristige Abzahlung binnen drei Jahren 9,6 Millionen Hektar an *selbständige* Bauern verteilt, die zudem vom Staat 9,2 Millionen Rubel nicht rückzahlbare Unterstützung bekommen. Stolypin schafft in Sibirien, Turkestan und der Ukraine Neuland und das von ihm gegründete »Siedlungsbüro« verteilt bis

1915 über 22 Millionen Hektar, im Durchschnitt 16,5 Hektar pro Bauer. Innerhalb eines einzigen Jahrzehnts wird so in Rußland die vierfache Gesamtackerfläche der Bundesrepublik individueller Privatbesitz und diese Felder nun ganz anders bebaut als früher: Stolypin verzehnfacht die Zahl der landwirtschaftlichen Versuchsstationen. Er bringt die Zahl der Regierungsagronomen von 148 auf 4530. Er versechsfacht die Zahl der landwirtschaftlichen Lehranstalten. Und so gibt es im Zarenreich schließlich nicht nur acht Millionen selbständige Bauern; steigt das russische Agrareinkommen in den Jahren 1900—1913 nicht nur von 2,9 auf 5,7 Milliarden Rubel, das heißt um mehr als 88%; sondern da ist Rußland auch
eines der bedeutendsten Agrarexportländer der Welt
geworden, werden im Durchschnitt der Jahre 1909—13 ausgeführt:
Jährlich 10,6 Millionen Tonnen Getreide im Wert von rund 350 Millionen Goldmark;
650 000 Tonnen Ölkuchen;
260 000 Tonnen Zucker;
250 000 Tonnen Ölsaaten;
59 000 Tonnen Butter;
Fünf Milliarden Stück Eier.
Und das ist *zehnmal* so viel Getreide wie im Durchschnitt der Jahre 1931—38, das fast Zwanzigfache an Ölsaaten, das Dreifache an Zucker ...
Und das ist *weit* weniger, als erreicht worden wäre, wenn Stolypin nur ein wenig länger gelebt hätte. Aber *zu* vielen Leuten wurde er zu gefährlich und seit 1909 verfolgte ihn vor allem die Zarin mit geradezu krankhaftem Haß.
Alexandra Feodorowna
war als Alice von Hessen-Darmstadt und bei Rhein geboren worden, war eine Kusine Kaiser Wilhelm II und eine Enkelin Königin Victorias von England, die sie streng anglikanisch erziehen ließ. Die Schwester der Zarin war mit dem Großfürsten Sergius verheiratet und so nahm sie als Vierzehnjährige an einem Hofball im Petersburger Winterpalast teil, lernte sie da den späteren Zaren Nikolaus II kennen und die beiden verliebten sich. Fünf Jahre später wurde Alice von Hessen für sechs Wochen zur Zarenfamilie nach Peterhof eingeladen, aber *alles* an ihr mißfiel Alexander III und seiner Frau. Schon daß sie eine Deutsche war, denn ihre zukünftige Schwieger-

mutter hatte bereits als dänische Prinzessin die Deutschen mehr gehaßt als irgend sonst ein Volk auf Erden. Aber auch, daß sie von morgens bis nachts Gedichte las und exaltiert-schwärmerisch von religiösen Dingen sprach. Gott dies und Gott das und dabei war Ludwig IV Großherzog von Hessen, der Vater der Prinzessin, gerade dabei, dem russischen Gesandten an seinem Hof die Frau abspenstig zu machen und in solchen Dingen verstand Alexander III nicht den geringsten Spaß.
Die Einstellung des Zarenpaares blieb den Höflingen natürlich nicht verborgen. Und so behandelten sie Alice von Hessen entweder wie Luft oder wie eine kleine Abenteurerin. Die »Schmach dieser Brautschau« verwand die spätere Zarin *nie*.
Zarin aber wurde sie, weil Nikolaus II nur *scheinbar* in allem nachgab, weil er *nur* sie heiraten wollte und dessen todkrankem Vater schließlich nichts anderes übrigblieb, als zuzustimmen: Am 8. April 1894 wurde die Verlobung proklamiert. Am 20. Oktober starb Alexander III. Am 14. November 1894 heiratete der neue Zar.
Noch hätte alles gutgehen können, wenn Alice, die nun Alexandra Feodorowna hieß, nicht nur eine der schönsten Frauen ihrer Zeit, sondern auch eine der dümmsten und abergläubischsten gewesen wäre. So aber blieb der Widerstand gegen »die hessische Fliege« nicht nur bestehen, sondern wuchs, denn die Zarin versuchte die Petersburger Hofhaltung so sparsam zu gestalten wie die von Coburg, verlangte aber andererseits, daß ihr auch die ältesten Fürstinnen, die das noch bei keiner Zarin getan hatten, bei jeder Gelegenheit die Hand küßten. Alice von Hessen war graziös gewesen. Die Zarin wurde durch den allgemeinen Widerstand linkisch, in ihren Bewegungen eckig, sie wußte nichts mehr zu sagen und bekam unter Menschen große, dunkelrote Flecken im Gesicht. Während sie keuchend zu atmen begann, zitterten ihre Hände wie im Fieber und ihre Augen bekamen einen krankhaften Glanz. Mit dem Zaren war »Alix« glücklich und er mit ihr. Aber als Kaiserin Rußlands versagte Alexandra Feodorowna völlig.
Bis 1904 auch dadurch, daß sie nur Töchter zur Welt brachte. Dann gebar sie einen Thronfolger. Aber in ihrer Familie hatte es Bluter gegeben und der Sohn erbte das Leiden, sein Leben hing ständig an einem Faden. Durch die ewige Angst bekam die Zarin nun auch noch ein nervöses Herzleiden. Die Ereignisse des Jahres 1905 ver-

besserten ihren Zustand natürlich nicht. Und so wandte sie sich wie eine Tigerin gegen alle, die den Zaren und ihre Familie zu »bedrohen« schienen und zu denen gehörte auch Stolypin, denn der wandte sich gegen
 Grigorij Jefimowitsch Rasputin.
Um drei Jahre jünger als der Zar und um ein Jahr älter als Lenin, hatte dieser sibirische Bauer in seinem Dorf in der Provinz Tobolsk gelebt wie alle andern, die er nur an körperlicher Kraft überragte und denen er durch seine Erfolge bei den Frauen voraus war. Er galt als Pferdedieb und faul, aber um 1900 sah er »das Licht«: Er verließ seine Frau und seine drei Kinder und zog als »Starets«, als »Heiliger Mann«, durchs Land. Ende 1903 erschien er, durch den Mönchspriester Iliodor eingeführt (der später sein Todfeind wurde) in Petersburg. Seine »wilden Augen« schienen die Frauen zu bezaubern. Er kam in die Salons der Hautevolé und schließlich nach Zarskoje Selo. Und wenn er dem Zarewitsch zuredete, hatte der plötzlich keine Schmerzen mehr, schlief er ruhig ein. Alexandra Feodorowna wurde so Rasputins blindeste Anhängerin. Der begann Politik zu machen, setzte Ministerernennungen und Ministerabsetzungen durch, förderte oder verhinderte Millionengeschäfte. Und so ließ ihn der Ministerpräsident Stolypin schließlich im Sommer 1911 aus Petersburg ausweisen.

Für die Zarin bedeutete das offenen Aufruhr gegen den Thron.

Und Nikolaus II sah es nicht viel anders, denn der hatte wie Witte auch Stolypin nie leiden können, ihn stets nur als »bittere Notwendigkeit« betrachtet. Wie sein Staatssekretär *Polowzow* es sagte:

> »Der Kaiser glaubte fest, daß die Menschen überhaupt keinen Einfluß auf den Gang der irdischen Geschehnisse haben. *Alles* bestimmt Gott. Und in Rußland allein durch seinen Gesalbten, den Zaren, der sich demgemäß mit niemanden zu beraten braucht, nur der göttlichen Inspiration zu folgen hat ...«

Ein konstitutioneller Premierminister *mußte* also dem Zaren auf die Nerven gehen und der Reformator hatte inzwischen das Mißfallen *aller* »Maßgebenden« erregt, denn durch Wittes Bahnbauten und Stolypins Agrarreform wurden billige Arbeitskräfte in Rußland rasch rar. Seit es Agrarkredite und Siedlungsmöglichkeiten in den Randgebieten des Reiches gab, ließen sich die Pächter nicht entfernt mehr gefallen, was sie sich früher gefallen ließen und so

hetzten Großgrundadel und Revolutionäre *gemeinsam* gegen Stolypin.
Denn die Revolutionäre wußten, daß *weit* tödlicher als alle Standgerichte für sie der neue russische Bauernstand wurde. Die nannten Stolypins Maßnahmen »Ausplünderung der Gemeinden«, Lenin sprach von »Agrarbonapartismus« und auf dem Londoner Sozialistenkongreß von 1906 wurde offen zugegeben:
>»Durch Einführung des Privateigentums ist die Regierung dabei, die revolutionäre Schlagkraft des Bauerntums zu unterminieren. Jeder Erfolg der Regierung auf diesem Gebiet ist ein Sieg gegen die Revolution.«

Binnen sechs Monaten hatte Stolypin eine halbe Million Konterrevolutionäre geschaffen, die mit der gleichen Inbrunst, mit der sie früher das Land der Gutsbesitzer erstrebten, den Zaren verteidigten, der ihnen »ein neues Leben« schenkte. Aus dieser halben Million wurde eine Million, zwei Millionen, schließlich drei Millionen. 1907 sagte Stolypin:
>»Noch 25 Jahre, und Rußland wird
>*das ruhigste und reichste Land der Welt* sein ...«

Aber nur vier Jahre gönnte ihm der Zar. Denn dem hatte der Fürst *Dolgoruki* geschrieben:
>»Die MIR sind eine altslawische Einrichtung. Wenn die zerstört wird, muß da nicht anderes Altüberliefertes folgen?
>Sieht Stolypin nicht, daß er alles untergräbt, was in Rußland an Autorität und Tradition geheiligt ist?
>Wenn die Bauern nicht mehr an ihre erblichen Herren glauben, wie vermögen sie da auf die Dauer an ein erbliches Kaisertum zu glauben?«

Zu den größten Grundbesitzern gehörte die Kirche und gehörten die Verwandten Nikolaus II. Und so regnete es Beschwerden. Der Zar aber haßte solche »Belästigungen«. Und so ließ er schließlich am 28. Juli 1911 Stolypin kommen, um ihm weitere Reformen zu untersagen.
Ruhig und phrasenlos erwidert der Ministerpräsident, daß von der Lösung der Bauernfrage die Existenz des Reiches abhänge. Nicht mit liberalen Versprechungen ist die Revolution zu bändigen, sondern nur durch Landverteilung. Und Stolypin sagt:
>»Majestät, gestern habe ich das 474. politische Todesurteil unter-

zeichnet. Seit ich im Amte bin, sind 474 Menschen durch meinen direkten Befehl gestorben. Glauben Sie, ich könne die Erinnerung daran abstreifen wie ein schmutziges Hemd? Diese Blutunterschriften würden an mir brennen wie Feuer, wenn ich nicht die Zuversicht hätte, daß ich auch die Wurzeln dieser Gärung beseitige.

Wo 1905 die Schlösser brannten, sitzen heute Bauern, die sich für Eure Majestät in Stücke schlagen ließen, weil sie in Ihnen den Befreier sehen!

Aber dieses Werk ist noch lange nicht beendet.

Wir brauchen ein Vierteljahrhundert.

Sie *dürfen* dieses Werk nicht zerstören lassen!«

»Dürfen?«

Solche Worte verträgt der Zar nicht.

»Sie reden sehr kühn, Petr Arkadjewitsch«, sagt er.

»Ich habe die Angelegenheit lange genug bedacht und bestehe auf meinem Wunsch.«

Und als Stolypin um seine Entlassung bittet, erwidert er:

»Sie verwechseln wohl ein wenig die Länder. In Rußland nimmt der Minister nicht seine Entlassung wie in London oder Berlin. In Rußland beruft der *Monarch* seine Berater – und er alleine entläßt sie.

Aber ich will Ihren Dienst nicht unnötig schwer machen, Petr Arkadjewitsch. Ich werde über einen Ausweg nachdenken ...«

Bei der Verabschiedung küßt der Zar Stolypin auf beide Wangen. Und läßt sieben Wochen nichts von sich hören. Und dann wird am 19. September 1911 im Großen Staatstheater in Kiew zu Ehren des Kaisers eine Festvorstellung der Oper »Das Märchen vom Zaren Saltan« gegeben. General *Giers*, der Gouverneur von Kiew, erwartet den Ministerpräsidenten Stolypin im Foyer und stellt ihm einen Herrn im Frack vor:

»Das ist der Rechtsanwalt *Bagrow*, von dem ich Ihnen heute mittag erzählte. Er ist unser Vertrauensmann in der Sozialrevolutionären Partei. Er kennt das Mädchen persönlich, das ein Attentat auf Sie ausführen soll, und so bitte ich, ihn stets in ihrer Nähe zu lassen. Ich kenne jeden einzelnen der Gäste hier persönlich. Aber ich habe dennoch 32 unserer besten Agenten im ganzen Theater verteilt. Was menschenmöglich ist, ist geschehen, um Ihr kostbares Leben zu schützen, Exzellenz.«

Stolypins Loge liegt neben der des Zaren. Starr blickt der Kaiser seinen Ministerpräsidenten an. Dann beginnt die Vorstellung. In der Pause tritt Stolypin an die Brüstung, um in das funkelnde Gewoge großer Toiletten und Galauniformen zu blicken. Im Seitengang, schräg unter ihm, steht der Spitzel Bagrow. Er kommt noch einen Schritt näher, wie um Stolypin zu sagen, daß die Attentäterin nicht da ist – und gibt zwei Schüsse auf ihn ab.
Auf Stolypins Uniform breitet sich ein großer, roter Fleck aus.
Totenstille herrscht im Theater. Auch der Zar ist aufgesprungen und starrt auf den Mann, der langsam zusammensinkt, aber laut und deutlich ruft:
»Ich bin glücklich, für Eure Majestät sterben zu dürfen!«
Und der feierlich das Zeichen des griechisches Kreuzes über den Zaren macht.
Nikolaus II bleibt unbeweglich. Auf der Galerie sagt jemand:
»Gott schütze den Kaiser! Gott schütze unser *Land!*«
Die Musik spielt die Zarenhymne und das Publikum fällt ein und ersticktes Schluchzen vermengt sich mit der Musik. Ahnte dieses Festpublikum, daß diese Schüsse auch sein Schicksal besiegelten? Ahnte es, wie wenige unter ihnen die Revolution überleben würden, die nun immer näher rückte? Der Zar rührt sich noch immer nicht und muß zum Wagen geführt werden.
Drei Tage später wird der Rechtsanwalt mosaischen Glaubens Mordka Bagrow gehängt. Die Untersuchung ist kurz gewesen, die Verhandlung eine Formsache. Bagrow bleibt selbstsicher, beantwortet alle Fragen kulant. Aber als er zur Hinrichtung geführt wird, schreit er unaufhörlich:
»Man kann mich doch nicht töten! Ich habe doch im Auftrag meines Chefs gehandelt! In Allerhöchstem Auftrag!«
Wer dieser Chef war?
Das Geheimnis des Stolypinmordes ist nie gelüftet worden.
Aber wenn seine Mitarbeiter auch versuchten, die große Landreform fortzusetzen, mit Stolypins Tod verlor sie ihren großen Motor. Schon am 25. August 1906 war ein Bombenattentat auf das Landhaus des Premierministers auf der Apothekerinsel bei Sankt Petersburg ausgeführt worden, bei dem 27 Menschen getötet und 32 verletzt wurden, das Stolypins Tochter lebenslang zum Krüppel machte, ihn selber aber unverletzt ließ. Dutzendemale war versucht

worden, Stolypin zu beseitigen, und immer wieder war er den Mördern entkommen.
Traf es ihn jetzt, weil die »Ochrana« selber den Befehl gab?
Oder war das »mosaischen Glaubens« die Erklärung?
Schon daß der Zar 1906 Witte fallen ließ, war schlimm genug gewesen. Aber zuvor hatte er den General *Trepow*, den Erfinder der »Zaristischen Gewerkschaften«, zum Vizeinnenminister und Generalgouverneur von Petersburg ernannt, erteilte er diesem Feind Wittes Vollmachten, die Trepow praktisch zum Diktator des ganzen Reiches machten und das erwies sich als lebensgefährlicher Fehler. Denn das nutzte der, um dem Terror der Revolutionäre einen Terror der Zarentreuen gegenüberzustellen, um
die »Schwarzen Hundert«
zu schaffen, eine Neuauflage der »Opritschniki« Iwan IV, des »Schrecklichen«.
Gegen Iwans Alleinherrschaftsansprüche hatte der Uradel, die Bojaren, revoltiert. Der Zar hatte daraufhin neue Regimenter aus entlassenen Sträflingen, beutehungrigen Abenteurern und was es sonst an Abschaum in Rußland gab, aufgestellt und ihnen ein Wappen verliehen, das einen Hundekopf und einen Besen zeigte: Mit dem Besen sollte »die zarenfeindliche Schmach von der Erde gefegt« werden. Die Hunde sollten die Leichen der Zarenfeinde fressen.
Und die *wurden* mit Leichen gemästet. Iwan ertränkte allen Widerstand in Blut. Seine »Opritschniki« wurden reich. Und bald herrschte »Ruhe« im Lande, wenn auch die eines Friedhofs.
Ganz so wild wollte es zwar Trepow nicht treiben und so zeigte das Wappen der »Schwarzen Hundert« den Erzengel Michael. Aber auf den General war am 30. März 1905 von *Juden* ein mißglücktes Attentat ausgeführt worden. *Sehr* viele Terroristen waren Juden. Und so überlegte Trepow: Die Juden sind im ganzen Land verhaßt. Wenn man die spontan aufflackernden Pogrome organisierte, zu einer das ganze Reich erfassenden »Bewegung« machte, dann mußte das die Unzufriedenheit vom Zarenthron ablenken und auf Opfer konzentrieren, die loszuwerden nur von Vorteil sein konnte.
Dazu auf Opfer, die wehrlos waren, die auszurotten kein Risiko bedeutete.
Nicht in Rußland. Aber in der übrigen Welt?
Trepows »Schwarze Hundert« *zwangen* die Juden der ganzen Welt,

sich für ihre Glaubensgenossen einzusetzen und sich mit den russischen Sozialrevolutionären und mit den Bolschewiken zu verbünden, wie diese allen Reformen entgegenzuarbeiten, die das Zarentum erhalten halfen. Wie Jacob Schiff erwartet hatte, *kam* es durch den Russisch-Japanischen Krieg zur Revolution. Aber deren noch schwache Kraft brachen Witte und Stolypin. Und diese Revolution ermöglichte Trepow die Verwirklichung seiner Pläne, denn keineswegs nur Rechtsextremisten machten die Juden für den überhandnehmenden Terrorismus verantwortlich. Auch für die verheerende Streikwelle des Jahres 1905 wurden die Juden verantwortlich gemacht. Und Gründer des »Petersburger Zentralen Streikbüros« *war* ja Leon Trotzki-Bronstein; dessen engste Mitarbeiter dort Dr. Alexander Helphand-Parvus und der Rabbinatsschüler Schmul Gilsman, der nach Amerika floh und als Sidney *Hillman* einer der Organisatoren der »International Workers of the World« und zeitweilig *der* führende Gewerkschafter der USA wurde. General Trepows »Schwarze Hundert« zwangen auch Jacob Schiff, weiter die russischen Zarenfeinde zu finanzieren, denn deren Wüten wurde immer schrecklicher:

Ghettos in dreihundert russischen Städten wurden 1905 verwüstet und zum furchtbarsten aller Pogrome kam es – von der Polizei toleriert – in Odessa, wo mehr als 400 Juden ermordet wurden. Gegen diese Ausschreitungen mobilisierte Jacob Schiff das State Department wie (über seine Londoner Rothschildverbindung) das Foreign Office. Eine *direkte* Folge der russischen Pogrome von 1905 aber war vor allem (wie auch die »American Jewish Historical Society« in Band XXIX S. 83 ff ihrer »Publications« hervorhebt)

die Gründung des »American Jewish Committee«
durch Jacob H. Schiff und den späteren Minister Oscar H. *Strauss* im Jahre 1906. Und dieser Ausschuß setzte sich nun (Israel Goldstein zufolge) *offen* zum Ziel

»mit eigenen und staatlichen Mitteln den Sturz des Zarentums herbeizuführen«.

Auch in Band XIV, S. 40–47 der Veröffentlichungen der erwähnten »American Jewish Historical Society« wird das ausdrücklich hervorgehoben. Sowohl die »eigenen« wie die »staatlichen« Mittel aber, die Schiff und seinen Freunden zur Verfügung standen, waren gewaltig. Denn zu Schiffs intimsten Freunden gehörte Sir David

Wiseman, der 1921 in das Bankhaus Kuhn, Loeb & Co. eintrat – und der war vor und während des Ersten Weltkrieges der Chef des britischen Geheimdienstes in den USA. Jacob Schiff finanzierte nicht nur weitgehend die Wahl Woodrow *Wilson's* zum Präsidenten, sondern war wie sein Partner Paul *Warburg* eng mit Colonel *House,* dem *wahren* Leiter der amerikanischen Außenpolitik der Ära Wilson, liiert. Und er war ein Intimus Bernard Mannes *Baruch's,* der 1964 – ein Jahr vor seinem Tod – der Princeton University 1200 von neun amerikanischen Staatspräsidenten und 700 von Sir Winston *Churchill* an ihn gerichtete Briefe und Mitteilungen schenkte und den der »Jewish Examiner« vom 20. Oktober 1933 mit Recht den »inoffiziellen Präsidenten der USA« nannte.

Schon am 30. Dezember 1905 hatte George von *Lengerke-Meyer,* Gesandter der Vereinigten Staaten in St. Petersburg an deren Außenminister Elihu *Root* berichtet:

»Zweifellos haben die Juden die Intelligenz, das Geld und die Energie gestellt, die in ganz Rußland revolutionäre Bewegungen aufflammen ließen ...«

Am 24. März 1917 aber konnte die »New York Times« über eine am Tag zuvor in New York abgehaltene Massenversammlung berichten, auf der Rabbi Stephen *Wise* sagte:

»Ich glaube, daß von allen Leistungen meines Volkes keine nobler war als der Anteil, den die Söhne und Töchter Israels an der großen Bewegung haben, die zu einem freien Rußland führten ...«

Und da konnte Jacob Heinrich Schiff am 3. April 1917 offen feststellen:

»Durch Amerikas finanzielle Hilfe hat sich die russische Revolution durchgesetzt!«

Dokumente, wie sie A. N. *Netschwolodow,* der 1916 als Generalleutnant die Geheimdienstabteilung des Russischen Generalstabes leitete, in seinem Buch »Nikolaus II und die Juden« veröffentlichte oder die Pariser »Documentation Catholique« vom 6. März 1920, derzufolge Jacob Schiff den russischen Revolutionären Geld über die Petersburger Filiale der Pariser Bank Lazard Frères und Speyer & Co. in London übermittelte, bestätigten also nur, was er selber sagte und auch der Bericht des »Deuxième Bureau« – des französischen Geheimdienstes – vom 15. Februar 1916, den der US-Konsul

in Genf, Eldridge D. *Rand* am 21. Januar 1929 dem State Department übermittelte (und der sich jetzt unter »State Dpt. Decimal File 1910—29, No. 861.4016/325« in den National Archives in Washington befindet) sagt nichts Neues. Hier heißt es:
>»Erstmals in den ersten Februartagen 1916 konnte hier erwiesen werden, daß an der in Rußland betriebenen revolutionären Bewegung folgende Firmen und Personen der Vereinigten Staaten beteiligt sind:
>Jacob H. Schiff;
>Kuhn, Loeb & Co., New York, mit den Direktoren: Jacob Schiff, Felix Warburg, Otto Kahn, Mortimer Schiff, Jerome Hanauer;
>Daniel und Morris Guggenheim;
>Max Breitung.«

Machte Jacob H. Schiff nie ein Geheimnis daraus, daß er die russische Revolution von 1905 und die russische Revolution vom März 1917 finanzierte, die ein »demokratisches Rußland« zum Ziel hatten und schließlich die Kerenskiregierung an die Macht brachten, so gab er aber auch offen zu, *Trotzki* unterstützt zu haben. Auch die Novemberrevolution, die *bolschewistische* Revolution, wurde von den Vereinigten Staaten aus finanziell gefördert, denn Kerenski hielt sich ja nicht und dem russischen Sonderfrieden mit Deutschland folgte ein Bürgerkrieg, der keineswegs aussichtslos schien. Da waren die Weißrussenarmeen Denikins, Koltschaks, Wrangels und eines halben Dutzends anderer zaristischer Generäle, stand nicht 1917—18, sondern erst im November 1920 fest, daß das Zarentum *endgültig* gestürzt war. 1917 übernahm deshalb der 1938 in Moskau »liquidierte« spätere Sowjetbotschafter in Paris, Kristjan Jurjewitsch *Rakowskij* von Stockholm aus die Verteilung der jüdischen Hilfsgelder, die Schiff an seinen alten Agenten Wladimir Olaf *Ashberg*, den Chef der Stockholmer »Nya Banken«, überwies, der 1921 die »Russische Handelsbank« gründete und auch eng mit Herbert L. *Lehman* zusammenarbeitete, der dann nach dem Zweiten Weltkrieg als UNRA-Chef in der Sowjetunion und ihren Satellitenstaaten 1228 Millionen $ Hilfe verteilte, während die Russen zum UNRA-Fonds nur 3 Millionen $ beigetragen hatten. Schiff und die Warburgs benutzten auch den Bankier *Jiwotowskij* als Mittelsmann zu den Anhängern Lenins, dessen Tochter Trotzki geheiratet hatte, und Schiff bemühte sich schließlich in Versailles die »antizaristischen Kräfte« – das heißt die Bolschewiken – zu stärken: In seinem 1924 in New York erschienenen Buch »Through Thirty Years« (Bd. II, S. 301) sagt der Herausgeber der Londoner »Times«, Henry Wickham *Steed,* über die Pariser Friedenskonferenz:

»Besonders der amerikanisch-jüdische Bankier Jacob *Schiff* suchte die Anerkennung der Bolschewiken durchzusetzen ... und der Außenkommissar Tschitscherin förderte diese Bestrebungen durch die Zusage weitgehender wirtschaftlicher Zugeständnisse ...«

Woran die Zionisten, deren Zahl »Aktiver« 1914–64 in den USA von rund 15 000 auf 980 000 stieg, so wenig gerne erinnert werden wie die Amerikaner, denn *beide* erlitten ja schwere Enttäuschungen durch die Sowjetunion. Und so wird *Amerikas* Anteil an der Russischen Revolution nun systematisch verschwiegen und nur der *deutsche* herausgestellt. Und auch der war nicht klein. Denn da der Zar »die gemeinsamen Interessen der Monarchen« außer Acht ließ, tat das auch Wilhelm II und so gab die kaiserlich-deutsche Regierung mindestens *vierundfünfzig* Millionen Goldmark dafür aus, den Revolutionären zum Sieg zu verhelfen und hier von allem Anfang an auch *Lenin* ...

IX
Lenin wird reich

Die Finanzierung der bolschewistischen Revolution durch die Regierung Kaiser Wilhelm II

Die Spiegelgasse in Zürich ist so eng, daß nicht einmal Handkarren sie passieren können und sie wäre für die auch zu steil. Aber selbst ihr höchstes Haus bietet keine Aussicht auf den See oder die bewaldeten Berge, sie ist dumpf und dunkel und so wohnen hier nur Arbeiter und kleine Handwerker, ist die Gastwirtschaft »Zum Jakobsbrunnen« höchst bescheiden. Das Haus Nummer 14 aber beherbergte vom Februar 1916 bis zum April 1917 einen ganz besonderen Mieter:
Wladimir Iljitsch Uljanow, genannt Lenin
und seine Frau, die Krupskaja. Sie wohnten oben, im zweiten Stock, zu dem eine steile Holztreppe führt, in einem Zimmerchen, in dem jetzt ein alter Tapezierer lebt, und das so niedrig ist, daß man den Arm nicht ausstrecken kann ohne die Decke zu berühren. Drei Meter breit, vier Meter lang ist der Raum. Die Uljanows wohnten da bei Herrn *Kammerer*, einem Flickschuster, zahlten 28 Franken pro Monat. Bis Mai 1917 war bezahlt. Aber am 8. April sagte der Herr, er müsse gleich weg, habe dringend in Rußland zu tun. Herr Kammerer fand das sehr merkwürdig, denn einfach 22 Tage Miete verfallen lassen ...
Küchenbenutzung war ausgemacht. Aber außer Eiern mit viel Pfeffer wurde nicht viel gekocht, nur sehr viel Tee getrunken. Das halbe Zimmer war voll Zeitungen und Büchern. Der Herr hat die ganze Nacht geschrieben und gelesen. Viel Post kam an Herrn »Lenin«. Herr Kammerer fragte wieso? Aber da hieß es:
»Wir sind Flüchtlinge und das ist ein Deckname.«
Und da sie richtig als Uljanow gemeldet waren ...
Als sie weggingen, sagte der Flickschuster:
»Hoffentlich werden Sie in Rußland nicht so viel arbeiten müssen wie hier, Herr Uljanow!«

Und da sagte der:
Ich glaube, ich werde in Petersburg noch mehr Arbeit haben!«
Und so war es. Denn Lenin gelang ja, was vor ihm noch *niemandem* gelungen war: Das ganze, riesige Rußland *wirklich* zu beherrschen; so »total« zu regieren, wie kein Zar je regiert hatte.
Der Sprung von der Zürcher Spiegelgasse in den Petersburger Smolnypalast und später in den Moskauer Kreml aber gelang Lenin
»kraft seines einmaligen Geistes und als Vollender des Marxismus.«
Und das ist die Lesart *nicht* nur in der Sowjetunion. Auch der Westen übernahm Lenins stilisiertes Bild, was immer Stalin und Trotzki nachgesagt wird, Lenin ist als »groß« und »gütig« in die Weltgeschichte eingegangen. Und er gehört da nun zu den Erhabenen, die anscheinend keinen Leib brauchen und keine irdischen Bedürfnisse haben. *Zahllose* Biographien gibt es heute über diesen wirkungsreichsten aller Propagandisten des Kollektivismus und erfolgreichsten Vorkämpfer der »Diktatur des Proletariats«. Aber wenn man die Standardwerke durchgearbeitet hat, fragt man sich: Hat dieser Mann jahrezehntelang von der *Luft* gelebt? Blättert man seine und andere revolutionäre Zeitschriften und Zeitungen durch, so findet sich in keiner auch nur das kleinste Inserat und so muß man sich erneut fragen: Geschahen da Wunder? Denn ob Papier mit marxistischen Theorien oder mit Liebesgeschichten bedruckt wird, auch das schlechteste kostet Geld und die Papierkosten machen nur etwa ein Drittel der Gesamtherstellungskosten von Zeitungen und Propagandabroschüren aus. Von Geld aber ist in keiner »anerkannten« Leninbiographie und in kaum einem der 280 000 Bände die Rede, die jetzt im Moskauer Marx-Engels-Institut stehen und die den revolutionären Kommunismus und die Entstehung und Ausbreitung des Sozialismus in der Welt schildern.
Gewiß, einzelne Hinweise gibt es da. Fußnoten z. B. über den Moskauer Multimillionär Kusma *Soldatenkow,* der »große Summen für die Revolution« aufwandte. Da wird der Moskauer Fabrikant Iwan *Morosow* erwähnt, der unter anderem den »Akademischen Russischen Leseverein« in Zürich gründete und finanzierte und Lenin und dessen Partei 1917 ein Darlehen von rund 5 Millionen Mark gewährte. Da gaben reiche Leute wie *Malzew* und *Teresch tschenko* den Revolutionären Geld und da erbten die vier Söhne

des Kasaner Großkaufmanns *Tichomirnow* 1912 ein großes Vermögen und während der Älteste das Geschäft weiterführte und der zweitälteste Schauspieler wurde, traten zwei Tichomirnows der Partei Lenins bei und eines Tages sagte dem Victor Tichomirnow, 1889 geboren und jetzt gut seine 20 Millionen Mark wert:
»Wladimir Iljitsch, wir brauchen eine Tageszeitung!
Hier sind 100.000 Rubel. Gründe sie!«
Und damit war
die Petersburger (heute Moskauer) »Prawda«
geboren, die »Wahrheit«, die jetzt als Parteiorgan täglich elf Millionen Exemplare druckt, die schon 1912—13 bis zu 80 000 Auflage hatte und von der *Stalin* mit Recht sagte:
»Die ›Prawda‹ von 1912 bedeutete die Grundsteinlegung des bolschewistischen Sieges von 1917.«
Redaktionssekretär und zeitweilig Chefredakteur wurde ein Schulfreund Victor Tichomirnows, Wjatscheslaw Michailowitsch *Scriabin*, genannt *Molotow* – »der Hammer«.
Diese erste Tageszeitung der Bolschewiken, die am 5. Mai 1912 herauskam, 49 mal konfisziert und im Juli 1913 endgültig verboten wurde, war ein ganz großer Erfolg – aber *nie* ein Geschäft, denn auch sie bekam keine Inserate und ohne die kann *keine* Massenzeitung ihre Kosten decken. Sie war übrigens nicht die erste »Prawda«, sondern so hieß schon das Wochenblatt, das *Trotzki* im Oktober 1908 in Wien gründete und das M. I. *Skobeljew*, der Sohn eines Ölmagnaten aus Baku, und Trotzkis lebenslanger Freund, der spätere Berliner Sowjetbotschafter *Joffe* finanzierten. Aber Lenin erkannte die Schlagkraft dieses Titels, usurpierte ihn, obwohl Trotzki heftig protestierte, und allgemein wurden die Bolschewiken vor dem Ersten Weltkrieg »Prawdisten« genannt. Die Zeitung hatte Abonnenten in 924 Orten – und so viel Einfluß, daß die »Ochrana« ihren Agenten *Ternomasow* als Redakteur einschmuggelte und auch der Kassenverwalter und zeitweilige Chefredakteur der »Prawda« ein »Ochrana«-Agent war, dieser Dumaabgeordnete Roman *Malinowski* dem Polizeidirektor *Beletski* regelmäßig alle Bürstenabzüge übersandte. Natürlich kannte die Polizei auch genau die finanziellen Verhältnisse und da Kerenski 1917 die entsprechenden Dokumente veröffentlichte, wissen wir, daß die offizielle bolschewistische Lesart, die »Prawda« sei

»mit den über 3000 Rubel, die 1912—13 in Arbeiterkreisen für sie
gesammelt wurden«,
erschienen, nicht im Entferntesten stimmt. Und daß es auch nicht
Tichomirnows Geld war, daß das Neuerscheinen der verbotenen
»Prawda« am 18. März 1917 ermöglichte und schon gar nicht russisches Geld, das die Auflage nun bereits im April auf über 300 000
steigen ließ (auf weit mehr als damals die größten deutschen oder
französischen Zeitungen hatten); das den Druck von acht Provinzausgaben gestattete und dazu die Gründung von sieben weiteren
bolschewistischen Organen.
Wo also kam das Geld her?
Da waren außer den Millionärsspenden
die vorrevolutionären »Expropriationen«:
Raubüberfälle, wie sie unter anderem *Stalin* organisierte und der Ingenieur Leonid *Krassin* (der für Siemens arbeitete und 1900—04 Direktor des Kraftwerks von Baku war) technisch ermöglichte: Wie er
Waffen und Sprengstoffe für den erwähnten Angriff auf die Stolypinvilla beschaffte, ermöglichte Krassin im März 1906 einen Banküberfall in Moskau, der den Bolschewiken 875.000 Rubel brachte.
Da gab es einen erfolgreichen Überfall auf einen Geldtransport der
Staatsbank in der Petersburger Pereulokallee, Lohngeldüberfälle im
Kaukasus etc. und in seinen Erinnerungen schrieb ein Beteiligter,
Sulimow, 1925 in No. 7 der Moskauer »Proletarskaja Revolutsija«:
> »Während der Jahre 1906 und 1907 sandten wir dem bolschewistischen Distriktskommittee der Partei etwa 40.000 Rubel und
> dem Zentralkomitee etwa 60.000 ...«

Lenin selber erklärte in No. 5 des »Proletarii«, die am 13. Oktober
1906 erschien:
> »... Die Gelder, die in den großen Expropriationen erlangt wurden – mehr als 200.000 Rubel im Kaukasus und 875.000 in Moskau – flossen den revolutionären Parteien zu, der Erlös kleinerer
> Expropriationen den Expropriatoren ...«

Rund eine Million Rubel und Tichomirnows 100.000 und ein paar
Hunderttausend hier und andere da: Zur Revolutionierung eines
Sechstels der Erde reichte das natürlich nicht und so war das amerikanische Geld essentiell. Aber auch das reichte lange bei *weitem*
nicht und wie Lenin und Trotzki hatten *alle* russischen Revolutionäre stets schwere Geldsorgen.

Zumindest bis zum Jahre 1904.

Da trifft sich Ende August Boris *Sawinkow*, der fünf Wochen zuvor am Attentat gegen den Innenminister Plehwe beteiligt war, im Genfer Café National am Quai du Montblanc mit dem Sozialrevolutionär (und »Ochrana«-Agenten) Enoch *Asew*. Und hört da, daß es nun finanzielle Schwierigkeiten für neue Pläne nicht gibt. Woher das Geld stamme? Asew behauptet zuerst, er habe es von der »Finnischen Partei des Aktiven Widerstandes« und durch den Finnen Koni Zilliacus bekommen. Aber Sawinkow weiß, wie wenig Geld die Finnen haben und so gesteht Asew schließlich:
»Es ist amerikanisches und es ist japanisches Geld.

Und es ist für den Terror bestimmt.«
Sawinkow will kein »Geld vom Feind«. Aber Asew überredet ihn, denn
»auch Lenin nimmt japanisches Geld«
und ist nicht *Pilsudski* sogar selber nach Japan gereist um Geld für seine »Polnische Sozialistische Partei« zu holen?
Asew ist ein wenig vertrauenswürdiger Doppelagent. Aber die »japanische Hilfe« für Lenin bestätigt auch der japanische Geheimdienstoberst Motodjira *Akaschi*, später General und Gouverneur von Formosa: Während in der Mandschurei die Schlacht bei Liaoyang wütet, befindet sich der in Finnland, um von hier aus Unruhen und Streiks in Rußland auszulösen. Finnische Genossen vermitteln ihm eine Zusammenkunft mit Lenin, und der sagt ihm:
»Ich habe mir Ihr Angebot in jeder Hinsicht überlegt und sehe keinen Grund, es abzulehnen. Welchen Standpunkt hingegen die Partei einnehmen wird? Es ist immerhin Hochverrat!«
»Hochverrat?« erwidert Akaschi, »Sie wollen doch den Zaren stürzen und ist das nicht eine patriotische Tat?«
Lenin präzisiert:
»Die Frage ist: Diene ich der Revolution, wenn ich Ihre Hilfe annehme, oder tue ich das nicht?«
Das Gespräch endet schließlich mit Akaschis Feststellung:
»Wir benutzen uns zum gegenseitigen Vorteil.«
Und so *gibt* es Streiks in Rußland. Im Januar 1905 fällt Port Arthur. Aber die Japaner beginnen unter Munitionsmangel zu leiden und der Ausgang der Schlacht bei Mukden ist keineswegs sicher und da ist Roschestwenskijs Flotte unterwegs. Und so streiken in Peters-

burg 210000 Arbeiter, in ganz Rußland 440000. Da legen sich Frauen vor abfahrende Truppenzüge. Oberst Akaschi trifft sich mit Lenin in Genf, wo der Zweite Kongreß der Sozialrevolutionäre stattfindet und deren Zeitschrift »Iskra« (»Der Funke«) hat nun plötzlich so wenig finanzielle Sorgen wie später die »Prawda«, vervielfacht ihren Umfang und ihre Auflage ...
Wie der Russisch-Japanische Krieg klein war im Vergleich zum Ersten Weltkrieg, so aber auch die japanische »Hilfe« an die Bolschewiken klein im Vergleich zur kaiserlich-deutschen, da war der Oberst Akaschi ein Anfänger verglichen mit
Dr. Alexander Helphand-Parvus,
mit Ulrich Graf von *Brockdorff-Rantzau* und Herrn Richard von *Kühlmann,* Staatssekretär im Auswärtigen Amt S. M. Kaiser Wilhelm II.
Helphand wird in keinem Nachschlagewerk erwähnt. Seine erste ernstzunehmende Biographie veröffentlichen Winfried B. *Scharlau* und Zbynek A. *Zeman* mit Hilfe des St. Anthony's College in Oxford und des Deutschen Akademischen Austauschdienstes in Bad Godesberg unter dem Titel »Freibeuter der Revolution« erst *1964* und bis 1956 war *alles* heftig umstritten, was mit der deutschen Finanzierung der Russischen Revolution zusammenhing. Zwar wurden in Washington schon 1918 die sogenannten »Sissondokumente« veröffentlicht, etwa 60 Photokopien, die sich der ehemalige Journalist Edgar *Sisson* als Beamter des State Department damals in Rußland »beschaffte«. Aber die wurden als amerikanische »Kriegspropaganda« nicht ernst genommen und unter denen befinden sich auch tatsächlich eindeutig *gefälschte* »Dokumente«.
Bereits im Berliner »Vorwärts« vom 14. Januar 1921 hatte dann der Sozialist Eduard *Bernstein* geschrieben:
»Lenin und Genossen haben vom kaiserlichen Deutschland große Summen erhalten. Ich erfuhr davon schon Ende Dezember 1917 ... nur nicht, wie hoch diese Summen waren. Jetzt habe ich von ernst zu nehmender Seite gehört, daß es sich um Summen fast unglaublicher Höhe, sicher um mehr als 50 Millionen Goldmark gehandelt hat, also um so große Summen, daß Lenin und Genossen unmöglich im Zweifel darüber gewesen sein konnten, aus welchen Quellen sie ihnen zuflossen ... Wenn ich recht unterrichtet bin, soll Lenin auf die Anschuldigung der Entente seiner-

zeit geantwortet haben, woher er sein Geld nehme, sei *seine* Sache. Unbekümmert um die Absichten der Geldgeber habe er die ihm zugeflossenen Gelder für die sozialistische Revolution verwendet, und das genüge ... Aber mit solcher Begründung läßt sich jedes Abenteuer unsauberster Art rechtfertigen ...«
Nun waren aber Bernstein und Helphand seit Jahren verfeindet und was der »Vorwärts« berichtete, war Hörensagen.
Miljukow in seiner »Geschichte der zweiten russischen Revolution« (russisch 1921—24) wie der britische Botschafter *Buchanan* in »My Mission to Russia« (London 1923) behaupteten die Zersetzung der russischen Armee und die Finanzierung der Bolschewiken »durch den Kaiser«, aber erst als 1956 die englische Regierung die entsprechenden, 1945 beschlagnahmten Geheimdokumente der Wilhelmstraße freigab, wurden *Tatsachen* greifbar. Was George *Katkow* in Vol. 32, No. 2 von »International Affairs«, der April-Nummer 1956 der Zeitschrift des Royal Institute of International Affairs in London, an »German Foreign Office Documents on Financial Support to the Bolsheviks in 1917«, veröffentlichte, erwies eindeutig:

das kaiserliche Deutschland gab mindestens vierundfünfzig Millionen Goldmark für die Revolutionierung Rußlands aus
und der Großteil davon floß durch Vermittlung Dr. Helphands den *Bolschewiken* zu. Vollends die 1958 in New York erschienene Dokumentensammlung Dr. Zbynek A. *Zeman's*, »Germany and the Revolution in Russia 1915—18«, gab ein *vollständiges* Bild. Sie beginnt als »No. 1« mit dem Einführungstelegramm, durch das der deutsche Botschafter in Konstantinopel am 8. Januar 1915 Helphand dem Auswärtigen Amt avisiert und (No. 3) den ersten 500.000 Mark Anzahlung an diesen vom 26. März 1915; mit (No. 4) dem Verlangen des Auswärtigen Amtes an das Reichsfinanzministerium vom 6. Juli 1915 für Helphand fünf Millionen und vom 1. April 1917 weitere fünf Millionen bereitzustellen, und endet (No. 135) mit dem Geheimdokument AS 2667, datiert Berlin 11. Juni 1918, in dem der Staatssekretär im Reichsfinanzministerium, *Rödern*, dem Staatssekretär im Auswärtigen Amt, von *Kühlmann*, mitteilt:

»In Beantwortung Ihres Schreibens vom 8. Juni und des beigelegten Memorandums ... teile ich Ihnen

die Bewilligung von vierzig Millionen Mark ohne Angabe des Verwendungszweckes
und zu Ihrer Verfügung für die bewußten Ziele ... mit.«
Zu diesen Zielen gehörte der bolschewistische Umsturz, der Zerfall des Russischen Reiches und vor allem natürlich der Zusammenbruch der russischen Front. Einleuchtend und klar sind sie in dem Bericht enthalten, den Richard v. Kühlmann am 29. September 1917 dem Vertreter des Auswärtigen Amtes im Großen Hauptquartier übermittelte:
»Die groß angelegten und erfolgreich durchgeführten militärischen Operationen an der Ostfront sind seitens des A. A. durch eine aktive Minierarbeit in Rußland sekundiert worden.
Wir haben es uns dabei in erster Linie angelegen sein lassen, die nationalistisch-separatistischen Bestrebungen tunlichst zu fördern und die revolutionären Elemente kräftig zu unterstützen ... Die Bolschewikibewegung hätte ohne unsere stetige weitgehende Unterstützung nie den Umfang annehmen und sich den Einfluß erringen können, den sie heute besitzt.
Alle Anzeichen sprechen für ihre weitere Ausdehnung. Das gleiche gilt für die finnischen und ukrainischen Unabhängigkeitsbewegungen ...«
Am 3. Dezember 1917 telegraphierte Kühlmann ein geheimes Exposé an Kaiser Wilhelm II ins Hauptquartier, in dem es heißt:
»Die Sprengung der Entente
und in der Folge die Bildung uns genehmer politischer Kombinationen ist das wichtigste diplomatische Kriegsziel. Als schwächstes Glied in der feindlichen Kette erschien der russische Ring; es galt daher, ihn allmählich zu lockern und wenn möglich herauszulösen. Diesem Zweck diente die destruktive Arbeit, welche wir hinter der Front vornehmen ließen, in erster Linie die Förderung der separatistischen Tendenzen und die Unterstützung der Bolschewiki. Erst als die Bolschewiken von uns durch verschiedene Kanäle und unter wechselnden Herkunftsbezeichnungen ständig fließende Geldunterstützungen erhielten, waren sie in der Lage, ihr Hauptorgan ›Prawda‹ auf- und auszubauen, tatkräftige Propaganda zu betreiben und die anfangs sehr enge Basis ihrer Partei auszuweiten.«
Kühlmann schilderte, daß nun alles darauf ankomme, einen Waf-

fenstillstand und womöglich einen Sonderfrieden mit Rußland zu erreichen solange die Bolschewiki an der Macht seien und Frieden zur Stärkung ihrer Position brauchten. Und er schrieb:
»Der Abschluß eines Separatfriedens hieße das gesteckte Kriegsziel, den Bruch zwischen Rußland und seinen Alliierten, erreichen. Die durch einen solchen Bruch hervorgerufenen Spannungen würden den Grad der Abhängigkeit Rußlands vom Deutschen Reich und seine künftigen Beziehungen mit uns bestimmen. Einmal von den früheren Alliierten los, abgeschnitten und finanziell auf sich selbst gestellt, wird Rußland gezwungen sein, unsere Unterstützung zu suchen ...«
Kühlmann setzte dann die bereits ausgearbeiteten Wirtschaftspläne auseinander: Gewährung beträchtlicher deutscher Anleihen zum Ausbau des russischen Eisenbahnnetzes. Russische Getreide- und Rohstofflieferungen an Deutschland. Einschaltung Österreichs in diese Pläne etc. etc.
Der Kaiser und der Kanzler waren – wie ein ebenfalls 1956 in London veröffentlichtes Dokument ergibt – einverstanden, deutsche Missionen gingen nach Rußland, Anleihen wurden gewährt und der Frieden von Brest-Litowsk *kam* zustande.
Aber zu *spät*.
Und unter Bedingungen, die Kühlmanns Langfristpläne undurchführbar machten. Denn der vertrat einen *Verständigungs*-Frieden. Und Hauptzweck seiner Rußlandpolitik war, auch mit dem Westen zu einer erträglichen Konfliktsregelung zu kommen.
War Richard von Kühlmann, der 1873 als Sohn des Generaldirektors der Anatolischen Eisenbahn in Konstantinopel geboren wurde, nach seinem Referendarsexamen bei den Bamberger Reitern diente und auf Empfehlung des damaligen Reichskanzlers, des Fürsten *Hohenlohe*, im Jahre 1900 in den diplomatischen Dienst eintrat, einer der weitblickendsten Beamten des Auswärtigen Amtes, so stammten diese Ideen aber nicht von ihm, sondern von dem russischen Juden Israel Lasarewitsch *Gelfand*, der sich im Westen Alexander Helphand nannte und vor allem unter einem seiner sechs Schriftstellernamen, als »Parvus« bekannt wurde, was »der Kleine« heißt, obwohl er groß und schwer war.
Aus Beresina im Gouvernement Minsk stammend, wo sein Vater eine Schlosserwerkstatt betrieb, verbrachte der 1867 geborene Hel-

phand seine Jugend in Odessa, besuchte da das Gymnasium, studierte dann 1887–91 in Basel Volkswirtschaft und doktorierte hier. Da er »als Jude wie als Sozialist« den Zaren haßte und nicht nach Rußland zurückkehren wollte, versuchte er, sich als Journalist in Deutschland durchzuschlagen und wurde in Dortmund von dem späteren preussischen Kultusminister Konrad *Haenisch*, in Stuttgart von Karl *Kautsky* (dem neben Friedrich Engels führenden Ideologen des damaligen europäischen Sozialismus) und Clara *Zetkin* gefördert. Er konnte in Kautsky's »Neuer Zeit« und zahlreichen anderen sozialdemokratischen Publikationen schreiben und veröffentlichte 1892 im Berliner »Vorwärts« eine Artikelserie »Die Lage in Rußland«, die Aufsehen erregte.

Bald aus Preußen und wenig später aus Württemberg ausgewiesen, wurde Helphand unter dem Decknamen »Markus« Leitartikler der Chemnitzer »Volksstimme«, 1895 Redakteur der »Leipziger Volkszeitung« und im Jahr darauf der »Sächsischen Arbeiterzeitung« in Dresden. Da er hier erbittert den »Revisionismus« Eduard *Bernstein's* bekämpfte und mit Rosa *Luxemburg* versuchte, die deutsche Sozialdemokratie zu »entbürokratisieren«, hielt er sich nicht lange, übersiedelte nach München und fand hier in dem wohlhabenden Arzt Dr. Karl *Lehmann* einen Geldgeber, mit dem er 1899 eine Rußlandreise machen und sein 1900 in Stuttgart erschienenes Buch »Das hungernde Rußland« schreiben konnte.

Auf dieser Reise nahm Helphand, der als »August Pen« einen falschen Paß benutzte, in Wjatka Kontakt mit Aleksandr *Potresow* auf. Der plante die Gründung der berühmt gewordenen (und schon erwähnten) Zeitschrift »Iskra«, die auch – dank Helphands »Beziehungen« – im Dezember 1900 in München erschien und deren Redaktion neben Potresow auch der Menschewik *Martow* und *Lenin* angehörten. Im Sommer 1902 reiste Helphand erneut illegal nach Rußland, traf sich da auf dem Bahnhof von Sewastopol mit
   Maxim Gorki
und Gorki überließ dem Verlag, den Helphand in München gründete, alle nichtrussischen Rechte seiner Werke: Vom Ertrag sollte Helphand 20% bekommen, von der Restsumme Gorki ein Viertel, die Parteikasse der Russischen Sozialdemokratie drei Viertel.

Und Geld *wurde* verdient: Helphand erhielt unter anderem Gorkis neuestes Drama »Nachtasyl«. Allein in der Berliner Inszenierung

von Max *Reinhardt* wurde dieses Stück über fünfhundertmal gegeben und kaum eine deutsche Provinzbühne ließ es sich entgehen. Das Stück wurde in *ganz* Europa zu einem Riesenerfolg und brachte Helphand an Tantiemen mindestens 60.000, nach anderen Angaben aber 160.000 Mark ein.
Und *nur* ihm. Weder Gorki noch die Parteikasse bekamen auch nur einen Groschen, denn *nie* vermochte Helphand Politik und Geschäft zu trennen und von Jugend an besaß er
   ein fast unstillbares Luxusbedürfnis.
Nicht als jüdischer Kleinbürgerssohn in Rußland und nicht als Mitarbeiter sozialdemokratischer deutscher Zeitungen hatte Helphand dieses Bedürfnis befriedigen können und so reiste er jetzt wie ein Großfürst an die Riviera und nach Italien. Da übernahm er aber auch zahlreiche Verlagsobjekte, die *kein* Geschäft waren und so gab es eine riesige Pleite, die Bebel und Kautsky vertuschten, so gut sie konnten. Überhaupt war Helphand menschlich wenig erfreulich, sein Egoismus noch maßloser als seine politischen Pläne. Und wie er seinen beiden Frauen und seinen Kindern gegenüber keinerlei Rücksicht kannte, so ließ er seine Genossen immer wieder in Stich. An persönlichem Mut aber mangelte es ihm nicht und noch weniger an Ideen und einem sicheren »Instinkt für das Kommende«.
Als der Russisch-Japanische Krieg ausbrach, sah Helphand sofort seine Bedeutung für die Revolution, sehr zum Unterschied von Lenin, der während des ganzen Jahres 1904 diesen Krieg nur dreimal – und ganz nebenbei – erwähnte und erst vom japanischen Geheimdienst wachgerüttelt wurde. Anfang 1904 hatte Leon *Trotzki* einige Zeit bei Helphand in München gewohnt. Als die Russen eine Schlacht nach der andern verloren, reisten Trotzki und Helphand nach Petersburg, organisierten da Streiks.
   Rußlands erster »Sowjet«,
der erste »Soldaten- und Arbeiterrat« der Hauptstadt, kam durch sie zustande und Helphand erwies sein organisatorisches Talent, indem er eine unbedeutende liberale Zeitung, die »Russkaja Gazeta« übernahm und binnen weniger Wochen ihre Auflage auf über hunderttausend brachte: Er theoretisierte nicht, sondern hetzte. Er verkaufte das Blatt für einen Kopeken – zwei Pfennig – verschaffte sich von reichen Leuten »Subventionen« und nutzte die rasch wachsende Popularität Trotzkis.

Aber die genügte nicht, um die Wirkung des Zarenmanifestes vom 30. Oktober 1905 aufzuheben. Das Volk *glaubte* an die Reformen, die da versprochen wurden. Ein Generalstreikaufruf Trotzkis und Helphands vom 16. Dezember 1905 hatte so wenig die erwartete Wirkung wie ihre Steuerstreikpropaganda und während Trotzki – nebst dreihundert Mitgliedern des Petersburger »Sowjets« – noch am gleichen Tag verhaftet wurde, konnte Helphand sich zwar bis zum April 1906 verstecken, kam aber dann auch in die Peter-Pauls-Festung und wurde zusammen mit Trotzki und Leo *Deutsch* auf drei Jahre nach Turuchansk in Nordsibirien verbannt.

Es ist für Helphand kennzeichnend, daß er dieses Strafausmaß stets verschwieg, denn seiner Meinung nach entsprach es nicht im Entferntesten seiner Bedeutung. Jedenfalls floh er (wie Deutsch) schon auf dem Weg zu seinem Verbannungsort indem er die Wachmannschaft betrunken machte und war im November 1906 wieder in Deutschland, wo im Jahre darauf sein Buch »In der russischen Bastille während der Revolution« erschien, dessen Held *er* und *nur* er war, das den Tatsachen nur *sehr* entfernt entsprach, ganz dagegen der Gruselromantik, die damals die zaristischen Gefängnisse und Sibirien umgab.

Die türkische Revolution,
die 1908 ausbrach, gab Helphand die Möglichkeit, als Korrespondent deutscher Zeitungen nach Konstantinopel zu gehen. Bald aber spezialisierte er sich auf »Finanzanalysen« und »vertrauliche Wirtschaftsberichte«, die ihn sowohl mit den Direktoren der »Deutschen Bank« in Berlin wie mit dem türkischen Finanzministerium in Beziehungen brachten und den Grund zu seinem 1920 auf mindestens dreißig Millionen Goldmark geschätzten Vermögen legten. Durch »Jungtürken«, die er beriet, Handelsredakteur der halbamtlichen Tageszeitung »Turk Yurdu« geworden, gewann Helphand das Vertrauen von *Enver* Pascha, *Talaat* Pascha und dem späteren Finanzminister *Djavid* Bey. Finanzberater der Hohen Pforte, war es nun für Helphand auch leicht, Geldgeber zu finden, und so schrieb er nicht nur über große Geschäfte, sondern machte sie auch selber. Er handelte mit Getreide aus Odessa und Maschinen aus Deutschland. Er versorgte die türkische Armee mit Waffen und Munition und die Balkankriege sorgten für eine ideale Konjunktur. Schon diese »Geplänkel« überzeugten Helphand, daß ein Weltkrieg

unvermeidlich geworden war, und er sorgte vor, gab *vor* allen anderen riesige Terminbestellungen auf und beschwor schon am 22. Juli 1914 im »Tasviri Efkar« das türkische Volk,
»den sicheren Krieg zu nutzen, um seine nationale Freiheit und Würde zurückzuerkämpfen.«
Helphand veröffentlichte eine Reihe von Broschüren, in denen er die Folgen eines deutschen Sieges und eines Sieges der Entente analysierte, erklärte da:
»Nur ein Sieg der Mittelmächte kann der Türkei Nutzen bringen!«
Und bereits am 4. August 1914 schrieb Helphand in der Bukarester »Zapta« und im »Rabotnitschewski Westnik« in Sofia auch prodeutsche Artikel unter dem Titel
»Für die Demokratie – Gegen den Zarismus!«
Deutschlands »machtvolle Sozialdemokratie« bedeutete Helphand zufolge, bei einem deutschen Sieg »Wohlstand und Fortschritt«. Ein Sieg der Entente hingegen mußte zum »Triumph des Zarismus« werden, zugleich für ganz Europa »eine neue Ära schrankenloser kapitalistischer Ausbeutung« bringen.
Als Nahziel hatte sich Helphand den Kriegseintritt der Türkei an der Seite Deutschlands gesteckt. Aber er überzeugte seine türkischen Freunde auch von der Notwendigkeit, *vorher* die Wirtschaft des Landes zu stärken – und erbot sich, das in die Hand zu nehmen.
Er verkaufte der Regierung mit riesigen Gewinnen seine aufgestapelten Vorräte, beschaffte dazu Getreide aus Bulgarien, Holz aus Österreich, Eisenbahnmaterial und Mühleneinrichtungen aus Deutschland. Ende 1914 *war* die Türkei kampfbereit – und Helphand Multimillionär.
Und natürlich auch persona grata bei der deutschen Botschaft und den österreichischen Behörden – und konnte so ukrainischen und georgischen Nationalisten die Wege in Konstantinopel ebnen. Tat das, weil er als *Erster* und schon im Oktober 1914 erkannte:
»Wie der Sozialismus nicht einfach die kapitalistische Staatsmaschine in Besitz nehmen darf, so darf er auch nicht automatisch die staatlichen Abgrenzungen beibehalten: Die Selbständigkeit der einzelnen Nationen und ihr internationaler Verband – das ist der staatliche Zukunftsgedanke des Sozialismus.«
Sollten die nationale und die soziale Revolution zusammenwirken,

um die russische Reaktion endgültig zu beseitigen, so hielt Helphand aber *Emigranten*-Organisationen für nutzlos, mußte seiner Meinung nach die Arbeit an Ort und Stelle, *innerhalb* Rußlands selber, geleistet werden. Und darin stimmte er mit dem Mannheimer Industriellensohn Dr. Max *Zimmer* überein, der sich 1909 als Farmer am Schwarzen Meer niedergelassen hatte, der sich 1914 der Deutschen Botschaft zur Verfügung stellte und die Aufsicht über die von der deutschen und österreichischen Regierung geförderten Sezessionsbewegungen erhielt.

Zimmer brachte am 8. Januar 1915 Helphand mit dem deutschen Botschafter Freiherr von *Wangenheim* zusammen und dem sagte er:
»Die Interessen der deutschen Regierung und die der russischen Revolutionäre sind identisch:
Die russische Demokratie kann nur durch Zertrümmerung des Zarismus und die Aufteilung Rußlands in kleinere Staaten ihr Ziel erreichen.
Auch Deutschland aber kann keinen Erfolg haben, wenn es nicht gelingt, eine große, russische Revolution zu entfachen.
Und auch nach einer Revolution bleibt die russische Gefahr für Deutschland bestehen, solange das Russische Reich nicht in einzelne Teile zerlegt ist.«
Helphand schlug deshalb
»*ein Zweckbündnis der deutschen Regierung mit den russischen Revolutionären*«
vor, verlangte von seiten Deutschlands
»größere Geldmittel, mit denen die Erhebung auf breiter Basis organisiert werden kann.«
Der deutsche Botschafter fand Helphands Pläne »einleuchtend«, berichtete, wie erwähnt, noch am 8. Januar 1915 in seinem Telegramm No. 70 positiv über sie an das Berliner Auswärtige Amt und hob dabei »die nützlichen Dienste« hervor, die Helphand bereits in Konstantinopel geleistet habe. Der reiste über Sofia und Bukarest nach Berlin und rasch kam hier
»*der Zweibund der preußischen Bajonette und der russischen Proletarierfäuste*«
zustande, wie es später Helphands Freund Haenisch nannte. Und aus dem sozialistischen Theoretiker und Publizisten wurde so ein Agitator und Agent von *Weltbedeutung* – auch wenn das heute die

Bolschewiken so wenig wahrhaben wollen wie gewisse Kreise Deutschlands.
Die ersten Gespräche Helphands im Auswärtigen Amt fanden spätestens am 28. Februar 1915 statt und bereits am 9. März legte er der Wilhelmsstraße ein ausführliches Memorandum vor, das Woodrow *Wilsons* Ideen vorwegnimmt und sie mit denen von *Marx* kombiniert.

»Die Beschleunigung des russischen Zusammenbruches«
sollte Helphand zufolge erreicht werden durch:
1) Unterstützung der in ihrem Volkstum unterdrückten Völkerschaften und der nach Autonomie und Sezession drängenden Randstaaten Rußlands.
2) Ermunterung und materielle Hilfe für alle Gruppen und Parteien, die die soziale Revolution anstreben und den Zarismus beseitigen wollen.
3) Propagandistische Infiltration Rußlands und internationale Pressearbeit gegen den Zarismus als den Hort der Reaktion.

Überall in Rußland *gab* es bereits Verschwörer, die diese und ähnliche Ziele verfolgten. Aber deren Bestrebungen mußten *koordiniert* und nicht im Ausland, sondern in Petersburg eine »revolutionäre *Zentrale*« geschaffen werden. Die hatte damit zu beginnen, die radikalen Rüstungsarbeiter der Putilowwerke zu bewaffnen und mit Stadtplänen zu versehen, auf denen die neuralgischen Punkte der Hauptstadt eingezeichnet waren. Und diese Schlüsselpunkte mußte man schlagartig besetzen, »sobald es so weit war«.

Nur von *innen* heraus konnte Rußland »reif für die Revolution« gemacht werden, das wiederholte Helphand immer wieder, aber das schloß natürlich nicht aus, daß man auch in Finnland revolutionäre »Brutstätten« schuf und in Amerika mithalf, das Judentum gegen den Zaren zu mobilisieren.

Zweck all dieser Maßnahmen war der Zusammenbruch der russischen Front und ein Sonderfrieden mit Deutschland. *Wie* der aussehen sollte, vermied Helphand zu detaillieren und natürlich sagte er auch nicht, daß seiner Meinung nach einer russischen Revolution »zwangsläufig« eine deutsche folgen würde, dieser
»ein sozialistisches Europa«.

Und so bekam Helphand im März 1915 die ersten zwei »Anzahlungen« von zusammen einer Million Goldmark »plus der Devisendif-

ferenzen und Umwechslungsspesen«. Denn wenn auch an der Ostfront deutsche Erfolge errungen worden waren, das Scheitern der Marneschlacht ernüchterte die Heeresleitung und sowohl der Generalstabschef *Falkenhayn* wie der Großadmiral *Tirpitz* rieten bereits im November 1914 dem Reichskanzler, den »Ring der Entente durch politische Mittel zu sprengen«. Auch Kronprinz Wilhelm schrieb am 6. Februar 1915 an den Großherzog von Hessen:
»Ich bin der Ansicht, daß es unbedingt nötig ist, mit Rußland zu einem Sonderfrieden zu kommen ... Könntest Du nicht mit Niki in Verbindung treten und ihm raten, sich mit uns gütlich zu einigen? Das Friedensbedürfnis in Rußland soll ja sehr groß sein ...«
Auch über Albert *Ballin* und den dänischen Staatsrat Hans Niels *Andersen* wurden damals Kontakte mit Petersburg aufgenommen. Andersen, der die »Ostasiatische Kompagnie« gründete, wurde von Nikolaus II wie von Wilhelm II empfangen, verhandelte im Auftrag König Christian X mit Lord Cecil wie mit dem Reichskanzler v. Bethmann-Hollweg. Aber alle Friedensversuche blieben erfolglos und so reiste Helphand im Mai 1915 nach Zürich und traf sich da in einem russischen Restaurant mit Lenin.
Ob der schon damals oder erst im März 1917 auf die deutschen Hilfsangebote einging, ist mit Sicherheit nicht festzustellen. Jedenfalls stand Lenin bereits 1915—17 mit dem Esten Alexander *Kesküla* und dem estnischen Sozialdemokraten Arthur *Siefeldt* in ständigem Kontakt, die beide deutsche Agenten waren und mit denen Lenin im Dezember 1915 Friedensbedingungen besprach, die die Bolschewiken anzunehmen bereit waren. Und falls Lenin erst später mit Helphand zusammenarbeitete, so hatte er jedenfalls nichts dagegen, daß Moissei *Uritzki* in Kopenhagen zu dessen wichtigsten Mitarbeitern gehörte und Uritzki war ein »hundertprozentiger Bolschewik«, hatte für Trotzki 1908—10 den Schmuggel der Wiener »Prawda« nach Rußland organisiert und wurde schließlich Tschekachef in Petersburg. Für Helphand organisierte er Kurierreisen nach Rußland. Ebenso eng arbeitete in Kopenhagen Jacob *Fürstenberg-Hanecki* mit Helphand zusammen, Lenins besonderer Vertrauter, der in der bolschewistischen Untergrundbewegung »Kuba« hieß, der Transport- und Schmuggelspezialist der Partei war und 1912—14 zusammen mit Lenin in Poronio bei Krakau lebte. Diesem zufolge

verband er »die Eigenschaften eines Arbeitspferdes mit denen eines Parteifuchses«, war aber auch ein gewiefter Geschäftsmann. Kopenhagen war 1915–17 das Hauptquartier Helphands und das war kein Zufall, denn hier befand sich seit 1914 auch das Zentralbüro der Zionisten und die betrieben (wie gezeigt) den Sturz des Zaren so eifrig wie die Sozialisten – und der Kaiser. Und Kopenhagen war zudem
> *das Zentrum des zaristischen Geheimen Auslandsnachrichtendienstes.*

Denn wie Oberst Walter *Nicolai*, im Ersten Weltkrieg Chef des Nachrichtendienstes der Obersten Heeresleitung, es 1924 schrieb: »Der russische Nachrichtendienst wurde von den dänischen Behörden begünstigt ... Die größte Organisation des russischen Generalstabes war hier die des Dr. *Katz* aus Warschau ... dessen Personal ausschließlich polnische Juden bildeten ...«
Katz und Helphand standen in enger Verbindung. Inwieweit Katz am Verrat der russischen Operationspläne an Deutschland beteiligt war, bleibt ungeklärt. Aber Helphand leistete er »sowohl kommerziell wie politisch *sehr* wichtige Dienste.« Und den Zionisten ebenfalls ...

Die Tarnorganisationen Helphands

waren das Kopenhagener »Forschungsinstitut zum Studium der deutsch-russischen Wirtschaftsprobleme«, für das er Mitarbeiter unter den russischen Emigranten Zürichs angeworben hatte; eine Werbefirma, für die er am 9. Juli 1915 die Konzession bekam und die das deutsche Litfaßsäulensystem in Dänemark einführte, vor allem aber den Zweck hatte, durch fingierte oder überzahlte Inseratenaufträge die skandinavische Presse zu beeinflussen; und Helphands »Handels-og Eksportkompagniet S/A«, eine Außenhandelsfirma, die die Hauptrolle bei der Revolutionierung Rußlands spielte: Helphand kaufte mit dem deutschen Regierungsgeld im Westen Waren, die in Rußland abgesetzt wurden.

Politisches Geld verwandelte sich so in ordentliches Geschäftseinkommen,

das aber nicht nach Westen zurückfloß, sondern für die »Koordination der bestehenden revolutionären und sezessionistischen Gruppen« verwendet wurde. Importe aus Rußland für die deutsche Kriegsindustrie – vor allem Kupfer und andere Mangelmetalle – ergaben für Helphand und seine Helfer ansehnliche Privatgewinne, flossen zum Teil aber ebenfalls wieder für politische Zwecke nach Rußland zurück.

Und stets ging es um *Riesen*-Beträge, denn nicht nur das Auswärtige Amt finanzierte die »Handels-og Eksportkompagniet«. Im April 1916 wurde der Berliner »Kaufmann« Georg *Sklarz* ihr Teilhaber, einer von fünf aus Russisch-Polen ausgewanderten Brüdern mosaischen Glaubens, der hervorragende Beziehungen zum deutschen Generalstab besaß, im Dienst der deutschen militärischen Nachrichtenabteilung wie des Admiralstabes stand, später der Intimus von Reichspräsident *Ebert* wurde und dem das Landgericht Berlin-Moabit (bevor es ein Bestechungs- und Betrugsverfahren, bei dem es um 3 Millionen Mark ging, gegen ihn einstellte) 1921 bescheinigte, daß er »einer der genialsten Angeklagten« war, die je vor dessen Schranken standen. Auch Waldemar und Heinrich Sklarz arbeiteten mit Helphand zusammen und die Firma blühte nicht nur durch ihr »konkurrenzlos billiges Kapital«, sondern auch, weil Sklarz mit Billigung des Admiralstabes die Wirtschaftsnachrichten, die er unter dem Decknamen »Pundyk« sammelte, geschäftlich auswertete und der Admiralstab die Verschiffung der Helphand'schen Waren deckte. Die Firma beschaffte aus Rußland, Skandinavien, den USA, England und den Niederlanden Kupfer, Zinn, Chrom, Nickel und Kautschuk für Deutschland, lieferte Chemikalien, pharmazeutische Produkte und technische Spezialitäten nach Rußland. Rasch erlangte die »Handels-og Eksportkompagniet«

eine Monopolstellung im Osthandel,

denn *nur* sie bekam Exportgenehmigungen für Mangelgüter. Helphands Agenten in Rußland waren zugleich seine Handelsvertreter, die hier auch Unmengen Salvarsan, Aspirin, Thermometer und Bleistifte absetzten. Direktor der Kopenhagener Handelsfirma war Fürstenberg-Hanecki, dessen Partnerin in Rußland Eugenia *Sumenson* und die Firma Fabian Klingsland. Der Erlös der Waren wurde in Petersburg auf ein Sonderkonto der »Sibirischen Bank« überwiesen, da von Helphands Agenten abgehoben. Vor allem Bolschewiken, denn auch nach dem Sturz des Zaren im März 1917 wollte Kerenski ja den Krieg gegen Deutschland fortsetzen.

Kontrolliert wurden Helphands Firmen und er selber durch einen »Sonderbeauftragten« des Auswärtigen Amtes, den erwähnten Dr. Max Zimmer, und den deutschen Gesandten in Kopenhagen,

Ulrich Graf von Brockdorff-Rantzau.
Einem holsteinischen Uradelsgeschlecht angehörend, war Brockdorff, der 1869 geboren wurde und 1928 starb, zuerst Gardeoffizier, schlug 1894 die diplomatische Laufbahn ein und sagte während seiner Dienstzeit in Petersburg:
»Deutschland hat zwei große Möglichkeiten – die eine heißt Rußland, die andere England. Ich persönlich glaube, daß Rußland uns die bessere gibt ... ein gewaltiger Kontinentalblock vom Ärmelkanal bis zum Stillen Ozean wäre unangreifbar und hätte nichts von einem Kriege zu fürchten, denn es wäre imstande, sich in *allem* selber zu versorgen ...«
Im Februar 1919 erster Außenminister der Weimarer Republik – und deshalb als »der rote Graf« verschrien – führte Brockdorff die deutsche Friedensdelegation in Versailles, weigerte er sich, dieses Diktat zu unterschreiben – und war damit »erledigt«. Aber als Botschafter in Moskau suchte er seit 1920 zu verwirklichen, was er als junger Diplomat als richtig erkannte, und verstand sich als Gesandter in Kopenhagen – wo er seit 1912 amtierte – sofort ausgezeichnet mit Helphand, weil er überzeugt war, daß eine deutsch-russische Zusammenarbeit ein *neues* und nicht das zaristische Rußland erforderte. Bereits am 10. August 1915 berichtete Graf Brockdorff-Rantzau nach Berlin:
»Ich halte Helphand nicht nur für einen sehr erfahrenen Kenner Rußlands und des gesamten Balkans, sondern für einen selbstbewußten, großzügigen Politiker, dessen Rat wir uns unbedenklich bedienen können, solange wir ihn wie jetzt in der Hand und auf unserer Seite haben ...«
Von der Kopenhagener Gesandtschaft bekam Helphand fortlaufend Geld und eine 1956 veröffentlichte, handschriftliche Quittung vom 29. Dezember 1915 z. B. lautet:
»Erhalten von der Deutschen Gesandtschaft in Kopenhagen die Summe von einer Million Rubel in russischen Banknoten zur Förderung der revolutionären Bewegung in Rußland.«
Aber Brockdorff wurde auch geistig zum wichtigsten Mitarbeiter v. Kühlmanns und Helphands, durchdachte die deutsche Ostpolitik konsequent und hielt so z. B. auch nichts von den überaus wichtigen Sonderfriedensverhandlungen, zu denen es im Juli 1916 in Stockholm zwischen dem Vizepräsidenten der Duma, *Protopopow*

und dem Diplomaten (und Hamburger Bankier) Dr. Fritz *Warburg* kam.

Helphand meinte dazu:

»Rußland hat bereits einen derartigen Grad der politischen Entwicklung erreicht, daß ein sicherer Friede mit diesem Land nur möglich ist, wenn die Regierung, die diesen Frieden schließt, das Vertrauen des *Volkes* genießt ... Die Erbitterung der Volksmassen ist mit jener des Jahres 1905 gar nicht zu vergleichen und auch die Armee nimmt nun Stellung gegen die Regierung ... und so muß nicht mit dem Zaren ... oder irgendwelchen ›Liberalen‹ ... sondern mit den Revolutionären Frieden geschlossen werden ...«

Im gleichen Sinn schrieb Brockdorff-Rantzau bereits am 16. Dezember 1915 an den Reichskanzler v. Bethmann-Hollweg, sagte da:

»Der Zar hat eine furchtbare Schuld vor der Geschichte auf sich geladen und das Recht auf Schonung von unserer Seite verwirkt ... Jetzt noch die traditionelle Freundschaft zum Hause Romanow in die Waagschale legen zu wollen, ist ein folgenschwerer Irrtum ... Kaiser Nikolaus ist ein schwacher und unaufrichtiger Herrscher, der im Banne mystischer Flagellanten von Siegen über einen Gegner träumte, der nie zu ihm in Feindschaft treten wollte ...

Der Sieg und als Preis der erste Platz in der Welt ist aber unser, wenn es gelingt, Rußland rechtzeitig zu revolutionieren

und dadurch die Koalition zu sprengen. Nach Friedensschluß wäre der innenpolitische Zusammenbruch Rußlands für uns von geringem Wert, vielleicht sogar unerwünscht ... Der Einsatz ist gewiß hoch und der Erfolg nicht unbedingt sicher. Ich verkenne auch keineswegs die Rückwirkungen, die der Schritt auf unser innenpolitisches Leben nach sich ziehen kann ... Aber unsere Existenz als Großmacht steht auf dem Spiel – vielleicht noch mehr.«

Und so verteilte Helphand nicht nur mehr und mehr Geld, sondern organisierte auch

Lenins Rückreise nach Rußland.

Denn wie der die Möglichkeiten des Jahres 1905 nicht rechtzeitig erkannte, hatte er keineswegs die Märzrevolution von 1917 vorausgesehen, noch am Tag des Zarensturzes russischen Freunden geschrieben, er habe

»keinerlei Hoffnung mehr, selber noch die große kommunistische Umwälzung zu erleben.«
Und so saß er nun zweitausend Kilometer vom Zentrum der Ereignisse entfernt »eingepropft wie in einer Flasche« in Zürich und erklärte, »selbst ein Vertrag mit dem Teufel« sei ihm willkommen, wenn er nur nach Rußland zurückkehren könne. Denn als sich Lenin (wie schon vor ihm die Menschewikenführer *Martow* und *Marynow*) an die Ententebehörden wandte, um eine Durchreiseerlaubnis zu erhalten, war er brüsk abgewiesen worden, weil man von den Revolutionären (mit Recht) Friedenspropaganda erwartete.
Helphand verlor keine Zeit. Bereits am 27. März 1917 teilte das Auswärtige Amt in seinem Telegramm No. 353 der Gesandtschaft in Bern mit, Georg *Sklarz* befinde sich in Zürich, um die Durchreise russischer Revolutionäre durch Deutschland vorzubereiten und der Berner Gesandte, v. *Romberg,* schaltete Fritz *Platten,* den damaligen Sekretär der Sozialdemokratischen Partei der Schweiz, ein, der dann »Neutraler« Reisebegleiter der Russen wurde.
Lenin und Sinowjew sollten ursprünglich alleine reisen. Lenin sah sofort das politische Risiko, organisierte geschickt eine »allgemeine Emigrantenrepatriation« und so verließ im Morgengrauen des 9. April 1917 ein plombierter Sonderwaggon Zürich, in dem sich außer Lenin, der Krupskaja, Gregori Sinowjew, Gregori Sokolnikow und Inessa Armand weitere 19 Bolschewiken befanden, aber auch 6 Mitglieder des antibolschewistischen »Jüdischen Bundes« und zwei »Menschewistische Internationalisten«. An der Grenze stieg Radek zu.
Helphand bereitete inzwischen am 18. und 19. April 1917 in Berlin die nächsten Schritte vor. Das Auswärtige Amt hatte sich bereits am 3. April vom Finanzministerium 5 Millionen Goldmark für »politische Zwecke in Rußland« zur Verfügung stellen lassen. Die Gelder gingen nun über Stockholm an die Revolutionäre, denn Lenin gründete dort eine »Bolschewistische Auslandsstelle«, die Karl *Radek*, der erwähnte Helphandpartner Fürstenberg-Hanecki und Waklaw *Worowski*-Orlowski leiteten, ein Veteran der bolschewistischen Bewegung, der Helphand während seines Ingenieurstudiums in München kennengelernt hatte, seit 1913 bei der Firma Siemens in Moskau arbeitete und seit Januar 1916 als Siemensvertreter in Stockholm lebte.

Weder das Auswärtige Amt noch Helphand waren sicher gewesen, daß Lenin nicht von der »Provisorischen Regierung« verhaftet werden würde, aber am 17. April 1917 hatte der Leiter der deutschen Abwehrstelle in Stockholm nach Berlin melden können:
»Lenins Eintritt in Rußland geglückt. Er arbeitet völlig nach Wunsch. Daher Wutgeheul Stockholmer Entente-Sozialdemokraten.«
Die »Prawda« nahm den beschriebenen Aufschwung. Helphand hatte seit Jahren modernste Druckereieinrichtungen legal und illegal nach Rußland bringen lassen, hatte in Schweden und Finnland Papierlager angelegt, riesige Papiervorräte auch in Rußland angesammelt. Zeitungspapier ist »der Rohstoff der Demokratie«. Hier aber wurde er zur entscheidend wichtigen Waffe der bolschewistischen Diktatur und so wagten die Bolschewiken bereits am 16. und 17. Juli 1917 ihren ersten Handstreich gegen Kerenski.
Und dieses Datum ist *kein* Zufall: Am 30. Juni begann *Brussilows* vierte Großoffensive, in der nutzlos die Reste des russischen Heeres verbluteten und die Rußland mehr als eine Million Tote kostete. Diese Offensive bedeutete das Ende des Kerenskiregimes und das Ende des russischen Krieges, denn am 2. August erstürmten die Deutschen Czernowitz; durch eine deutsche Gegenoffensive wurden die Russen aus Galizien und der Bukowina vertrieben; am 1. September überschritten deutsche Truppen die Düna und zwei Tage später fiel Riga. Aber vorerst brach Brussilow 30 Kilometer tief durch die Front der Mittelmächte. Mitte Juli 1917 war dieser Endkampf noch keineswegs entschieden – und so bedeutete der bolschewistische Putsch eine entscheidende Hilfe für Deutschland.
Die Zeit war noch nicht reif und so brach er zusammen, mußte sich Lenin verstecken und nach Finnland fliehen, wurde Trotzki verhaftet. Und nun holte die Kerenskiregierung auch zu einem ihrer Meinung nach tödlichen Schlag gegen die Bolschewiken aus: Bereits am 18. Juli 1917 ließ Justizminister *Perewerzew* Dokumente publizieren, die Lenin und seine Anhänger des Hochverrats überführen sollten. Es waren abgefangene Telegramme von Lenin an Fürstenberg-Hanecki und die spätere Sowjetbotschafterin Alexandra *Kollontai* in Stockholm, die sich auf Geldüberweisungen bezogen, Geschäftstelegramme Eugenia Sumensons etc. etc. und *heute* wissen

wir, daß es da tatsächlich um deutsche Zahlungen an die Bolschewiken ging. Aber 1917 war das *nicht* eindeutig klar und wenn auch die Entente freundliche russische Presse Perewerzews »Enthüllungen« groß herausstellte, die Massen begriffen von all dem nichts. Die Journalisten *Burzew* und *Alexinski,* die die Bolschewiken schon im Februar 1915 landesverräterischer Beziehungen zu Deutschland bezichtigt hatten, triumphierten und Burzew schrieb am 20. Juli 1917 in Miljukows Zeitung »Retsch«:

»Parvus ist kein Provokateur. Er ist ein Agent Wilhelm II.«

Aber was interessierte die hungernden Petersburger ein gewisser »Parvus«? Am 3. August 1917 erhob der Staatsanwalt Anklage gegen »Lenin, Sinowjew, Kollontai, Parvus, Hanecki, Koslowski, Sumenson und Genossen«. Aber nun griff *Kerenski* ein. Denn die Bolschewiken, die in den Untergrund verschwunden waren, deren »Prawda« Kerenski zwar verbot, die aber sofort »Ersatzblätter« schufen, erklärten diese Beschuldigungen für

»Verleumdungen von Pogromisten.«

Der Staatsanwalt hatte den Fehler gemacht, als Stockholmer Bank, die Geld auf das Sonderkonto der »Sibirischen Bank« in Petersburg überwies, Ashbergs »Nya Banken« zu nennen – was stimmte. Aber zugleich bedeutete, daß Ashberg *sowohl* deutsches als amerikanisches Geld – die Summen, die Jacob *Schiff* und seine jüdischen Freunde nach Rußland überwiesen, um den Zaren zu stürzen – weiterleitete. Miljukow, der besondere Vertrauensmann der Entente, bekam ebenfalls Angst, denn England und Frankreich ging es gerade *sehr* schlecht, die brauchten die amerikanische Hilfe dringender denn je und so war es *unmöglich,* durch eine »prodeutsche« zugleich auch eine »Verschwörung des Weltjudentums« zu enthüllen: Die »Hochverratsaktion« Perewerzews verlief im Sande ...

Und Deutschlands Zahlungen liefen weiter. Die bolschewistische Machtergreifung erfolgte schließlich in der Nacht vom 6. zum 7. November 1917. Am 10. überwies das Berliner Auswärtige Amt der Stockholmer Gesandtschaft

»weitere zwei Millionen ... für bekannte Zwecke ...«

Und am 8. Juni 1918 wurden – wie gezeigt – *vierzig* Millionen Mark für die Bolschewiken »mobilisiert«.

Und *nicht* »auf Druck der deutschen Militaristen«, die auch *nicht,* wie es immer heißt, Lenins Durchreise forderten und so »die bol-

schewistische Pest über die Welt brachten.« General *Ludendorff* erklärte am 20. Dezember 1936 eidesstattlich:
»Was die Beförderung der Bolschewisten Lenin und Genossen betrifft, so stelle ich zum hundertstenmale fest, daß Trotzki von Nordamerika aus unmittelbar über Schweden nach Petersburg gelangte. Lenin wurde auf Antrag des Reichskanzlers v. *Bethmann-Hollweg*, der hierzu, wie ich später festgestellt habe, von Parvus-Helphand, Scheidemann und Erzberger veranlaßt worden ist, aus der Schweiz nach Kopenhagen gefahren. Der Stellvertretende Generalstab hatte lediglich, seiner damaligen Aufgabe entsprechend, Reisepässe auszustellen. Da die politische Reichsleitung diese Pässe wünschte, hatte die OHL keinen Anlaß, die Pässe zu versagen. Mir war der Name Lenin bis dahin unbekannt gewesen. Dies zur Feststellung des Tatbestandes.«
Helphand war durch Leo *Winz*, den Herausgeber der »Alliance Israélite Internationale«, mit Reichskanzler v. Bethmann-Hollweg bekanntgeworden. Er übte zeitweilig einen sehr merkbaren Einfluß auf Reichspräsident *Ebert* aus und Ebert benutzte ihn auch schon 1917 (als Parteivorsitzender der deutschen Sozialdemokraten), schrieb ihm während seines Aufenthaltes in Kopenhagen am 9. April dieses Jahres:
»Werter Genosse Parvus!
Wir müssen morgen nach Berlin zurück. Falls Sie mit russischen Genossen zusammentreffen, bevollmächtigen wir Sie, in unserem Namen zu sprechen soweit es sich um die Fragen handelt, die wir in Ihrer Wohnung wiederholt eingehend erörtert haben.
Wir schenken Ihnen volles Vertrauen und sind überzeugt, daß Sie alles tun werden, was in Ihren Kräften steht, um die russischen Genossen von unseren besten Absichten zu überzeugen.
Wir wünschen guten Erfolg und bitten Sie, die russischen Genossen zu grüßen.
Im Einverständnis mit Scheidemann und Bauer
Ihr
(gez.) Fr. Ebert«
Ein alter, anscheinend unwichtiger Brief. Dennoch aber ein historisches Dokument ersten Ranges. Denn dieses (bisher unbeachtet gebliebene) Schreiben beweist ja eindeutig:
Gemeinsam brachten die kaiserlich-deutsche Regierung und die

deutsche Sozialdemokratie den Bolschewismus an die Macht, tatkräftigst unterstützt von der amerikanischen Hochfinanz.
Dr. Alexander Helphand-Parvus allerdings trat dabei seit Ende 1917 in den Hintergrund. Er hatte sich durch »Abzweigung« deutscher Propagandagelder schamlos an der russischen Revolution und dem Elend von Millionen bereichert, diese Revolution aber nichtsdestoweniger *ehrlich* gewollt. Wie das Kühlmann-Exposé an den deutschen Kaiser vom 3. Dezember 1917 eindeutig erweist, ging es auch dem Staatssekretär um *Frieden* und um den *friedlichen* Wiederaufbau durch ein deutsch-russisches Zusammenwirken. Aber wie Lenin Helphands Ansuchen ablehnte »am Aufbau eines *neuen* Rußland mitwirken« und in seine Heimat zurückkehren zu dürfen, so kam es zum *Diktat*-Frieden von Brest-Litowsk. Helphand – und nicht umgekehrt – brach deshalb Ende 1917 seine Beziehungen zur kaiserlichen Regierung ab – und wartete nun auf die *deutsche* Revolution. Das Privatisieren konnte er sich leisten, denn nun besaß er große Aktiendepots in mindestens 14 Banken, hatte er Geld von der Türkei bis Schweden und versteuerte allein in der Schweiz 1919 und 1920 ein Vermögen von 2.220.000 Franken und Jahreseinkommen von je 123.000 Fr.
Hier besaß er eine Villa in Wädenswyl, in die er 1919 mit großem Personal und Chauffeur einzog, wo er sich einen Harem einrichtete und so wilde Orgien zu feiern begann, daß sich die »Neue Zürcher Zeitung« empörte und ihn schließlich die Fremdenpolizei auswies. Helphand kaufte nun Schwanenwerder bei Berlin (wo später Goebbels residierte), feierte hier nun skandalöse Feste. Aber gesund war er nicht mehr und sein politischer Einfluß schwand. Noch immer war er voller Pläne, gründete die Zeitschrift »Wiederaufbau«, an der auch Hugo *Stinnes* ausgiebig beteiligt war, gehörte zu den weitblickendsten Leuten seiner Zeit und schrieb z. B. schon 1921 als Befürworter gemäßigter Reparationsforderungen nach Paris:
»Vernichtet ihr das Deutsche Reich, so macht ihr das deutsche Volk zum Organisator des kommenden Weltkrieges.
Es gibt nur zwei Möglichkeiten: Entweder den Zusammenschluß Westeuropas oder die Herrschaft Rußlands.
Das ganze Spiel mit den Randstaaten wird mit deren Anschluß an Rußland enden, wenn sie nicht mit Mitteleuropa zu einer wirt-

schaftlichen Gemeinschaft vereinigt werden, die man Rußland entgegensetzen kann ...«

1921 geschrieben! Aber die Genossen in Paris beachteten das so wenig wie Deutschlands Sozialdemokraten. Und als Helphand am 12. Dezember 1924 – zehneinhalb Monate nach dem Tod Lenins – einem Schlaganfall erlag, gab es überhaupt keine, oder nur schlechte Nachrufe: War Helphand für die Berliner »Kreuzzeitung« (vom 13. Dezember 1924)

»ein völlig charakterloser, moralisch verlumpter Typus des politisch-geschäftlichen Schiebers«,

so für Clara *Zetkin* (im Januarheft 1925 der »Kommunistischen Internationale«)

»vor 1914 ein origineller Denker, aufrichtiger Sozialist und Revolutionär ... nachher jedoch ein Verräter der Arbeiterklasse, ein Chauvinist, korrumpierter Kriegsgewinnler und Schieber ...«.

Karl *Radek* vertrat in der Moskauer »Prawda« (vom 14. Dezember 1924) die gleiche bolschewistische Version. Aber eines steht fest: Ohne Helphand wäre es so gut wie sicher bei der russischen *März-*Revolution geblieben. Wie Lenin nie ohne Trotzki die Macht errungen hätte, so nicht ohne Helphand-Parvus. *Wie* menschlich verabscheuungswürdig der war, bleibt umstritten, aber *Geschichte* machte er.

Konnte das aber natürlich nur, weil sich Lenin (wie vor ihm Marx) *unzähligemale* irrte und es zum Ersten Weltkrieg kam, obwohl Wladimir Iljitsch noch Ende 1913 schrieb:

»Ein Krieg zwischen Österreich und Rußland wäre der Revolution höchst nützlich, aber es ist nicht wahrscheinlich, daß Franz Joseph und Nikolaschja uns dieses Vergnügen bereiten.«

Nicht Franz Joseph war blind, wohl aber Nikolaus II und *nur* weil der Krieg gegen Österreich *und* Deutschland führte, kam es zur Katastrophe und zu Berlins Revolutionsfinanzierung. Denn Kaiser Wilhelm II versprach ja, nicht zu mobilisieren, solange Rußland nicht mobilisiere, telegraphierte dem Zaren noch in der Nacht des 30. Juli 1914:

»Wenn Rußland mobil macht ... so fällt die ganze Last der Entscheidung auf Deine Schultern und Du trägst die Verantwortung für Krieg oder Frieden ...«

Was nicht ganz stimmt, denn Nikolaus II wurde von England und Frankreich in den Ersten Weltkrieg *manövriert* wie er von England in den Krieg mit Japan manövriert wurde. Aber jedenfalls führte er diesen Krieg und verlor ihn. Und wie die Niederlage von 1905 eine Russische Revolution auslöste, so die von 1917.

X
Kerenskis »Versuch, auf der Lawine zu reiten«

Rußlands »unbekannte« MärzRevolution

Neun von zehn Leuten, die man heute fragt:
»Wer hat den letzten Zaren gestürzt?«
antworten:
»Die Bolschewiken!«
Und Moskau (das erst 1952 die »bolschewistische« Partei in »kommunistische« umbenannte) tut natürlich nichts, um diesen Irrtum zu entkräften. Aber Trotzki und Lenin haben nicht »die zaristische Despotie« beseitigt, sondern die erste *demokratische* Regierung Rußlands. Sie haben nicht Nikolaus II, sondern
Aleksandr Feodorowitsch Kerenski
durch einen Staatsstreich entmachtet und der Zar fiel durch die Verzweiflung seines *Volkes* und die Untreue seiner Generäle am *15. März* und nicht durch eine Handvoll Berufsrevolutionäre am 6. u. *7. November 1917.* Die saßen damals im Ausland und für die kam die »Februarrevolution« (nach dem damals gültigen Julianischen Kalender Rußlands war der 8. März, an dem die Petersburger Hungerrevolten ausbrachen, der 23. Februar) so völlig überraschend wie für den Zaren selber.
Der antwortet noch am 12. Januar 1917 dem britischen Botschafter *Buchanan,* der ihm empfiehlt
»so rasch wie möglich das Vertrauen des Volkes zurückzugewinnen«:
»Muß sich das russische Volk nicht eher bemühen, *mein* Vertrauen zurückzugewinnen?«
Alles scheint damals noch so »normal«, daß der Zar am 7. März 1917 aus der Hauptstadt in sein Hauptquartier nach Mohilew reist. Auch der 8. März beginnt wie jeder andere Petersburger Wintertag: Feuchtkalt, neblig, die Newa voller schmutziger Eisschollen. Wenig Menschen auf den Straßen und die leergekauften Geschäfte trist

und dunkel. Aber da tauchen plötzlich Flugzeuge auf dem bleigrauen Himmel auf und werfen rote Zettel ab und auf denen steht:
»Der Rat der Arbeiterdeputierten lädt die Kameraden ein, unter dem Schutz des Heeres einen Sowjet zu bilden!«
Ein Abgeordneter auf dem Weg zur Duma hebt solch einen Zettel auf, schüttelt den Kopf, brummt »Unsinn!«
Ein Polizist dreht den Aufruf hin und her, hält ihn schließlich verkehrt, denn er kann nicht lesen.
In Mogilew aber, im Hauptquartier 700 Kilometer südlich Petersburgs, erhält der Zar gerade ein Telegramm, das ihm die Erkrankung des Thronfolgers und seiner Töchter an Masern mitteilt. Der Zar gerät außer sich: Wie war das möglich? Sofort will er nach Zarskoje Selo fahren. Aber der Hofminister *Fredericks* rät ihm ab: Bei Masern kann man nichts tun als warten, bis sie wieder vorüber sind.
Und das scheint dem Zaren auch das Beste bei den Hungerrevolten zu sein, von denen er am 9. März erfährt. Aber dann überlegt er es sich und telegraphiert an General *Khabalow*, den Militärkommandanten der Hauptstadt:
»Unruhen sind in dieser schweren Zeit des Krieges unzulässig. Ich befehle, sie bereits morgen zu beenden!«
Antwort kommt keine. Dafür am 10. März 1917 eine Depesche des Premierministers *Galyzin*, der um seine Entlassung bittet, da er keine Möglichkeit sehe, mit der Lage fertigzuwerden. Und acht Minuten später ein Telegramm des Dumapräsidenten *Rodsjanko*, in dem steht:
»Die Regierung ist lahmgelegt. Das Militär schießt aufeinander. In der Hauptstadt herrscht Anarchie und sofort muß eine Persönlichkeit mit der Regierungsbildung beauftragt werden, die das Vertrauen des Landes besitzt.«
Der Zar begibt sich zur Ruhe. Und wird am 11. März mit einem Telegramm Rodsjankos geweckt, in dem es heißt:
»*Die letzte der Stunden ist angebrochen*
in der sich das Schicksal des Vaterlandes und der Dynastie entscheidet. *Sofortige* Maßnahmen sind unausweichlich. Morgen ist es zu spät!«
Nikolaus II aber sagt Fredericks nur:
»Der dicke Rodsjanko hat wieder allerhand Unsinn gedrahtet. Ich werde ihm gar nicht antworten.«

Und so meldet ihm am 12. März sein Adjutant, General *Aleksejew,* die Meuterei der Petersburger Wolinsky- und Litowskiregimenter, die sich den streikenden Arbeitern anschließen, berichtet er dem Zaren über den Sturz der Regierung und die Flucht der Minister, die Ratlosigkeit der Duma und die allgemeine Verzweiflung.
Der Zar legt die Telegramme weg ohne sie zu lesen und sagt: »Später! Jetzt habe ich keine Zeit mehr. Die Militärattachés warten doch schon beim Lunch!«
Er macht nach dem Essen einen lagen Autoausflug und findet so erst abends das Telegramm der Zarin:
»Gib nach! Die Streiks dauern fort. Viel Militär auf die Seite der Aufständischen übergegangen. Alix«
Immer tut der Zar, was seine Gattin will. Jetzt aber gibt er *nicht* nach. Er läßt Aleksejew kommen und befiehlt ihm:
»Stellen Sie eine ordentliche Truppe zusammen und lassen Sie sie auf Petrograd marschieren!«
Um neun Uhr abends ernennt er den zweiundsiebzigjährigen General *Iwanow* zum »außerordentlichen Kommandanten der Hauptstadt« und um zehn telegraphiert der nach Zarskoje Selo:
»Ersuche Quartiere für 13 Bataillone, 16 Eskadrons und 4 Batterien bereitzustellen.«
Um 5 Uhr morgens des 13. März verläßt der Zar Mogilew und fährt selber in die Hauptstadt. An allen Provinzgrenzen hält der Zug, die Gouverneure in Galauniform melden sich bei ihrem Herrscher, sagen:
»Melde Eurer Majestät gehorsamst, daß in dem mir anvertrauten Gouvernement vollste Ruhe und Ordnung herrscht.«
Aber um 3 Uhr morgens des 14. März wird der Zar vom Palastkommandanten *Wojekow* geweckt. Der Zug steht. Zur Hauptstadt sind es noch 144 Kilometer. Die Strecke jedoch ist von »Aufständischen« besetzt ...
Daß es dazu gekommen ist, hat Ursachen, die zum Teil viele Jahrzehnte zurückliegen. Den letzten Anstoß aber hat der Krieg gegeben. Zwar haben von dem in Petersburg, das seit August 1914 »Petrograd« heißt, die »maßgebenden Leute« nichts gemerkt: Auch im Winter 1916–17 tanzt im Mariinski-Theater die »göttliche Karsawina« in Tschaikowskis »Schwanensee«, singt Schaljapin im Narodny Dom, geben die Botschafter und Großfürsten ihre Empfän-

ge. Aber in der Hauptstadt gibt es nicht nur 60 Paläste und 230 Kirchen, da gibt es auch Elendsquartiere. Da leben nun mehr als zwei Millionen Menschen und denen beginnt *alles* zu fehlen. Petrograds Arbeiter, die immer noch elf Stunden täglich arbeiten müssen, *hungern*. Zwar haben sich ihre Löhne seit Kriegsbeginn verdoppelt. Aber der amtliche Preisindex ist – 1914 gleich 100 gesetzt – schon bis zum 1. Januar 1916 auf 238 gestiegen und erreicht am 1. Januar 1917 nicht weniger als 702, am 1. Oktober 1917 sogar 1171. Die Arbeiterfrauen sehen ihre Kinder dahinsiechen und nun kommen mehr und mehr Verwandte von der Front, Deserteure sowohl wie leichter Verwundete und die erzählen, *wie* es in den verschlammten Schützengräben aussieht, wo es ebenfalls an *allem* mangelt. Der Winter 1916–17 ist besonders streng. Während 1200 Lokomotiven ausfallen, weil sie einfrieren, ihre Kesselrohre platzen, erfrieren in Petersburg auch mehr und mehr alte Leute in ihren ungeheizten Wohnungen. Da stehen die Frauen nun nächtelang *vergeblich* für ein Stück Brot an und schließlich kann das Volk nicht mehr, *entlädt* sich die Angst, die Wut und die Verzweiflung: Am 8. März 1917 sieht Petrograd aus wie immer – aber plötzlich liegen Leichen im Rinnstein, gibt es die ersten großen Plünderungen.
Auch die ohne Führung und Plan. Aber die Polizisten, die auftauchen, gelten der Masse nun als
Symbole der Zwangsherrschaft und der Mißwirtschaft
und so werden sie erschlagen. Da fahren pelzvermummte Leute im Auto und das reizt die seit Jahren in unerträglichem Elend Lebenden und die stürzen die Autos um und zünden sie an. Da ist auch die berüchtigte Peter-Pauls-Festung: Das Gefängnis wird gestürmt, die Gefangenen befreit. Schließlich Postbüros und Polizeistationen angezündet, das Zeughaus ausgeräumt und »Rote Garden« bewaffnet. Und all das ist möglich, weil sich zum erstenmal in der Geschichte Rußlands die Kosaken *weigern*, in die Menge zu reiten und die Truppen dem Feuerbefehl nicht nachkommen. Die Petersburger Garnison zählt 1917 trotz des Mangels an der Front 160 000 Mann. Sie ist mit Maschinengewehren, Panzerwagen und Artillerie ausgerüstet, *jede* Revolte hätte mit Hilfe dieser Armee niedergeschlagen werden können. Aber längst haben Agitatoren in die Kasernen ebenso wie in die Fabriken Eingang gefunden und
Soldaten und streikende Arbeiter sympathisieren

nun: Am Sonntag den 11. März 1917 ist das Wolinskyregiment zwar dem Feuerbefehl nachgekommen, hat aber in die Luft geschossen. Am Nachmittag haben ein paar Soldaten dieses Regiments auf dem Zamenskaja-Platz die Nerven verloren und Arbeiter getötet, sind gelyncht worden. Aber spontan ist es zum Beschluß gekommen, diesen Brudermord nicht fortzusetzen, mit der Regimentsmusik an der Spitze zieht das Wolinskyregiment zu den Unterkünften des berühmten Preobraschensky- und zu denen des Litwoskiregiments und die erheben sich ebenfalls gegen den Zaren.
Am Tag darauf umlagert die Menge den Taurischen Palast, den Sitz der Duma. Die Abgeordneten wissen nicht, was sie tun sollen. Aus Mogilew ist der Befehl gekommen, das Parlament aufzulösen. Aber draußen wird die Marseillaise gesungen und die rote Fahne geschwenkt. Viele Arbeiter sind nun bewaffnet. Hat es am 8. März 130000 Streikende in Petersburg gegeben, so scheint jetzt überhaupt niemand mehr zu arbeiten und so bildet der Dumapräsident Rodsjanko mit den Abgeordneten Gutschkow und Miljukow ein »Aktionskomitee« und verspricht eine »Revolutionsregierung«.
Und zu der kommt es, denn die letzte Hoffnung des Zaren ist General Nikolaus Wladimirowitsch *Russki,* den die Eroberung Lembergs berühmt machte – und der über Leichen *jeder* Art geht, wenn er es vorteilhaft für seine Karriere hält. Russkis Hauptquartier als Oberkommandierender der Nordarmee befindet sich in Pskow. Als der Hofzug des Zaren am 14. März 1917 nicht nach Petrograd fahren kann, dirigiert ihn Nikolaus II statt dessen nach Pskow und kommt dort auch um 10 Uhr abends an. Aber sein Generaladjutant Russki trägt keine Galauniform mehr. Er ist unrasiert, trägt Galoschen. Und er berichtet: Matrosenaufstand in Kronstadt. Straßenkämpfe in Moskau. Streik und Meuterei in Reval. Und er überreicht dem Zaren ein Telegramm General Aleksejews, das lautet:
»Die stündlich wachsende Gefahr der Anarchie im ganzen Lande, die Gefahr des weiteren Zerfalles der Armee und der Unmöglichkeit, den Krieg unter den jetzigen Verhältnissen fortzusetzen, fordert eindringlich einen sofortigen Allerhöchsten Schritt, der noch die Geister beruhigen könnte; möglich wäre dies nur durch Einberufung eines verantwortlichen Ministeriums und durch Beauftragung des Dumapräsidenten mit der Kabinettsbildung.«
In der Nacht vom 14. zum 15. März versucht Russki mit der Haupt-

stadt zu telephonieren, schließlich erreicht er auch Rodsjanko und teilt ihm mit, der Zar beauftrage ihn mit der Bildung eines den gesetzgebenden Körperschaften verantwortlichen Ministeriums. Aber nun erwidert der, es sei zu spät, *niemand* mehr könne die Volksleidenschaften bändigen – außer der Zar danke ab:
»Soll das Allerärgste verhindert werden, muß der Zar *sofort* abdanken. Ich sende Gutschkow und Schulgin dazu als Dumavertreter nach Pskow.«

Und der Generaladjutant Russki erwidert ihm *nicht,* daß er, seinerseits, seine Regimenter nach Petrograd in Marsch setzen werde. Sondern Russki verständigt sich mit dem Hauptquartier in Mogilew und das Hauptquartier telegraphiert an alle Oberbefehlshaber und wenige Stunden später sind die Antworten da. Um 10 Uhr vormittags des 15. März 1917 legt sie Russki dem Zaren vor: *Alle* Regimenter der Hauptstadt meutern. Und *kein* Kommandeur an der Front ist bereit, seine Regimenter gegen die Hauptstadt einzusetzen. Großfürst Nikolai Nikolajewitsch aber telegraphiert:

»Ich halte es als treuer Untertan für meine Pflicht, Eure Kaiserliche Majestät kniefälligst anzuflehen, Rußland und Euren Thronfolger zu retten ... Übergeben Sie ihm, nachdem Sie sich bekreuzigt haben, Euer Erbe. Einen anderen Ausweg gibt es nicht ... Inniger denn je flehe ich zu Gott, Sie zu stärken und zu lenken. Generaladjutant Nikolai.«

Seinem Onkel beugt sich der Zar. So leise, daß es kaum zu verstehen ist, diktiert er Russki:

»An den Vorsitzenden der Reichsduma. Es gibt kein Opfer, das für Rußland zu bringen, ich nicht bereit wäre. Deshalb erkläre ich, dem Throne zugunsten meines Sohnes, unter der Regentschaft meines Bruders Michael, zu entsagen.«

Dann geht der Zar den Zug entlang spazieren. Läßt schließlich seinen Leibarzt *Fjodorow* kommen und verlangt die volle Wahrheit über den Gesundheitszustand seines Sohnes. Der sagt ihm, daß Hämophilie unheilbar ist, das Leben der Kranken ganz von Zufälligkeiten abhänge und der Zarewitsch sein zwanzigstes Jahr wohl kaum erreichen werde. Nikolaus dankt ihm und läßt das Telegramm an Rodsjanko bis zur Ankunft der Dumaabgeordneten zurückhalten.

Am 15. März 1917 um elf sitzen die dem Zaren gegenüber. Sie reden endlos. Aber Nikolaus hört ihnen kaum zu, sagt nur:
»Ich habe alles überlegt. Ich danke nicht zugunsten meines Sohnes, sondern zugunsten meines Bruders Michael ab.«
Der Zar unterschreibt die Urkunde.
»Wie wenn er eine Eskadron abgegeben hätte ...«
sagt Gutschkow später zu Russki.
»Nicht mit übermenschlicher Selbstbeherrschung, sondern so, wie nur ein Mensch es kann, der keine Gefühle *hat!*«
Nikolaus II aber schreibt indessen in sein Tagebuch:
  »Ringsum Verrat, Feigheit und Betrug!«
Er befiehlt, nach Mogilew zurückzufahren um Abschied von seiner Armee zu nehmen. Hört da von General Aleksejew, daß auch sein Bruder Michael abdankte, zuckt nur wortlos die Achseln. Am 17. März um 11 Uhr vormittags versammeln sich im großen Kartensaal des Hauptquartiers die kommandierenden Generäle, die Staabsoffiziere und das Gefolge. Der Zar sagt nur ein paar Worte. Dankt allen. Bittet, alles Gewesene zu vergessen, nur treu und wahr Rußland zu dienen und es zum Sieg zu führen. Und diesmal ist das »Hoch!«, das er hört, das ehrlichste, das er in den 24 Jahren hörte, die er regiert.
Nur General Aleksejew hat nicht in diese Hochrufe eingestimmt.
Als der Zar drei Tage später seinen Zug besteigt, um nach Zarskoje zu fahren, tritt er aus der Reihe der Großfürsten und Generäle, hebt die Hand und erklärt den Obersten Nikolaus *Romanow*, ehemaligen Kaiser und ehemaligen Oberbefehlshaber der Armee, zum Gefangen der »Provisorischen Regierung«.
Weder der Zar noch irgendeiner der vielen hundert Anwesenden erwidert auch nur ein Wort.
Der Zug fährt ab und niemand hier sieht den Zaren wieder, der im einfachen Khakihemd, nur mit dem Orden des heiligen Georg geschmückt, am Fenster steht. Als der Zug am 22. März 1917 um elf Uhr dreißig in Zarskoje Selo eintrifft, ertönt vorne ein Schuß und ein Toter stürzt auf den Bahnsteig: Der Lokomotivführer des Kaiserlichen Zuges hat seine Pflicht erfüllt und dann Selbstmord begangen ...
Wie es keinen Zaren mehr hat, so hat nun Rußland aber auch *keine handlungsfähige Regierung mehr.*

Denn zwei Tage *vor* der Bildung der »Provisorischen Regierung« der Dumaführer hat der sozialistische Abgeordnete N. D. *Socholow* in Petrograd einen »Sowjet«, einen »Rat« der Arbeiter und Soldaten zusammengebracht, an dessen erster Sitzung etwa 50 Arbeiter und 20 Soldaten teilnehmen, der aber rasch auf über 3000 Mitglieder anwächst, im Taurischen Palast tagt und ein Exekutivkomitee einsetzt. Vorsitzender dieses »Exkom« wird ein gewisser Irakli *Chkheidzke* und eines der Mitglieder ist der sozialistische Abgeordnete Alexander *Kerenski*. Die Majorität haben hier die Gemäßigten unter den Sozialdemokraten, Lenins Feinde, die »menschenewiken« (von russsisch »mensche«-»weniger«) oder »Minderheitler«, die so heißen, weil sie durch ein taktisches Manöver auf dem 1903 in London abgehaltenen Kongreß der Russischen Sozialdemokratischen Partei Plechanows den »Bolschewiken« oder »Mehrheitlern« unter Lenin zahlenmäßig nicht gewachsen waren.

Von Anfang an rivalisiert das »Exkom« mit der im Marienpalast tagenden »Provisorischen Regierung« der Duma. Und haben die Dumaleute das Finanzministerium in der Hand und damit die Staatsbankkonten, so das »Exkom« die Druckereien. Werden dem Petrograder Sowjet die 10 Millionen Rubel verweigert, die er verlangt, so weigern sich die Setzer, die Proklamationen der »Provisorischen Regierung« zu vervielfältigen. Kerenski, der wie gesagt seit dem 12. März im »Sowjet« sitzt, sucht zu vermitteln und am 14. kommt auch eine gemeinsame Sitzung der beiden »Exkutiven« zustande und man einigt sich auf die Ministerliste: Fürst Lwow und Miljukow setzen durch, daß der zweiunddreißigjährige liberale Multimillionär *Tereschenko* Finanzminister wird, die Arbeiter machen Kerenski zum Justizminister. Aber dann wird vierzehn Stunden lang darüber gestritten, ob Rußland eine Republik oder eine konstitutionelle Monarchie werden soll und *wie* die Regierungserklärung auszusehen hat. Und darüber *der »Befehl Nummer Eins« des Arbeiter- und Soldatenrates* vergessen, obwohl der wichtiger als *alles* andere ist. Denn diesem bereits am 12. März erlassenen Befehl zufolge werden die am Aufstand beteiligten Truppen nicht an die Front gesandt, sondern bleiben in der Hauptstdt und damit hat der »Sowjet« bewaffnete Anhänger, muß sich die »Provisorische Regierung« Schutztruppen von außerhalb beschaffen. Und dieser »Befehl Nummer Eins« überträgt weiters den Soldatenräten die Kontrolle über alle Waffen und Munitionsbestände, verbietet deren Ausgabe an Offiziere, befiehlt gleichzeitig die Bewaffnung von »Vertrauensleuten« der Arbeiterräte. Diese Räte aber, die von den Truppenteilen und den Arbeitern aus ihren *eigenen* Reihen gewählt werden und die so ungleich mehr Vertrauen genießen wie die ewig diskutierenden Parlamentarier, entstehen rasch in *ganz* Rußland. *Überall* schließen sich die einzelnen »Räte« zu »Großsowjets« zusammen, diese wiederum zum »Allrussischen Kongreß der Sowjets der Arbeiter-, Bauern- und Soldatendeputierten«.

Die »Provisorische Regierung« die inzwischen alle Adels- und Kirchenprivilegien aufgehoben hat, Versammlungs- und Redefreiheit gewährt und den Zusammentritt der verfassungsgebenden Nationalversammlung verspricht, hat also nur eine *sehr* beschränkte Autorität, aber das hindert England, Frankreich, Italien und die USA nicht, sie sofort anzuerkennen, denn die hat ja erklärt, sie werde

»nach *westlichem* Vorbild einen neuen Staat auf demokratischen Prinzipien aufbauen und Rußland in die modernste *aller* Demokratien verwandeln«.

Längst sind die chaotischen Zustände hier mit abstrakten Rechtsvorstellungen nicht mehr zu meistern, aber bereits am 16. März 1917 telegraphiert das britische Unterhaus an die Duma:

»Mit brüderlichen Grüßen bringt die Volksvertretung Großbritanniens dem russischen Volk seine herzlichen Glückwünsche zu der Einführung freiheitlicher Einrichtungen dar, in vollster Zuversicht, daß diese Einrichtungen nicht nur der russischen Nation glückliche und rasche Fortschritte sichern, sondern auch die mit erneuter Standhaftigkeit und Energie durchzuführende Fortsetzung des Krieges gegen die Hochburg eines autokratischen Militarismus, der die Freiheit Europas bedroht, sichern werden.«

Am gleichen 16. März 1917 erklärt der damalige Schatzkanzler Bonar *Law* den Abgeordneten:

»Alle Informationen unserer Petersburger Botschaft weisen darauf hin, daß die revolutionäre Bewegung *nicht* für den Frieden ist.«

Am 19. März verkündet *Lloyd George:*

»Wir sind glücklich zu wissen, daß die neue Regierung zu dem ausgesprochenen Zweck gebildet wurde, den Krieg mit erneuter Energie fortzusetzen.«

Die Abgeordnetenkammer in Paris und der Senat spenden am 21. März »der neuen russischen Regierung« begeisterten Beifall und der Justizminister *Viviani* erklärt:
»Der russische Patriotismus wird uns die Hilfe neuen Feuers und neuer Disziplin bringen.«
All das aber sind leere Wunschträume. Kerenski ist zum Scheitern verurteilt, als er am 5. Mai 1917 das Marine- und Kriegsministerium übernimmt, am 16. Miljukow zum Rücktritt zwingt und schließlich am 7. Juli 1917 auch Fürst Lwow stürzt und so praktisch die *gesamte* »Provisorische Regierung« in seiner Person vereint. Und zwar vor allem dank *William Boyd Thompson,* einem der reichsten Amerikaner seiner Zeit, der Kerenski zum »Freundlichstimmen der richtigen Leute« eine Million Dollar in bar ausgehändigt hat.
1881 in Simbirsk, der gleichen Wolgakleinstadt wie Lenin geboren und Sohn eines Lehrers, der auch Lenin unterrichtete, später dessen Vormund wurde und zum Staatsrat aufstieg, hatte *Kerenski* die Rechte studiert und in Saratow eine Anwaltspraxis eröffnet, stets aber Schwierigkeiten gehabt, weil seine Mutter Jüdin und er durch sie mit der Zarenattentäterin Hesja Helfmann verwandt war. Schon als Student Sozialrevolutionär geworden und für zwei Jahre nach Sibirien verbannt, war Kerenski klein und schmächtig, als Winkeladvokat verachtet, besaß aber eine ungewöhnliche Rednergabe. Was immer er sagte, riß seine Zuhörer mit und so kam er 1912 in die Duma, wurde er hier der Führer der seit 1906 von 107 auf 10 Abgeordnete zusammengeschrumpften »Trudowiki«, der »Vertreter des werktätigen Volkes«, wörtlich der »Mühebeladenen.«
In der Regierung Lwow war Kerenski neben zehn Bürgerlichen der einzige Sozialist. Viel Vertrauen besaß er beim Arbeiter- und Soldatenrat nicht, aber immerhin *galt* er als »Arbeitervertreter« und rasch verschaffte er sich eine Machtposition, weil man ihm ja, wie gesagt, das Justizministerium übertragen hatte. Grub sich da allerdings auch selber sein Grab, weil er als eine seiner ersten Regierungshandlungen eine allgemeine Amnestie erklärte, die nach Sibirien Verbannten zurückkommen ließ – darunter Stalin – und sich weigerte, den Rat seiner Ministerkollegen zu befolgen und bei ihrer Rückkehr nach Rußland Lenin und Trotzki zu verhaften. Kerenski mangelte es völlig an Augenmaß und Instinkt – aber er besaß das Vertrauen

Sir George Buchanans, des britischen Botschafters. Und er bekam Geld von Mr. Thompson.
1869 in Alder Gulch in Montana als Sohn eines wohlhabenden Holzhändlers geboren, besuchte Thompson die Mittelschule von Exeter und schloß hier Freundschaft mit dem später berühmt gewordenen Morganpartner Thomas W. *Lamont,* der während des Ersten Weltkrieges führend an der Unterbringung der französischen und englischen Anleihen in den USA beteiligt war. Dann betrieb Thompson einen Kohlenhandel, der genug abwarf, um ihm den Erwerb verschiedener Bergbaurechte zu ermöglichen. An denen verlor er sein Geld. Aber er besaß nun auch eine Option auf die Shannonmine in Clifton in Arizona und mit deren Verkauf begann sein Aufstieg. Bald besaß Thompson Bergwerke am Kobalt-See in Kanada wie in Peru, Blei-, Zink- und Kohlengruben in zwei Dutzend Staaten der USA, aber auch Straßenbahnen und die Indian Motorcycle Co. Er »reorganisierte« Woll- und Tabak-, Stahl- und Maschinenfirmen, gründete die Cuban Cane Sugar Corp., die Submarine Boat Corp., die Wright-Martin-Aeroplane Co., kontrollierte die Pierce Arrow Motor Car Co. und Dutzende andere Firmen. Jovial, dick und kahlköpfig, sammelte Thompson Mineralien, baute schöne Häuser und war ein vorbildlicher Familienvater. Aber das Geschäftemachen erfüllte ihn nicht und so ging er als Mitglied der amerikanischen Rot-Kreuz-Mission 1917 nach Rußland.
Hier schloß er Freundschaft mit Major Raymond *Robins,* der das Amerikanische Rote Kreuz in Petersburg vertrat, später Trotzki und Lenin förderte und den Bolschewiken entscheidend durch Lebensmittel-, Kleider- und Medikamentenlieferungen half. Thompson aber sah wie die Engländer in *Kerenski* den richtigen Mann: Als »geborenem Demokraten« schien dem Amerikaner der Sturz des Zaren ein »gewaltiger Fortschritt«. Und um »die Wiederaufrichtung der Monarchie zu verhindern« stellte er Kerenski eine Million Dollar seines Privatvermögens zur Verfügung. Mit diesem Geld sollten »*alte Kämpfer gegen den Zarismus*« als Propagandaredner an die Front gesandt werden, um die Fortsetzung es Krieges gegen Deutschland zu sichern, denn Thompson zufolge mußte ein Sieg des Kaisers die Rückkehr des Zaren bedeuten. Thompsons Geld sollte aber auch dazu dienen, Kerenski »populär« zu machen und ihm »das Wohlwollen einflußreicher Leute« verschaffen, das heißt,

mit diesem Geld sollte Kerenski Anhänger kaufen und das gelang ihm auch: Obwohl er nie Soldat war, konnte Kerenski, wie gesagt, im Mai 1917 neben dem Justiz- auch das Kriegs- und Marineministerium übernehmen und schließlich wurde er praktisch *Alleinherr* des riesigen Russischen Reiches – zumindest auf dem Papier und in den Augen der Alliierten.

Inwieweit es Thompson war, der Präsident *Wilson* veranlaßte, dem Kerenskiregime 187 Millionen $ oder rund 750 Millionen Mark zu leihen, ist umstritten, aber jedenfalls *bekam* Kerenski das Geld und jedenfalls war es Thompson, der Wilson mit Erfolg aufforderte, drei Millionen $ monatlich für Kerenskis Kriegs-Propaganda zur Verfügung zu stellen. Kerenski haßte die Deutschen von ganzer Seele, reiste so auch als »Oberstkommandierender« selber an die Front, schrie und weinte da, beschwor die Soldaten – und belog sie bewußt, indem er behauptete, »überall« seien nun siegreiche Vormärsche im Gange, die deutsche Front auch im Westen am Zusammenbrechen. Kerenski warf sich auf »die russische Mutter-Erde« und küßte sie – und wurde so in den Augen der müden Truppen zum lächerlichen Clown, während sich überall herumsprach, was Lenin predigte:

»Raubt das Geraubte!

Nehmt euch das Land, das ihr so lange bebaut habt!

Nehmt euch die Fabriken, *Ihr* habt sie geschaffen!

Gründet Sowjets: *Die* sollen regieren! Allen andern verweigert den Gehorsam!«

Und Hunderttausende und Millionen taten das, desertierten. Dennoch aber kam Rußlands »Juli-Offensive« zustande – und die bedeutete das Ende der Ostfront, der russischen Demokratie und Kerenskis. In den mörderischen Schlachten von Brzezany und Koniuchy, bei Zloczow, Kniuchy-Hodow und Pomorzany verloren die Russen *mehr als eine Million Tote und Verwundete,* die bluteten das Heer derart aus, daß im Herbst jeder Widerstand gegen den bolschewistischen Staatsstreich unmöglich wurde.

XI
Trotzkis Staatsstreich und die »Diktatur des Proletariats«

Die bolschewistische Machtübernahme im November 1917

Der große Platz vor dem Petersburger Finnischen Bahnhof ist am 16. April 1917 voller Menschen. Rote Fahnen flattern im Wind, acht Militärkapellen sind aufgezogen, Scheinwerfer auf den Eingang gerichtet, aus dem nach zehnjährigem Exil
Wladimir Iljitsch Lenin
kommen soll. Da sind (dank Helphands Hilfe) auf dem Perron Triumphbögen in Rot und Gold errichtet worden, warten Abordnungen der Arbeiter- und Soldatenräte und präsentieren Gardetruppen das Gewehr. Da warten im früher dem Zaren vorbehaltenen Salon die »für immer« nach Sibirien verbannten Bolschewiken Leo Borissowitsch Rosenfeld, genannt *Kamenew*, und Jossif Wissarianowitsch Dschugaschwili, genannt *Stalin*, die dank der Amnestie Kerenskis schon am 25. März 1917 nach Petersburg zurückgekehrt sind; da wartet aber auch ein Vertreter der »Provisorischen Regierung«, der Lenin nicht (wie der gefürchtet hat) verhaften will, sondern ihm einen großen Blumenstrauß überreicht und eine Willkommensrede hält.
Ungeduldig hört Lenin die an. Und dankt dann nicht dem Regierungssprecher, sondern der wartenden Menge, sagt:
»Liebe Kameraden, Soldaten, Matrosen und Arbeiter!
Ich bin froh, in euch die siegreiche russische Revolution zu begrüßen, und zugleich die Vorposten der Weltrevolutionsarmee. Der imperialistische Piratenkrieg ist der Beginn eines Bürgerkrieges, der ganz Europa erfassen wird ... Eine weltweite sozialistische Revolution ist in Gang gekommen ... und eure Revolution war der *Beginn* dieser Entwicklung und einer neuen Menschheitsepoche. Lange lebe die sozialistische Weltrevolution.«
Tosender Beifall braust auf.

Aber der ändert nichts an den Tatsachen: Die Revolution hat gesiegt, während Lenin in Zürich saß. Und der erklärte, die Abdankung des Zaren habe keine Bedeutung, das Bürgertum habe nur offen eine Macht übernommen, die es sowieso schon besaß. Und *wie* ist er nach Rußland gekommen? Als er um 3 Uhr 15 morgens des 9. April aus der Schweiz abfährt, ist auch da der Perron voller Menschen, aber die schreien:
»Deutsche Spione! Vom Kaiser bezahlte Agenten!«
Lenin weiß, daß sich das in Rußland rasch herumsprechen wird, daß er *sofort* handeln muß, und er hat Glück: Gerade wird in der Hauptstadt der erste »Allrussische Sowjetkongreß« abgehalten, eine Versammlung von 777 Delegierten der überall in Rußland entstandenen Arbeiter- und Soldatenräte. Da nur knapp 100 dieser Delegierten Bolschewiken sind, bekommt Lenin nur 15 Minuten Redezeit. Aber er *hat* nun – erstmals in Rußland selber – ein Publikum und stellt da vier Tage nach seiner Rückkehr, am 20. April 1917 *die »April-Thesen«* auf, fordert:

Sturz der »Provisorischen Regierung« und Einsetzung eines proletarischen Sowjets.

Sofortige Bodenverteilung, Verstaatlichung aller Fabriken und Enteignung aller Banken, deren Besitz an die Staatsbank übergeht.

Auflösung der Polizei, der Armee und der Bürokratie.

An der Front Fraternisierung mit den Deutschen um so auch der deutschen Revolution den Weg zu bereiten.

Keine dieser Forderungen wird angenommen.
Nicht einmal alle bolschewistischen Delegierten stimmen ihnen zu. Und nun hat Lenin die »Provisorische Regierung« *und* die Arbeiter- und Soldatenräte zum Feind.
Aber er besitzt die »Prawda« und deren Keller sind voll Papier, während die anderen Zeitungen so gut wie überhaupt keines mehr haben. Lenin übernimmt selber die Chefredaktion und *alles,* was Kerenski tut, wird nun in den Kot gezerrt, systematisch

»in den Massen eine Stimmung der Verzweiflung und der blinden Wut erzeugt«.

Tag und Nacht dröhnen die bolschewistischen Rotationsmaschinen und wie in der »Prawda« heißt es nun in der am 20. April 1917 von Lenin neugegründeten Tageszeitung »Sozialdemokrat« und in den binnen weniger Wochen neugegründeten Provinzzeitungen:

»Alle Macht den Räten!
Aller Boden den Bauern!
Jederlei Produktion den Produzenten!«
Diese Parolen ziehen. Und jahre- und jahrzehntelang schwelt ja in Rußland auch schon der Klassenhaß, den die Bolschewiken nun mit allen Mitteln schüren, denn wie es am 11. September 1860 Ferdinand *Lasalle* in einem Brief an Marx sagte:
»Massenhaß vermag *alles* zu vollbringen, wenn es fünf Leute im Lande gibt, die ihn zu *lenken* verstehen.«
Lenin lenkt den Haß und weiß wie *Mussolini:* »*Revolution – das ist eine Idee, die über Bajonette verfügt!*«
Er schafft sich im Geheimen einen Machtapparat, denn sein Programm hat ja nur zwei Punkte:
Eroberung der Macht und Behauptung dieser Macht.
Und beides gelingt ihm, weil er genau weiß, daß für Rußlands Massen »Marxismus« ein leeres Wort ist, mit dem sie so wenig anfangen können wie mit »westliche Demokratie«. Und so sagt er:
»Ihr braucht nicht zurück an die Front,
Schluß mit der Metzelei!
Das Proletariat wartet überall nur darauf, daß ihr das Beispiel gebt!«
Und verspricht Lenin *sofortigen* Frieden, so verspricht er *sofort* Brot während Kerenski das Volk auf »den sicheren Sieg und den kommenden Wohlstand, den dieser Sieg bringen wird« vertröstet. Die Bolschewiken verlangen ein neues Präsidium des Petrograder Sowjets (der bisher überwiegend menschewistisch eingestellt war), weil der »nicht energisch genug gegen die Zaristen und Pogromisten auftrat«. Als Reaktion auf die zusammengebrochene Kerenskioffensive ergeben diese Wahlen bei 67 Stimmenthaltungen 519 für und nur 414 gegen die bolschewistischen Präsidiumskandidaten und so wird *Leon Trotzki,* der am 17. Mai 1917 aus Amerika nach Petersburg zurückgekehrt ist, Vorsitzender des Arbeiter- und Soldatenrates, damit der *wahre* Machthaber.
Als Sohn eines reichen, jüdischen Apothekers und Großgrundbesitzers 1879 in Janowka im Gouvernement Kherson geboren (und in Mexico City am 20. August 1940 von einem Agenten Stalins ermordet) war Trotzki »zu prononciert unrussisch« um Erfolg bei den Massen zu haben. Aber während die »alten Bolschewiki« endlos

diskutierten, faßte er seine Entschlüsse rasch und führte sie blitzschnell aus. Trotzki war *der härteste und zielstrebigste aller Revolutionsführer* und als Organisator der »Roten Armee« der »Retter der Revolution« ebenso wie ihr Durchführer. Ein scharfzüngiger Pamphletist, schrieb Trotzki die lesbarsten aller bolschewistischen Bücher und Broschüren, verlor er sich kaum je in theoretischen Spekulationen und war – wie geschildert – 1905 der einzige der späteren Bolschewikenführer, der *aktiv* an der »Generalprobe der Revolution« teilnahm. Wiederholt nach Sibirien verbannt, war Trotzki der zaristischen Polizei immer wieder entkommen, sah dann als Exilierter mehr von der Welt als die meisten anderen. Zuletzt in New York, gab er da die russische Zeitschrift »Novy Mir« (»Neue Welt«) heraus, gewann aber vor allem die tatkräftige Unterstützung von Jacob *Schiff,* der amerikanischen Zionisten und so gut wie sicher auch des amerikanischen Geheimdienstes. Auf der Reise nach Rußland von den Engländern in Halifax von seinem norwegischen Schiff geholt und in Kanada interniert, wurde Trotzki jedenfalls auf amerikanische Intervention hin binnen weniger Tage wieder freigelassen, konferierte er auch in Stockholm mit dem Bankier Ashberg und anderen amerikanischen Agenten.

In Petersburg sah Trotzki von Anfang an, daß nur *ein bewaffneter bolschewistischer Staatsstreich* Erfolgschancen bot und stimmte darin nun völlig mit Lenin überein, mit dem er keineswegs immer gleicher Meinung gewesen war; den er einen »intellektuellen Phrasendrescher« nannte; mit dem er sich erst 1915 auf der Zimmerwaldkonferenz aussöhnte; und der ihn erst im Juni 1917 in seine Partei aufnahm. Deren Führung aber hatte gerade »Maßnahmen zur *Verhinderung* von Gewaltakten in Fabriken und Kasernen« beschlossen. Inspiriert von Kamenew und Sinowjew, die jeden Putsch »für völlig aussichtslos« hielten, war die Mehrheit des Zentralkomitees für den »parlamentarischen Entwicklungsweg« auch wenn Lenin das wütend »parlamentarischen Kretinismus« nannte. Sie vertraute auf eine Koalition mit den Sozialrevolutionären und Menschewiken *mehr* als auf die »Taktik des Aufstandes« und ohne Trotzki hätte sich Lenin kaum durchgesetzt. Nur Trotzki wurde nicht müde zu erklären:

»Mit dem Volk *kann* man nicht rechnen und mit den Volksvertretern noch weniger. Sich von der Stimmung der Massen beeinflus-

sen lassen, heißt das *Chaos* heraufbeschwören, denn die ist veränderlich und läßt sich nicht vorhersagen ...«
Trotzki diskutierte aber nicht nur, er konspirierte auch und setzte am 29. Oktober einen Beschluß des Petrograder Arbeiter- und Soldatenrates durch *ein »Militärisches Revolutions-Komitee«* zu bilden, ihm und dem Bolschewiken *Antonow-Owsejenko* dessen Leitung zu übertragen und »gegen drohende Pogrome und Plünderungen Schutztruppen aufzustellen«.
Dem »Militärischen Revolutionskomitee«, wurden alle Petrograder Truppen unterstellt und vom »Sowjet« ein Befehl an die Sestroretsker Waffenfabrik unterzeichnet, den neuen »Schutztruppen« 5000 Gewehre zu übergeben.
Da das geschah, war Trotzkis Staatsstreich so gut wie vollzogen obwohl das vorerst niemand merkte. Denn die Reaktion der »Provisorischen Regierung« blieb lahm, Kerenski entschlußlos. Der fand sich nun zwischen zwei Mahlsteinen – den Rechts- und Linksextremisten – und der machte am 1. November 1917 einen tödlichen außenpolitischen Fehler: Von den Alliierten als »gemäßigter Revolutionär« betrachtet, der die Mißwirtschaft der Zaren beseitigen würde *ohne* »die festgefügte Ordnung« zu bedrohen, verstaatlichte Kerenski nun die russische Mineralölwirtschaft, verlor er so mit einem Schlag das »Vertrauen« der westlichen Kapitalisten ebenso wie er schon das Vertrauen der internationalen Sozialisten verloren hatte, als er vorschlug, in Stockholm eine neue Zusammenarbeit der Arbeiterparteien zu organisieren, Paris und London aber die Teilnahme ihrer Sozialisten verboten.
Und während Kerenski zögert, *handelt* Trotzki:
Am 3. November 1917 kündigt Kerenski den Bolschewiken ihre »unverzügliche und endgültige Liquidierung« an.
Am 4. läßt Trotzki seine »Schutzstaffeln« durch die Straßen ziehen, um seine »Bereitschaft« zu zeigen.
Am 5. verbietet die »Provisorische Regierung« diese Schutztruppen, verbietet sie alle bolschewistischen Zeitungen, stellt sie Haftbefehle gegen Trotzki, Lenin und Stalin sowie 18 andere Bolschewiken aus und läßt den Winterpalast als Regierungssitz »in Verteidigungszustand« versetzen. Und dann *wartet* die »Provisorische Regierung«.
Die Nacht vom 6. zum 7 November 1917 ist stürmisch. Die Newa

schlägt hohe Wellen gegen den Granit der Kaimauern und als der Wind sich legt, hüllen dichte Nebelmassen den Winterpalast ein, der 300 Zimmer hat, aber wie ausgestorben scheint. Denn in der »Pompejanischen Galerie« und im »Mohrenzimmer« beraten Kommissionen der Regierung Kerenski im Finsteren, sitzen sie in dicke Pelze gehüllt an Tischen mit ein paar Kerzen und Petroleumlampen: Kohle gibt es längst nicht mehr und nun ist in den ungeheizten Prunkräumen auch das Licht ausgefallen.

Kerenski nimmt an den Diskussionen nicht teil, sitzt in einem Stuhl am Fenster und starrt in den Nebel. Dann und wann sind am andern Newaufer die Kasematten der Peter-Pauls-Festung zu sehen. Und nun taucht der Kronstädter Kreuzer »Aurora« vor der Nikolai-Brücke auf. Statt wie die Regierung befohlen hat auf See zu gehen, hat der den Morskoj-Kanal durchfahren und Kerenski weiß, was das bedeutet: Er hat die Kriegsschüler der Kadettenanstalten Oranienbaum und Peterhof in die Hauptstadt kommen lassen und so lassen die Bolschewiken »ihre« roten Matrosen kommen. Im Morgengrauen des 7. November liegen zwei Torpedoboote aus Helsingfors neben der »Aurora« vor Anker und da bringen Marinetransporter aus Kronstadt immer mehr rote Matrosen in die Hauptstadt.

Denn während der Sitz der »Provisorischen Regierung« wie ausgestorben scheint, gleicht das Smolnyinstitut für Adelige Fräulein, in dem der Petrograder Sowjet und die Bolschewiken ihr Hauptquartier haben, einem Bienenkorb. Da geht in einem kleinen Eckzimmer im dritten Stock Leon Trotzki rastlos auf und ab. Auf den Tischen, auf dem Fensterbrett, auf dem Boden stehen Telephonapparate und alle läuten sie fast unaufhörlich obwohl Oberst *Polkownikow,* der Kommandeur der Regierungstruppen, die Unterbrechung der Fernsprechverbindungen des Smolnypalastes befohlen hat. Denn Trotzki hat längst Feldtelephonleitungen legen lassen – und inzwischen haben seine Leute auch das Haupttelegraphenamt und die Petersburger Fernsprechvermittlung besetzt. Und die Berichte, die da durchgegeben werden, stammen aus dem Stab Polkownikows, die stammen aus dem Winterpalast und aus ausländischen Botschaften ebenso wie aus den Kasernen und Fabriken, denn *überall* hat Trotzki Anhänger eingeschmuggelt. Wochenlang hat die antibolschewistische Presse blutige Straßenschlachten, Brandstiftungen und Plünderungen vorausgesagt. Am Morgen des 7. November aber

steht keine Zeile über die Ereignisse in den Zeitungen, denn die haben den von Trotzki organisierten Umsturz gar nicht bemerkt. Der hat die Pläne benutzt, die Helphand seinerzeit drucken ließ und auf denen alle »neuralgischen Punkte« verzeichnet sind. Der hat *ohne* Straßenkämpfe, praktisch überhaupt ohne Blutvergießen, alle Newa-Brücken und alle Bahnhöfe und alle Befehlszentren in seine Hand gebracht, weil Kerenski und Polkownikow sie nicht entsprechend bewachen ließen oder die Wachmannschaften zu den Bolschewiken übergingen. Buchstäblich
während die Bürger schliefen wechselte die Macht von Kerenski auf Lenin über, veränderte sich die Welt.
In dieser Nacht brennen an allen Petersburger Straßenkreuzungen Feuer in großen Eisenkörben. Um die sammeln sich Matrosen, schwer mit Maschinengewehrgurten beladene Soldaten, bewaffnete Arbeiter und da gibt es auch eine Menge Frauen mit Waschkörben voll Handgranaten. Aber all das wird gar nicht gebraucht. Die Machtübernahme erfolgt »glatt und still nach Plan« und nur im Reichsbankgebäude gibt es Schwierigkeiten, denn die Wachen des Semjonowregimentes haben zwar das Gebäude wie vereinbart roten Marinegarden übergeben, aber die Beamten wollen die Schlüssel nicht ausliefern und so müssen die Tresore gesprengt werden. Aber auch das organisiert Trotzki.
Der sinkt nach diesem Befehl auf das schwarze Ledersofa, das in der Ecke seines Zimmers steht. Hier hat er in den letzten zwei Wochen vielleicht 100 Stunden geschlafen – während Kerenski nicht vor 11 Uhr vormittag geweckt werden durfte. Jetzt, da alles läuft, überwältigt Trotzki die Müdigkeit. Er macht zwei Züge aus einer Zigarette, die ihm Kamenew reicht – und fällt ohnmächtig zu Boden.
Als er wieder zu sich kommt, ist schon ein Arzt da. Aber Trotzki braucht nur etwas zu essen. Heute nicht und gestern nicht hatte er Zeit, auch nur einen Bissen hinunterzuschlingen. Rasch ist er wieder bei Kräften. Wartet gespannt auf die Reaktion Kerenskis, auf die Gegenrevolution.
Aber Kerenski ist nicht mehr in Petersburg.
In dieser Nacht hat die »Provisorische Regierung« beschlossen, daß Kerenski selber Hilfstruppen holen soll. Er leiht sich das Auto des amerikanischen Militärattachés aus, das ein riesiges Sternenbanner

entfaltet, fährt nach Gatschina, wo das Dritte Kavalleriekorps liegen soll, fährt weiter nach Pleskau ins Armeehauptquartier jenseits des Peipussees. Hier bringt der General *Krassnow* 148 Kosaken zusammen und Kanoniere für sieben Geschütze. Diese Streitmacht zieht gegen die Hauptstadt. Aber von der haben sich bereits Kommandos roter Matrosen in beschlagnahmten Taxis aufgemacht und als die die Auslieferung Kerenskis verlangen, wird verhandelt und die Leibgarde des »Diktators« schmilzt auf elf Mann zusammen. Zwei Unbekannte bringen Kerenski eine Autobrille, einen Marinemantel und eine Marinemütze, sagen ihm »Ziehen Sie das rasch an!« Auf Schleichwegen bringen sie ihn zu einem Auto, das der britische Geheimdienstchef Bruce *Lockhart* gesandt hat und nach Monaten taucht Kerenski in London auf. Dann redigiert er unter dem Dach des Berliner »Vorwärts«-Gebäudes eine russische Emigrantenzeitung. Zieht nach Paris, das er fluchtartig verläßt, als der General *Miller* von Sowjetagenten entführt wird und Kerenski entdeckt, daß seine Telephonleitung angezapft ist. Schließlich geht er nach Amerika. In seinen 1928 erschienenen Memoiren (denen Kerenski dann in New York 1965 »verbesserte« folgen ließ), schreibt er:

> »Vielleicht hätte Rußland vor dem Unheil, das es ereilte, bewahrt bleiben können, wenn ein anderer Mann an meiner Stelle gestanden oder wenn ich nie gelebt hätte ... Rechts stand damals das morsche, durch und durch faule alte System; links das anarchische, wilde Durcheinander revoltierender Menschenmassen – dazwischen ein neues Licht ... Ich ging ganz in der Beobachtung des großartigen Verlaufes der Ereignisse auf, die uns wie eine Naturgewalt atemraubend schnell und unentrinnbar mit sich rissen ... Ich suchte zu vermitteln, aber jeder Schritt, den die Regierung unternahm, rief auf Seiten der Sowjetführer Argwohn und Verdacht hervor ... Der natürliche Mittelpunkt des Volkswillens und des nationalen Gewissens, den die Februarrevolution geschaffen hatte, war den vereinigten Bemühungen der unverantwortlichen extremen Elemente der Rechten und der Linken nicht gewachsen ...«

Trotzki »beobachtete« nicht den »großartigen Verlauf der Ereignisse«, er *lenkte* diesen Verlauf und ließ schon um 10 Uhr vormittags des 7. November 1917 überall Plakate des MRK, des »Militärischen Revolutionskomitees« anschlagen, in denen es hieß:

»An die Bürger Rußlands!
Die Provisorische Regierung ist abgesetzt.
Die Staatsgewalt ist in die Hände des Militärrevolutionären Komitees, des Organs des Petrograder Sowjets der Arbeiter- und Soldatendeputierten übergegangen. Die Sache, für die das Volk gekämpft hat:
das sofortige Angebot eines demokratischen Friedens;
die Aufhebung der gutsherrlichen Eigentumsrechte an Grund und Boden;
die Kontrolle der Produktion durch die Arbeiter;
die Bildung einer Sowjetregierung;
alles das ist gesichert. Es lebe die Revolution der Arbeiter, Soldaten und Bauern!«
Am Mittag des 7. November umzingeln Matrosen des Kreuzers »Polarstern« den Marienpalast, in dem das »Vorparlament« tagt, treiben die Mitglieder auseinander. Um halb drei Uhr erklärt Lenin dem Petersburger Sowjet, daß
»die Arbeiter- und Bauernrevolution vollzogen«
ist. Zwar verurteilt 12 Stunden später der Vollzugsausschuß des »Allrussischen Sowjets der Bauerndeputierten« den bolschewistischen Putsch, aber inzwischen ist der voll geglückt, um 6 Uhr abends auch der Winterpalast umstellt, denn Oberst *Poradjelow,* der ihn vom gegenüberliegenden Generalstabsgebäude aus decken soll, hat sich mit seinem Stab kampflos ergeben, von den sechs englischen Panzerautos, die der »Provisorischen Regierung« ursprünglich zur Verfügung standen, sind fünf verschwunden, von sechs leichten Feldgeschützen vier. Als die Bolschewiken um 7 Uhr ein Ultimatum stellen, bleibt im Winterpalast alles still. Aber dann schießt das Frauenbattaillon, das Kerenski im Juni 1917 aus bürgerlichen Freiwilligen organisierte und das als einzige Truppe wirklich kämpft und so beginnt um 9 Uhr die Beschießung durch den Kreuzer »Aurora« und die Peter-Pauls-Festung. Die Frauen machen einen Ausfall und werden fast völlig aufgerieben. Vereinzelt verteidigen sich Offiziersschüler. Und da von den 30 Granaten der »Aurora« nur zwei explodieren, wird der Winterpalast erst nachts »erobert«. Die »heroischen Kämpfe des Roten Oktober« sind dabei glatte Erfindung, alle Photos, die den »heldenhaften Angriff auf den Winterpalast« zeigen, wurden während der Aufnahmen zu dem Ju-

biläumsfilm gemacht, den die Bolschewiken 1926 drehten: Es sind Tageslichtaufnahmen, nicht Nachtbilder und zeigen die Newafront, während die »Eroberer« die Hintereingänge des Palastes benutzten.
Aber auch der Regierungssitz *ist* nun erobert. Inzwischen hat im Smolny der »Allrussische Sowjetkongreß« mit gewaltiger Mehrheit Bolschewiken ins Präsidium gewählt und so kann Lenin eine Regierung bilden. Aber »Minister« ernennen wie der Zar das tat? Lenin meint, »Kommissare« sei besser. Aber Kommissare gibt es nun schon viele. Und so schlägt Trotzki »Volkskommissare« vor und die Regierung soll »Sowjet der Volkskommissare«, *Rat* der Volkskommissare heißen. Das klingt revolutionär *und* demokratisch. Schließlich fragt Lenin:
»Wer soll Ihr Nachfolger sein, Leib Dawidowitsch, wenn die Weißgardisten Sie umbringen? Und wer meiner? Swerdlow? Kamenew?«
Trotzki sagt:
»Man wird uns nicht umbringen. Nicht so schnell, jedenfalls ...«
Und er behält recht. Denn noch in der Nacht vom 7. zum 8. November 1917 enteignen die Bolschewiken durch ein Dekret allen Bodenbesitz, »schenken« sie »dem russischen Volk« 150 Millionen Hektar oder die zweieinhalbfache Ackerfläche Kanadas, die sechsfache Gesamtfläche Deutschlands. Da hebt Lenin alle Pachtzahlungen – 1917 rund eine Milliarde Goldmark – auf und, »Keine Pacht mehr!« und »Keine Grundherren mehr!«, das begreifen auch die hundert Millionen russischen Bauern *sofort*.
Vor allem aber: Kerenski stemmte sich *gegen* die Masseninstinkte. Lenin ließ ihnen freien Lauf, wo immer es Ausschreitungen gab, wurden ja seine Feinde »liquidiert« und gerieten die Bauern und Soldaten zeitweilig außer Rand und Band, so mußte sein Ansehen wachsen, sobald er Ordnung schuf. Und gleichzeitig zog sein Schlagwort »Dienst an der Gemeinschaft. Einsatz für eine große Zukunft« zahllose *echte* Idealisten an.
Die Parlamentarier dagegen gründeten am 9. November *ein »Komitee zur Rettung des Landes und der Revolution«* das alle »demokratischen Antibolschewiken« umfaßte – und so zu keinem einzigen Beschluß kam. Die Eisenbahner und Post- und Telegraphenbeamten wandten sich »gegen die bolschewistische Diktatur«, verlangten aber zugleich »die Verhinderung eines Bürgerkrieges um jeden

Preis« und *wie* sollten die Bolschewiken ohne Kampf gestürzt werden? Schließlich trösteten sich die Antibolslchewiken mit den *Wahlen,* die ja bereits ausgeschrieben waren und die »die aufbauenden und demokratischen Kräfte« gewinnen würden. Und schon am 24. November 1917 *wurden* auch diese *Wahlen, auf die Rußland drei Generationen lang gewartet hatte,* durchgeführt.

»Allgemein« waren zwar auch die nicht, denn die aufgelösten Rechtsparteien durften keine Kandidaten aufstellen. Aber die »Demokraten« und die »Linke« konnten nicht weniger als neunzehn verschiedene Listen vorschlagen. Da gab es nicht nur die drei großen Gruppen der Anarchisten, der Sozialisten und der Liberalen, sondern Rußlands Anarchisten z. B. zerfielen wiederum in »Terroristische Anarchisten«, »Kommunistische Anarchisten«, in den »Verband der Vereinigten Föderalistischen Anarchisten«, die »Intelligenzgruppe der Pananarchisten« und die »Anarchosyndikalisten«. Die Sozialisten waren in elf Gruppen unterteilt. Allein die »Marxistische Sozialdemokratie« zerfiel in die »Bolschewiken« (Die *Martow* führte); die »Minimalistischen Oborozny« (die »revisionistisch-Entente-freundlich« waren); und in die um die Zeitung »Jedinstwo« (»Einikeit«) gruppierten deutsch-feindlichen Anhänger Georgi Walentinowitsch *Plechanow's,* der 1883 die russische Sozialdemokratie begründet hatte, bei der Spaltung der Partei in »Bolschwiki« und »Menschewiki« aber weder für die eine noch die andere Richtung eintrat und so in beiden seinen Einfluß verlor. *Nur* Plechanow predigte nun »Vergessen der Gegensätze«, sah die Gefahr des endlosen Diskutierens über theoretische Nebensächlichkeiten, schrieb schon am 1. August 1917 im »Jedinstwo«:

»Lenin ist in allem und jeden ein Demagoge. Er versteht es, jene primitiven Elemente der Arbeitermassen unter seiner Fahne zu sammeln, auf die seinerzeit Bakunin seine Hoffnungen setzte. Alle seine angeblich revolutionären Maßnahmen baut Lenin auf der Unwissenheit des wild gewordenen, hungrigen Proletariats auf. Mit Lenin zusammenarbeiten kann nur, wer den russischen Staat und die russische Revolution zugrunderichten will ...«

Und diese Meinung schienen auch die Wähler zu teilen. Denn wenn die Bolschewiken diese von der »Provisorischen Regierung« ausgeschriebenen Wahlen zuließen, weil sie sicher waren, sie zu gewinnen, so erlebten sie eine schwere Enttäuschung: Die Hälfte der

Wahlberechtigten ging zur Urne. 41,6 Millionen gültige Stimmen wurden abgegeben. Aber nur 9,8 Millionen oder 24 % für die Bolschewiken. Von 707 Mandaten bekamen die nur 175 und auch mit den 40 Stimmen der damals mit ihnen verbündeten »Linken Sozialrevolutionäre« kamen sie nicht im Entferntesten gegen die »gemäßigten« und »rechten« Sozialisten auf, die 370 Mandate erhalten hatten.
Und so verhinderten die Bolschewiken den Zusammentritt der »Gesetzgebenden Volksversammlung«: Als am 11. Dezember 1917, einem Tag mit klarem, blauen Himmel, an dem eine jubelnde Volksmenge durch die Straßen zog, die Abgeordneten zum Taurischen Palast kamen, wo die Eröffnungssitzung stattfinden sollte, fanden sie die Tore geschlossen und von bolschewistischen Garden bewacht. Kein Delegierter kam in den Saal. Aber die versammelten sich im Vorhof und verschoben die Sitzung auf den 18. Januar 1918, um bis dahin ihren »Schutz durch die Wähler« zu organisieren.
Aber die Macht hatten nun die Bolschewiken. Die kontrollierten sehr bald *alle* Druckereien und deren »Rat der Volkskommissare« hatte bereits am 20. Dezember 1917 eine
  »Allrussische Außerordentliche Kommission zum Kampf gegen Konterrevolution, Spekulation und Sabotage«
ins Leben gerufen. Chef dieser »Tschereswytschnajana Komisija« oder »Tscheka« – des ersten das Recht völlig politischen Erwägungen unterordnenden Justizapparats der Welt – war der Pole Felix Edmundowitsch *Dserschinskij,* der frühere Kommandant des Smolnyinstituts, geworden und der erwies sich nicht nur als einer der rücksichtslosesten, sondern auch klügsten und erfindungsreichsten Polizeichefs aller Zeiten, verstand es – vorerst legal – über 200 Abgeordnete »auszuschalten«, indem er ihnen aus *zaristischen* Akten Delikte nachwies.
Blieben rund 500 Volksvertreter und die kamen am 18. Januar 1918 in den Sitzungssaal des Parlaments. Aber der große Vorhof des Taurischen Palastes war nun ein Feldlager: Artillerie war aufgefahren, Maschinengewehrtruppen lagerten neben Feldküchen und alle Eingänge waren von Rotarmisten mit aufgepflanztem Bajonett und Patronengurten über der Brust bewacht. Da waren Matrosen aus Kronstadt und finnische Gardetruppen, die »Lettischen Schützen« und was es sonst an den Bolschewiken treu Ergebenen gab. Das

Semjonow- und das Preobratschenskiregiment hatten ihre »Neutralität« erklärt: Nicht für und nicht gegen die Nationalversammlung wollten sie eingreifen. Aber wer sich durchsetzen würde, konnte nun nicht mehr zweifelhaft sein. Die Matrosen des Panzerkreuzers »Republik«, die den »Ordnungsdienst« im Saal ausübten, waren davon überzeugt worden, daß die nichtbolschewistischen Abgeordneten »Feinde der Arbeiterklasse« und »Knechte der Bourgeoisie« waren, hier nur zusammenkamen, »um die Diktatur des Proletariats zu ersticken«. Trotzki ließ sie die Rednertribüne umstellen und so konnte sich *Swerdlow* zum Leiter der Versammlung machen. Alle nichtbolschewistischen Reden wurden durch lautes Gehäul unverständlich gemacht. Um vier Uhr morgens, nach 12 Stunden wilden Geschreis, hatten die Wachen genug, führten sie die letzten Abgeordneten aus dem Saal. Die »Konstituierende Volksversammlung« wurde geschlossen und inzwischen tat auch das »Lettische Arbeiterregiment«, was von ihm »bei etwaigen Wählerdemonstrationen« erwartet wurde und das Lenin nach Petersburg kommen ließ, weil
»die schwankende Stimmung der russischen Bauern dazu führen könnte, daß sie auch dann nicht schießen, wenn proletarische Entschlossenheit erforderlich ist«.
Maxim Gorki schilderte in seiner Zeitung »Nowaja Schisnj« die Ereignisse des 18. Januar:
»Rücksichtslos wurden die Arbeiter von Petrograd niedergemetzelt.
Diese Arbeiter waren unbewaffnet, ihre Gegner feige Meuchelmörder. Ich frage die Volkskommissare: Begreifen sie denn nicht ... daß sie dabei sind, die ganze russische Demokratie, alle Errungenschaften der Revolution zu erwürgen? ... Am 18. Januar 1918 ging die unbewaffnete Petersburger Demokratie auf die Straße, um den Zusammentritt der Konstituierenden Versammlung zu *feiern*. Fast ein Jahrhundert lang haben die besten Russen von diesem Tag geträumt ... Tausende Intellektuelle, Zehntausende Arbeiter und Bauern sind im Gefängnis und in der Verbannung gestorben, wurden gehängt und erschossen für diesen Traum. Jetzt aber, da der Traum erfüllt ist ... geben die Volkskommissare Befehl zu schießen ...«
Aber nicht nur auf freudig bewegte Wähler wurde geschossen.

Drei Jahre nach ihrer Machtergreifung richteten die Bolschewiken auch ein Blutbad unter den »Sturmvögeln der Revolution«, unter den *gleichen* Kronstädter Matrosen an, die sie an die Macht gebracht hatten und die ihnen halfen, die »Konstituierende Nationalversammlung« auseinanderzutreiben. Von den Bolschewiken systematisch verschwiegen, ist *der »Kronstädter Aufstand« vom Februar 1921* heute auch im Westen vergessen, aber diese »Revolte der Revolutionäre« und die bolschewistischen Arbeiteraussperrungen von damals glichen einem »Blitz, der die Wirklichkeit erhellt«, zeigen besser als alles andere, daß »Leninismus« und »Stalinismus« *nicht* so »grundverschieden« voneinander sind, wie Moskau das heute hinstellt.

Damals, im Frühjahr 1921, scheint das Ärgste überwunden, ist der Bürgerkrieg beendet, atmet das ausgeblutete, hungernde Volk auf. Jetzt werden die »kriegsbedingten Maßnahmen« verschwinden, wird man freier atmen und endlich *aufbauen* können.

Aber das Joch wird nicht leichter, sondern schwerer. Jetzt wird z. B. die »Dienstverpflichtung« eingeführt: Niemand darf mehr seinen Arbeitsplatz verlassen, jeder muß den Posten antreten, der ihm zugewiesen wird. Was Helphand-Parvus prophezeite, ist nun nicht mehr zu leugnen:

»Der einzige *echte* Erfolg des Bolschewismus ist, daß er sich an der Macht hält. Er gab vor, die Regierungsgewalt zu benutzen, um die Interessen des Proletariats wahrzunehmen. In Wirklichkeit nutzt er das Proletariat aus, um die Regierungsgewalt zu behalten ...«

Streiks sind *längst* verboten. Aber am 24. Februar 1921 treten nichtsdestoweniger die Arbeiter der Patronni-Munitionsfabrik, der Turbotschni-, Baltiiski- und Lafermewerke in Petrograd in den Ausstand. Und daraufhin bildet die »Regierung der Arbeiter und Bauern« ein »Komitet Oborni« – einen »Verteidigungsausschuß« unter Vorsitz Hirsch Apfelbaum's alias Grigori Jewsejewitsch *Sinowjew's* – und der läßt »Kursanti« – Kadetten der sowjetischen Militärakademie – die Arbeiter auseinandertreiben, die im Wasiliewski Ostrow, im Petrograder Arbeiterviertel, im Freien tagen.

Die Streikenden rufen die Arbeiter der Admiralitätswerkstätten und der Galernajadocks zu Hilfe. Und so sperrt Sinowjew *alle* Streikenden aus, verlieren die automatisch ihre Lebensmittelrationen und ihre Wohnungen.

»Arbeiteraussperrung im »Paradies der Werkstätigen«?
Am 27. Februar 1921 schlagen die Arbeiter Plakate an, in denen es heißt:
»Ein völliger Wechsel in der Politik der Regierung ist notwendig geworden. Die Arbeiter und Bauern wollen nicht länger nach den Erlassen der Bolschewiken leben, sondern selber über ihr Schicksal verfügen. Darum, Genossen, verlangt unbeirrbar und in organisierter Form, aber auch in revolutionärer Ordnung:
Befreiung aller verhafteten Sozialisten und parteilosen Arbeiter.
Aufhebung des Kriegsrechtes.
Freiheit der Rede, der Presse und der Versammlung für alle Werktätigen ...«
Als bolschewistische Antwort wird in Petrograd das »außerordentliche Kriegsrecht« proklamiert, werden die »verläßlichsten« Regimenter der »Roten Armee« von der polnischen Front nach Petrograd beordert. Da soll die Arbeiterbewegung genauso niedergeknüppelt werden wie zur Zeit der Zaren.
Dagegen erheben sich die Kronstädter Matrosen.
Die haben so rückhaltlos für die Bolschewiki gekämpft wie die Petersburger Rüstungsarbeiter. Die Mannschaften der »Petropawlowsk« und der »Sewastopol« waren wie die »Aurora« entscheidend am Sieg der »Oktoberrevolutionäre« beteiligt – aber nun schließen sich die Besatzungen dieser zwei Kreuzer erneut den *Arbeitern* an, fassen sie am 28. Februar 1921 eine entsprechende Resolution. Am 1. März findet auf dem Jakorni-Platz in Kronstadt eine von den Mannschaften des Ersten und des Zweiten Ostseegeschwaders einberufene Versammlung statt, an der mehr als 16 000 Matrosen, Soldaten und Arbeiter teilnehmen und zu der die Bolschewiken den Präsidenten der Russischen Sozialistischen Föderativen Sowjetrepublik, *Kalinin,* und den Kommissar der Ostseeflotte, *Kusmin* entsenden.
Dieser Versammlung berichtet die Matrosendelegation, die nach Petrograd entsandt wurde, um die *tatsächliche* Lage festzustellen. Und dieser Delegation wird geglaubt, nicht Kalinin und Kusmin. Kusmins Arroganz und sein glattes Abstreiten aller Mißstände führen zu einem Mißtrauensvotum.
Die Regierung antwortet am 2. März mit einem von Lenin und Trotzki unterzeichneten Anklage der Meuterei und der Konter-

revolution. Kronstadt ist »*die Geburtsstadt der Sowjetrevolution*«.
Aber nun wird sie unter das Artilleriefeuer der Festungen Krasnaja Gorka und Lissi-Nos genommen. Die Häuser in der Jinskaja, die noch aus der Zeit Peters des Großen stammen, gehen in Flammen auf. Das Palais Menschikow und die St. Andreas-Kathedrale werden schwer beschädigt und dann führt Trotzki persönlich in der Nacht vom 16. zum 17. März 1921 Eliteeinheiten seiner »Roten Armee« über das Eis des zugefrorenen Meeres. Bevor er durch Artilleriefeuer zum Schweigen gebracht ist, klagt ihn der Sender Kronstadt an »*bis zu den Hüften im Blut der Werktätigen*« zu waten. Die Matrosen verteidigen sich bis zum Letzten. Über 12 000 bolschewistische Offiziersschüler und Garden verlieren beim Kampf um Kronstadt das Leben. Von den Matrosen aber überlebt keiner das Gemetzel. Die erste *bolschewistische* Revolution gegen die Bolschewiken bricht zusammen. Aber vom russischen Volk wird sie so bald nicht vergessen und so kann sich nicht erst Stalin, sondern schon Lenin *nur* dank seines Terrorapparats, vor allem dank der »Tscheka« halten, die ja vollziehende Gewalt besitzt, »auf Beschluß des Kollegiums« und ohne öffentliches Verfahren verhaften, verschicken und töten kann, wen immer sie will.
Aber Lenin hält sich und alle seine Nachfolger bekanntlich nicht minder und bis heute. Allerdings keineswegs *nur* durch Terror und ihre Geheimpolizei, sondern immer wieder auch durch die Fehler ihrer Gegner. Schon, daß am 3. Dezember 1917 in Brest-Litowsk Friedensverhandlungen der Mittelmächte mit den Bolschewiken beginnen, ist ein Fehler, denn die bedeuten ja ihre formelle Anerkennung und mit Recht sagt der Generalstabschef des Oberbefehlshaber Ost, Generalmajor Max Hoffmann: »Nur wenn die Bolschewiken die Friedenssehnsucht des russischen Volkes befriedigen, werden sie sich halten.«
Ein Schüler Schlieffens, spricht Hoffmann fließend Russisch, hat er kreuz und quer Reisen durch das Russische Reich gemacht und 1904—05 auf Seiten der Japaner am Russisch-Japanischen Krieg teilgenommen. Als Vertreter der Obersten Heeresleitung spielt General Hoffmann bei den Friedensverhandlungen die ausschlaggebende Rolle, aber nominell untersteht er dem deutschen Delegationsführer Richard von *Kühlmann*, dem Partner Helphand-Parvus' im

Auswärtigen Amt und dem wichtigsten deutschen Förderer der russischen Revolution. Kühlmann *hat* nun die Tripleallianz zerschlagen, aber er will weit mehr, will, was vor allem Englands Premierminister *Lloyd George* mehr fürchtet als alle militärischen Siege Deutschlands:
    ein deutsch-russisches Bündnis.
Denn wie der britische Regierungschef das richtig sieht:
    »Solch ein Bündnis macht Deutschland unangreifbar, erlaubt ihm, sich im Westen auf die Verteidigung einer zurückgenommenen Linie zu beschränken und seine Macht im Osten zu erneuern, dessen Schätze an Menschen und Material zu nutzen ...«
Richard v. Kühlmann weiß, *wie* groß diese Schätze sind; *wie* Deutschland sie erschließen kann; und *wer* diese Nutzung organisieren will, denn er hat 1906 die älteste Tochter von Hugo Rudolf Freiherrn von *Stumm*-Ramholz geheiratet, ist so Mitglied einer der reichsten und einflußmächtigsten deutschen Industriellenfamilien geworden. Er hat während seiner Dienstzeit in London 1909—14 als Botschaftsrat ein Abkommen über die Baghdadbahn, die deutsche Beteiligung am Mosul-Oel und über den afrikanischen Kolonialbesitz vorbereitet, sieht in seiner Ostpolitik nur ein Mittel, um auch mit dem Westen zu einer Friedensregelung zu kommen.
Nur setzt er sich so wenig durch wie General Hoffmann, der außer einigen unbedeutenden Grenzbereinigungen keinerlei Gebietserwerbungen will – und für diese Anschauungen im Dezember 1917 bei seinem Vortrag im Schloß Bellevue auch den Kaiser gewinnt. Jedoch *nicht* die Generäle Hindenburg und Ludendorff, die nun seine sofortige Abberufung fordern. Und *nicht* die der deutschen Fürsten, die *ganz* andere Pläne haben: Friedrich Karl von Hessen will König von Finnland werden, Wilhelm von Württemberg König von Litauen. Da beansprucht – »historisch begründet« – der König von Sachsen die Krone Polens, hat der König von Bayern
    »umfassende Neuordnungspläne, die das Übergewicht Preußens beseitigen sollen«.
Da gibt es *dutzenderlei* Sonderinteressen. Und so kommt in Brest-Litowsk
    ein Bündnis weder mit Rußland noch mit den hier vom Russischen Reich abgetrennten »neuen« Staaten
zustande. Da werden die *national-*revolutionären Tendenzen im

Russischen Reich unterschätzt, vor allem die Ukraine den Bolschewiken in die Arme getrieben und ihnen erst dadurch *echte* Macht verliehen.
Zwar ist auf Drängen Hoffmanns am 9. Februar 1918 von den Mittelmächten ein Sonderfrieden mit der Ukraine unterzeichnet worden; denn schon nach der Märzrevolution hat sich in Kiew eine nationalistische »Zentralrada« gebildet, um die Ukraine zu einem von Rußland unabhängigen, selbständigen Staat zu machen und am 22. Januar 1918 ist die feierliche Proklamation dieses neuen Staates erfolgt.
Damit scheint es mit der weltpolitischen Rolle Rußlands vorbei, denn schon 1915 hat Peter *Sawitzki,* Professor der Universität Petersburg, geschrieben:
»Der Kern des großrussischen Imperialismus besteht in der Vereinigung Moskaus mit der Urkaine.
Die Ukraine war es, die Rußland den Weg zum Schwarzen Meer und zum Osten öffnete.
Das ukrainische Volk gab, je nachdem es sich mit Polen oder Moskau vereinigte, diesem oder jenem Staat das Übergewicht zur Gründung eines Imperiums.«
Dabei ist auch die Sowjet-Ukraine, die heute rund 600 000 Quadratkilometer umfaßt und etwa 55 Millionen Einwohner hat, kleiner als *das ukrainische Volksgebiet* das bis 100 Kilometer an Warschau und 300 km an Wien heranreicht, sich 1100 bis 1600 km weit nach Osten erstreckt oder so weit, wie Berlin von Barcelona entfernt liegt, und dessen Nord-Süd-Achse etwa 600 km mißt. Das mehr oder weniger geschlossen von Ukrainern oder »Kleinrussen« besiedelte Gebiet Europas reicht vom Kaukasus zu den Karpaten und vom Schwarzen Meer bis zu den Pripjetsümpfen, bedeckt etwa 900 000 Quadratkilometer oder die Fläche von England, Frankreich, den Benelux-Staaten und der Schweiz zusammengenommen.
Einen dieses Gesamtgebiet umfassenden Staat gab es allerdings nur bis zum Jahre 1212, der Eroberung des »Kiewer Reiches« durch die Mongolen, später blieb er das unerreichte Wunschziel der ukrainischen Patrioten. Die Ukraine wurde »das Irland des Ostens« genannt, ist aber *so* reich, daß auch zahllose Aufstände und Kriege es nicht zu ruinieren vermochten. Wie Getreidezufuhren aus der Ukraine schon zur Zeit Herodots eine weltpolitische Rolle spielten

und den Kampf zwischen Sparta und Athen entschieden, so taten sie das im Ersten Weltkrieg. Denn Deutschland bezog über Odessa Getreide, dessen Wert 1885–1913 von etwa 130 auf 540 Millionen Mark stieg. Der Schwarzerdeboden der Ukraine ist überaus fruchtbar, zur Zarenzeit wurde hier ein Zehntel allen Weizens der *Welt* geerntet, ein Achtel aller Gerste, mehr als ein Fünftel allen Roggens. Hier wurden Flachs und Baumwolle, Fettpflanzen und Zuckerrüben gebaut, die Ukraine ist aber auch ein reiches Kohlengebiet, besitzt, wie schon geschildert, gewaltige Eisenerzvorkommen. Am 21. August 1941 schrieb die Londoner »Times« mit Recht:
»... *mit der Ukraine hätte Deutschland sein eigenes Amerika an der eigenen Hintertür* ...«
Ein *nicht* durch den Ozean vom eigenen Land getrenntes Amerika und ein – damals – noch nicht hochindustrialisiertes.
Hätte gehabt ...
Die Ukraine bot auch 1917–18 *einmalige* Ergänzungsmöglichkeiten. Aber trotz aller Proteste General Hoffmanns und trotz aller Bemühungen v. Kühlmanns kam es auch mit der Ukraine in Brest-Litowsk nur zu einem *Schein*-Frieden. Zwar wurde, wie gesagt, am 9. Februar 1918 ein entsprechender Vertrag geschlossen. Aber da es in Charkow eine bolschewistische Gegenregierung gab, besetzten deutsche Truppen am 1. März Kiew, am 12. März Odessa, am 30. April Sewastopol, am 7. Mai 1918 Rostow. Da war schon im April die Nationalrada aufgelöst worden, machte Berlin General *Skoropadskij* zum »Hetman der Ukraine«. Und der widersetzte sich jeder Agrarreform, machte sich – und den Deutschen – so alle Bauern zu Feinden.
Diese ukrainischen Bauern waren ursprünglich Freie gewesen. Sie wurden von den Polen unterjocht, dann von den Zaren und aus den Bauerngütern Latifundien gemacht. Wie um ihre staatliche Selbständigkeit kämpften die Ukrainer um ihren Boden. Schon bei der Revolte von 1905 hatten Ukrainer eine große Rolle gespielt, der Führer der Meuterer auf dem Kreuzer »Potemkin« war ein Ukrainer wie der Organisator des »Sowjets« von Odessa und 1917 fielen *alle* ukrainischen Regimenter vom Zaren ab, hielten als Vertreter von 1,7 Millionen ukrainischen Soldaten rund tausend Delegierte zwei »Frontkongresse« ab, die die Unterstützung der erwähnten Kiewer »Zentralrada« beschlossen. Diese

Soldaten waren zu neun Zehnteln Bauern. Und wer deren Vertrauen verlor, verlor früher oder später die Ukraine.
Natürlich warnten Fachleute wie Professor *Auhagen,* der deutsche Landwirtschaftsexperte der Kiewer Militärverwaltung, der 1918 schrieb:
»Eine selbständige Ukraine zu stützen und zu schützen war seit Brest-Litowsk das erklärte deutsche Ziel.
Unter *Petljura* hatte sich das Volk erhoben, um sich gegen das großrussische Joch zu wehren. Wir aber stehen nun nicht auf der Seite dieses Volkes, sondern stellen uns schützend vor den Hetman, dessen Ministerium großrussisch eingestellt ist und allein die Interessen zaristischer Großgrundbesitzer vertritt ...«
Und so hatten die Bolschewiken leichtes Spiel. Da der Waffenstillstand vom November 1918 die deutschen Truppen zur Räumung der Ukraine zwang, kam es hier zu erbitterten Kämpfen zwischen den Nationalisten, den »Roten« und den »Weißen« und einer kurzlebigen anarchistischen Regierung und im Juni 1920 siegten die Bolschewiken. Da war Deutschlands Ostpolitik so gründlich gescheitert wie sie 1942—44 erneut scheiterte, war längst auch das von deutschen Truppen besetzte Georgien aufgegeben, das am 26. Mai 1918 seine Unabhängigkeit von Rußland erklärte und dessen *freiwillig* geliefertes Öl so kriegsentscheidend hätte werden können wie die *freiwillige* Hilfe einer verbündeten statt unterjochten Ukraine.
Die Mißerfolge der Alliierten aber waren nicht geringer. Denn auch sie unterschätzten sowohl die Friedenssehnsucht ihrer Völker wie *das Verlangen nach Selbstbestimmung aller* Unterdrückten, rechneten nicht damit, daß die Völker des Russischen Reiches den Föderationsversprechungen der Bolschewiken ebenso Glauben schenkten wie deren Friedensversprechungen. Der Föderalismus sucht das Gleichgewicht zwischen den Lebensrechten engerer und weiterer geographischer Einheiten herzustellen (ähnlich wie der Liberalismus das Gleichgewicht zwischen dem Individuum und der Gemeinschaft sucht). *Echter* Föderalismus verwirklicht die natürliche Stufenfolge von unten nach oben, bedeutet Dezentralisierung. Die Sowjetunion hingegen ist föderativ nur in ihrem *theoretischen* Staatsaufbau, bis ins kleinste Dorf herrschte hier ja die superzentralistisch aufgebaute und geleitete kommunistische *Partei* und wenn die 180 Völker der Sowjetunion nun (zum Unterschied von der Za-

renzeit) *ihre* Sprache sprechen und in *ihrer* Sprache Zeitungen und Bücher drucken dürfen, so muß ja deren *Inhalt* genau mit dem Übereinstimmen, was Moskau vorschreibt. Wie es *Potressow* sagte: »Lenin schuf die Keimzelle jenes kommunistischen Apparats, mit dessen Hilfe das kaum vom Zarismus befreite Rußland an Händen und Füßen gefesselt wurde und in die Hände einer neuen, keinesfalls besseren, vielleicht aber sogar schlechteren als der zaristischen, von den Volksmassen unabhängigen, völlig unverantwortlichen bürokratischen Hierarchie gelangte ...«
Aber das merkten die Volksmassen eben zu *spät*. Stalin, der »Volkskommissar für die Nationalitäten« geworden war, verkündete immer wieder das »Recht auf Sezession« als Kern des bolschewistischen Föderalismus. Aber da die Kommunistische Partei der Ukraine oder Georgiens oder der Burjat-Mongolischen Sowjetrepublik oder Kasachstans diese Sezession nicht wünschte ...
Wie die Sowjetvölker aber glaubten die des Westens an die Friedens- und Föderationsversprechungen der Bolschewiken denn die stimmten ja fast wörtlich mit denen Präsident Wilsons überein. Vor allem der *Glauben* an die »neue Welt«, die Russen *und* Amerikaner zu schaffen versprachen, verhinderte die gewaltsame Vertreibung der neuen Kremlmachthaber durch eine alliierte Intervention. Winston Churchill erklärte 1949:
»The strangling of Bolshevism at its birth would have been an untold blessing to the human race« –
»*Das Erdrosseln des Bolschewismus bei seiner Geburt wäre für die Menschheit ein unermeßlicher Segen gewesen.*«
Und das war *keine* späte Erkenntnis. Genau so dachte Churchill auch schon als Staatssekretär des britischen Kriegs- und Luftfahrtministeriums im Herbst 1918 und was immer er konnte, *tat* er damals, um den Bolschewismus im Keim zu ersticken. Aber fast *nur* er sah früh genug die bolschewistische Gefahr – und schloß später bewußt vor ihr die Augen, um Deutschland niederzuringen. Wenn wir heute wissen, daß der bolschewistische Umsturz von 1917 *das bisher wichtigste Ereignis unseres Jahrhunderts* war, so erschien er Lenins Zeitgenossen mit wenigen Ausnahmen als »irgendein« Putsch in einem zurückgebliebenen und nun völlig unwichtig gewordenem Land. Noch als Lenin und Präsident Woodrow Wilson 1924 kurz hintereinander starben, gab es in der »Weltpresse« für

den Russen nur wenige Zeilen Nachruf, für den Amerikaner ganze Seiten und da galt *nur* Wilson als »große, geschichtsformende Persönlichkeit«. *Niemand* sah damals auch in Stalin den möglichen neuen Herrn der Sowjetunion und in dem berühmten »Who's Who« wird Stalin erstmals 1934 erwähnt und da umfaßt seine Biographie ganze drei Zeilen, steht da:
»STALIN, Joseph Wissarianowitsch Dschugaschwili; geb. Gorki, Prov. Tiflis; Ehefrau Nadedja Sergejewna Alleluya (gest. 1932); zwei Kinder.«
Wurden die Bolschewiken von der Majorität aller Politiker und Wirtschaftsführer mehr als ein Jahrzehnt lang unterschätzt, so von führenden Intellektuellen und breiten Schichten der »Menschen guten Willens« *falsch* beurteilt. Da scheiterte Churchill, weil z. B. die englische Arbeiterpartei in Rußland »das große Experimentierfeld des Sozialismus« sah und Massendemonstrationen unter dem Schlagwort »Hände weg von Rußland« aufzog. Da wurde der Bolschewismus *nicht* »im Keim erstickt«, weil man 1918 in Paris und London wußte, daß man Meutereien riskierte, wenn man nach dem Zusammenbruch Deutschlands nennenswerte Truppenkontingente nach Sibirien oder Archangelsk, ans Schwarze Meer oder ins Baltikum senden sollte. Denn von dem, was z. B. Hermann *Hesse* im Dezember 1917 in seinem »Krieg und Frieden« schrieb, waren Unzählige überzeugt:
»... alle Völker, die auch nur die geringste Erfahrung vom Leide des Krieges gemacht haben, warten atemlos und betend auf die Ereignisse der russischen Friedensverhandlungen ... alle Welt ist diesen Russen von Herzen gut und dankbar dafür, daß sie
als erste unter den Völkern den Krieg an der Wurzel gepackt
haben, um ihm ein Ende zu machen ...«
Und an anderer Stelle:
»Wir haben mit Bewunderung und tiefem Herzklopfen zugesehen, wie die Russen die Waffen niedergelegt und ihren Friedenswillen bekundet haben. Kein Volk, das bei diesem wundervollen Schauspiel nicht ergriffen und tief im Herzen und Gewissen angepackt worden wäre ... Die Russen haben uns wiederum einmal die uralte religiöse, heilige Lehre gegeben, wie der Schwache der Mächtige sein kann ...«
Diese Hoffnungen hatte Lenin einkalkuliert. Während der Frie-

densverhandlungen in Brest-Litowsk sagte er seinen Parteifunktionären:
»Das Beispiel der sozialistischen Sowjetrepublik in Rußland wird als lebendiges Vorbild unter den Völkern aller Länder stehen, und die propagandistische Wirkung dieses Vorbildes wird gewaltig sein.«
Und so war es. Die Bolschewiken bauten die »Rote Armee« auf und predigten zugleich Frieden und die Welt hörte nur »Frieden«, denn nur das *wollte* sie hören. Und so besteht die Sowjetunion nun siebzig Jahre obwohl Lenin schon fünf Monate nach Trotzkis Putsch sagte, es sei die größte Überraschung seines Lebens, daß sie »noch nicht liquidiert« worden seien und hinzufügte:
»Keine fünf *Tage* hätten wir uns halten können, wenn die Kapitalisten einen Funken Solidaritätsgefühl besäßen ...«
Aber das besaßen sie eben 1917—20 so wenig wie heute und so überstanden die Bolschewiken auch einen Bürgerkrieg, wie es ihn in diesem Ausmaß noch *nie* gegeben hatte. Und da waren es *nicht* nur die Bolschewiken, die dafür sorgten, daß die Russische Revolution sofort auf das Deutsche Kaiserreich zurückwirkte, sondern ebenso die *Amerikaner.*
Daß Deutschland den Ersten Weltkrieg verlor, hat *viele* Gründe. Aber der »Frieden« von Brest-Litowsk ist einer der wichtigsten, denn der löste ja nicht nur die Gründung der »Roten Armee« aus, die die Ukraine zurückeroberte und die die Weißrussen schlug; dieser Vertrag bedeutete, wie schon gesagt, auch *die erste offizielle Anerkennung des bolschewistischen Regimes* und durch die Aufnahme diplomatischer Beziehungen zwischen Deutschland und Rußland »die Schaffung eines exterritorialen Hauptquartiers der Revolution in Berlin«
(wie Helfferich das richtig nannte): während Graf *Mirbach* als deutscher Botschafter nach Moskau ging, wo er am 6. Juli 1918 von Sozialrevolutionären ermordet wurde, kam am 22. März 1918 Adolf Abramowitsch *Joffe* als erster aller bolschewistischen Auslandsvertreter in die kaiserliche Reichshauptstadt und über dessen Amtsführung sagte im Juni 1919 Lenins damals vertrautester Mitarbeiter *Sinowjew:*
»Unser Berliner Gesandter machte keine Visite beim Kaiser und er trug auch nicht die Schleppe der Kaiserin. Sondern er kaufte

statt dessen mit Karl *Liebknecht* Waffen und verteilte sie an die Arbeiter. Dies war gewiß ungewöhnlich. Aber ebenso abnormal war ja auch
die Einladung eines hartgesottenen Revolutionärs in die kaiserliche Residenz
als priviligiertem Gesandten ...«
Die deutsche Regierung war damals eben so instinktlos wie der Zar, der sich 1914 freudig die Marseillaise angehört hatte. Und der 1883 als Sohn eines jüdischen Großkaufmanns in Simferopol geborene (und 1927 als »Trotzkist« von Stalin zum Selbstmord getriebene) Joffe verlor keine Zeit: Während des halben Jahres, das er in Berlin zubrachte, trafen 267 »diplomatische Kuriere« bei ihm aus Rußland ein und einer brachte als »Diplomatengepäck« zwölf Kisten von je einem Kubikmeter Inhalt in die Berliner Botschaft. Der deutsche Nachrichtendienst sorgte dafür, daß eine dieser Kisten über die Treppe des Bahnhofs Friedrichstraße fiel und zerbrach. Und da enthielt sie Karl Radeks Rede »Über den Zusammenbruch des deutschen Imperialismus«, in der Deutschlands Arbeiter und Soldaten zum bewaffneten Aufstand aufgefordert wurden.
Karl *Radek* befand sich auch selber in Berlin. Gleichzeitig mit Joffes Botschaft Unter den Linden wurde hier im März 1918 ein Büro der »ROSTA«, der »Rossiskoje Telegrafnoje Agentswo«, eingerichtet, der Sowjetischen Nachrichtenagentur, die Radek durch Zusammenlegung des Telegraphenbüros des Zarenreiches mit der Presseabteilung des Volkskommissariats für Volksaufklärung schuf. Dieses Büro trieb nicht nur Propaganda ganz großen Stils, sondern zahlte auch deutschen »Mitarbeitern« wie z. B. dem späteren Berliner Polizeipräsidenten *Eichhorn* und dem späteren preußischen Justizminister Dr. Kurt *Rosenfeld* fürstliche Honorare, d. h. war eine wichtige Bestechungsquelle. Führender Kopf der Berliner »ROSTA«-Vertretung war 1918 der spätere Mit-Errichter der Münchener Rätediktatur und frühere Pressechef der Sowjetregierung, *Axelrod*.
Nach seiner Ernennung zum Kommissar für Auswärtige Angelegenheiten hatte Leon Trotzki am 8. November 1917 gesagt:
»Ich werde ein paar revolutionäre Proklamationen an die Völker der Welt erlassen – und dann mein Büro schließen: Den Rest werden die selber tun ...«

In Deutschland wurden von Joffe und seinen Leuten ganze Güterzüge voll Proklamationen verteilt. Aber weit wirksamer noch waren die von Sinowjew erwähnten Waffen. Eine nach der Ausweisung Joffes am 6. November 1918 der Polizei in die Hände gefallene Rechnung beweist, daß allein zwischen dem 21. September und 21. Oktober 1918 die russische Botschaft 105.000 Mark für 210 Handfeuerwaffen und 27000 Revolverpatronen ausgab. Mit den – vor allem auch von Emil *Barth* verteilten – Waffen wurde »deutschen revolutionären Vertrauensleuten die Möglichkeit gegeben, die Geschicke Deutschlands in die Hand zu nehmen.«
Und die erwähnten 105.000 Mark waren natürlich nur ein Bruchteil der bolschewistischen »Subventionen«: In der Botschaft Unter den Linden selber besaß die »Unabhängige Sozialdemokratische Partei Deutschlands« (die, geführt von Huga *Haase,* schon am 21. März 1916 die deutschen Kriegskredite abgelehnt hatte) ein Büro und »Rechtsberater« Joffes war der stellvertretende Vorsitzende dieser Partei, Dr. Oscar *Cohn.* Dem Übergab in der Nacht vom 5. zum 6. November 1918 Joffe
acht Millionen dreihunderttausend Mark in Banknoten
»zur Förderung der deutschen Revolution«. Weitere 10,4 Millionen lagen für die »Unabhängigen« beim Bankhaus Mendelsohn & Co. (die allerdings nicht ausbezahlt wurden weil die Bank nach Joffes Abreise dessen Vollmachten nicht mehr anerkannte.)
Nun waren es nicht die Bolschewiken *alleine,* die den deutschen Novemberumsturz auslösten, auch nicht Helphand und v. Kühlmann *alleine* hatten ja die Russische Revolution ausgelöst. Mindestens ebenso wichtig für Deutschlands Zusammenbruch war
die »Revolutionsbeschleunigung« durch die Alliierten,
aber auch die, ja weitgehend eine indirekte Folge der Russischen Revolution und auch die ein Beweis für die Richtigkeit des Sprichwortes »Wer andern eine Grube gräbt ...« Denn einer der Chefs des amerikanischen militärischen Geheimdienstes während des Ersten Weltkrieges, des Büros »G-2«, Thomas M. *Johnson,* berichtet in seinem 1933 bei Payot in Paris erschienenen Buch »G-2, l'Intelligence Service Américain pendant la Guerre« *wie* wichtig für die Amerikaner die durch die russische Revolution »arbeitslos» gewordenen »Ochrana«-Agenten, die Geheimdienstmitglieder des »Heiligen Synod« und der zaristischen militärischen Abwehr wurden;

wie *die* den Amerikanern einen Geheimdienst in Asien aufbauten, den es bisher nicht gab; wie aber auch exrussische Agenten, die sich in der Deutschen Obersten Heeresleitung wie bei Krupp in Essen fanden, »bei der Beschleunigung der deutschen Revolution 1918 hervorragende Arbeit« leisteten. Johnson berichtet (S. 204 ff) u. a.:
»Wir hatten am 7. Oktober 1918 – mehr als einen Monat bevor sie dann eintrat – Berichte über die Abdankung Wilhelm II und wir wurden am 30. Oktober aus Berlin über die demnächst zu erwartende deutsche Revolution informiert ... Und daß der alliierte Nachrichtendienst gut über die Revolutionspläne informiert war, ist nicht erstaunlich, denn er half sie ja tatkräftig fördern ...
Wir haben die Flammen der deutschen Revolution ebenso geschürt wie die Deutschen die der russischen alimentiert hatten, nur konnten wir glücklicherweise das Übergreifen des Brandes auf unser eigenes Gebiet verhüten, was den Deutschen bekanntlich nicht gelang ... Unsere Aufgabe war, tatkräftig die Gruppen zu unterstützen, die Frieden um jeden Preis wollten, in Opposition gegen die Reichsregierung und die Militaristen standen und sich für eine sozialistische Republik einsetzten. Besonders, wenn man sie dafür bezahlte. Und sie werden *gut* bezahlt.«
»Diese alliierte – und vor allem amerikanische – Geheimdienstarbeit trug mindestens ebensosehr wie die Hungerblockade zur Stärkung der deutschen Sozialdemokratie bei ... Zu unserer Arbeit trat die deutscher Gruppen im Ausland, z. B. der deutschen Sozialrevolutionäre in Paris, die eng mit dem Deuxième Bureau zusammenarbeiteten und das Gift destillierten, das dann in die Adern des von ihnen gehaßten Kaiserreiches geleitet wurde. Vor allem die Reden Präsident *Wilsons* wurden von den deutschen Auslandsgruppen ins Reich geschmuggelt und taten da ihre Wirkung. Wir finanzierten auch eine Gruppe sozialdemokratischer deutscher Deserteure, die sich in Rotterdam gebildet hatte, mit Gesinnungsgenossen in Hamburg in Verbindung stand und ein Deutsch-Amerikaner druckte in Amsterdam im Geheimen Flugblätter, die besonders im Juni 1918 die wahren Verluste bekanntgaben, die die deutschen Sommeroffensiven kosteten. Aber den konnte die deutsche Gegenspionage verschwinden lassen, von dem hörten wir nie wieder etwas ...«
Die »superkapitalistischen« Amerikaner arbeiteten also in Deutsch-

land ebenso mit den Revolutionären zusammen wie sie das im zaristischen Rußland taten – und wie das die kaiserliche Regierung in Rußland getan hatte. Ideologien übten schon damals *keinerlei* echten Einfluß auf die »große Politik« aus, dienten wie heute nur der Vernebelung der Tatsachen und der Verdummung der Massen.
Bolschewiken und Westalliierte gemeinsam förderten die deutsche Novemberrevolution,
aber sie hatten natürlich nicht die gleichen *End*-Ziele und da die Russen in der deutschen Revolution den »Beginn der *Welt* – Revolution« sahen, schrieb Thomas M. Johnson weiter:
»Auch *nach* dem Kriegsende konnten wir unsere Arbeit nicht einstellen, denn war die deutsche Revolution von 1918 vollständig gewesen? Würde sie sich halten? Und würde sie die Bedingungen von Versailles annehmen?
Da war weiter die Gefahr der Bolslchewisierung Deutschlands, wenn nicht einer bolschewistischen Invasion, und so hatte G-2 mehr zu tun denn je. In Koblenz wurde deshalb eine ›politische Sektion‹ eingerichtet, die Oberst Newbold *Morris* leitete. Und als General George H. *Harries* mit einer amerikanischen Mission nach Berlin ging, um die Repatriierung der deutschen Kriegsgefangenen zu regeln, waren mehr als ein Dutzend seiner Offiziere Mitglieder des G-2 und ihr Büro im Hotel Adlon eine unserer wichtigsten Dienststellen. Sie arbeiteten mit dem Büro zusammen, das General *Pershing* zu seiner persönlichen Information in Trier eingerichtet hatte und das zuerst Brigade-General Preston *Brown* und später Oberst A. L. *Conger* unterstand. Trier sollte vor allem
alle Absichten einer deutsch-russischen Zusammenarbeit zunichtemachen
und den – durchaus ernst zu nehmenden – Versuchen der Errichtung einer deutschen Sowjetrepublik entgegenwirken, die mit der russischen verschmolzen werden sollte ... *Darum* unterstützten wir mit allen Mitteln den Reichspräsidenten *Ebert* und den Reichswehrminister *Noske* (der bekanntlich die Spartakusaufstände niederschlug und dessen Kraftfahrer übrigens ein Amerikaner und einer unserer Leute war). Und gab es da französische, britische und deutsche Widerstände, so wurde unsere Politik nicht zuletzt auch von gewissen Amerikanern bekämpft, die Mit-

glieder der Pariser Friedensdelegation waren und von eigenen Landsleuten wie z. B. dem Texaner Robert A. *Minor,* der Redakteur des »Daily Worker« und ein fanatischer Kommunist war und in Düsseldorf eine Organisation aufbaute, die die amerikanischen Truppen am Rhein ebenso bolschewistisch beeinflussen sollte wie er das bereits beim Expeditionskorps in Archangelsk getan hatte. Wir schmuggelten einen unserer Leute, einen Deutschen, der den Decknamen ›Siegfried‹ trug, in Minors Organisation ein und verhafteten schließlich die ganze Bande. Minor wurde nur deshalb nicht erschossen, weil sich Colonel *House* für ihn bei Präsident *Wilson* einsetzte, House ein Freund Richter Minors, des Vaters des Bolschwiken, war ...«

All dies ist lange her.

Aber ist es »tote« Geschichte?

Muß, wer die Hintergründe der russischen und der deutschen Revolution kennt, sich nicht auch Gedanken über die Hintergründe der deutschen Energiepolitik machen? Wieso gab es in Frankreich nach Tschernobyl keinerlei Hysterie, in Westdeutschlad wohl? Wieso gibt es in Japan, dessen Volk als bisher einziges zwei Nuklearexplosionen *erlebte,* keinerlei Diskussion über die Fortsetzung des Kernenergieausbaus, bei uns geradezu frenetischen Streit? In Japan und der BR betrug 1985 der Atomstromanteil an der Gesamtelektrizitätsgewinnung 23 %, in Frankreich aber 59 % und 1986 sogar 71 %. Und wieso wird dann in Westdeutschland und nicht in Frankreich der »Ausstieg« aus der Kernenergie nicht nur von den »Grünen« gefordert, sondern auch von Landesregierungspräsidenten und Kanzlerkandidaten?

Es mag sein, daß es dafür keine »Hintergründe« gibt. Daß »nur« der Drang, um *jeden* Preis gewählt zu werden, unsere Politiker dazu treibt, die Augen vor den Folgen eines Verzichts auf den raschen *Ausbau* unserer Energieversorgung zu schließen: Nicht in der Sowjetunion selber, nicht in Amerika und nicht in Japan wirkt sich Tschernobyl verheerend aus. In Deutschland wohl. Und *wie* soll da z. B. die Stellung der Bundesrepublik als zweitbedeutendstes (und bei der Pro-Kopf-Ausfuhr weitaus an der Spitze stehendes) Exportland erhalten bleiben? *Wie* sollen wir da der »Russischen Gefahr« widerstehen können, wenn wir die gleichen Fehler machen wie die Amerikaner zur Zeit, als es um das bolschewistische Öl ging?

XII
Das Erbe der Brüder Nobel

Rußlands Mineralölindustrie und die bolschewistische Nutzung der internationalen Trustkämpfe

Der Winter des Jahres 1918 ist eisig. Achtzehnmal haben nun die verödeten Felder, die zwischen Rostow am Don und Kiew liegen, den Besitzer gewechselt und der schmutzige Schnee deckt zahllose Leichen. In wenigen Tagen soll die deutsche Front aufgehoben, die deutschen Truppen zurückgezogen werden und so kommt die kleine Flüchtlingsgruppe in der mondlosen Nacht gerade noch zurecht. Die Wachen haben sie für Bauern gehalten, aber die von der Tscheka Verfolgten entpuppen sich als der verkleidete Wirkliche Geheime Staatsrat Exzellenz Dr. Immanuel *Nobel* mit drei Familienmitgliedern und dreien seiner Direktoren.
Und daß es dem nun neunundfünfzigjährigen Sohn des Begründers der russischen Mineralölindustrie und Neffen des Stifters der Nobelpreise gelungen ist, die deutschen Linien zu erreichen; daß er weiter nach Paris gelangt und sich schließlich in Oberhof im Thüringer Wald niederlassen kann (wo er 1931 stirbt), hat Folgen für die ganze Welt. Denn Immanuel Nobel verkauft 1920 die Hälfte seiner russischen Ölrechte an die Standard Oil Co. of New Jersey, überträgt damit ein Viertel der Erdölförderung des Kaukasus. Er löst dadurch einen weltpolitischen Schacher aus, wie es ihn wirkungsreicher kaum je gab. Denn Öl bedeutet ja längst nicht nur Geld, sondern auch *Macht*.
Am 15. Dezember 1917 kabelt Frankreichs Premierminister *Clemenceau* an Präsident *Wilson:*
»*Ein Tropfen Öl ist uns einen Tropfen Blut wert.*«
Schon 1917 hat Wilson gesagt:
»Die Weltgeltung der Nationen hängt von ihren Ölschätzen ab.«
Und im gleichen Jahr präzisiert Sir Eliot *Alves*, Direktor der Royal-Dutch-Shell:

»Armeen, Flotten, alles Geld der Welt und ganze Völker sind ein Nichts gegen den, der das Öl dirigiert!«

Öl aber besitzt Rußland reichlich, die geologische Karte der Sowjetunion zeigt 11,9 Millionen Quadratkilometer als erdölhöffig – die achtundvierzigfache Fläche Westdeutschlands.

Was stimmen mag oder nicht stimmen mag, aber jedenfalls förderte Rußland 1901 statt nur 9000 Tonnen im Jahre 1865 mehr als elf Millionen Tonnen Öl gegen die damals neun der USA, entfielen auf das zaristische Rußland 51 % der *Welt*-Förderung.

Und trug »eine Woge von Öl« die Alliierten zum Sieg, so waren »Wogen von Öl« auch entscheidend am Sieg der Bolschewiken beteiligt, erwies sich »das Erbe der Brüder Nobel« als

die lange wichtigste Wirtschaftshilfe Moskaus,

wurde mit Ölgeld die kommunistische Propaganda in Deutschland wie in dutzenden Ländern bezahlt.

Bekannt sind Rußlands Ölschätze schon seit Jahrtausenden: Erdgas, das aus dem Boden der Halbinsel Apscheron drang, fing Feuer und die Riesenfackeln spiegelten sich nachts im Kaspischen Meer, tauchten den Himmel in feurige Glut, als um 600 vor Christi Geburt der Perser Zarathustra in diese Gegend kam. Der sah in den »ewigen Feuern« eine Manifestation des gnadenspendenden Gottes Ahura-Masda und Rußlands Öl schuf so eine Religion, die noch heute ihre Anhänger hat.

Dieses Öl floß im Gebiet von Baku auch in Bodensenken zusammen, verunreinigte Bäche – und das schien noch 1840 der Petersburger Akademie der Wissenschaften

»ein schwarzer, stinkender Stoff, zu nichts gut, außer vielleicht zum Schmieren von Wagenrädern.«

Aber dann wies der Yale-Professor *Silliman* nach, daß aus Naphta Leuchtpetroleum zu gewinnen ist, erfand der 1855 die erste brauchbare Petroleumlampe, eine Lampe mit Docht und Zugzylinder. Da untersuchten Karl *Engler* und Justus *Liebig* den »schwarzen, stinkenden Stoff«, entwickelten sie die Raffinationstechnik. Da brachte am 27. August 1859 Edwin Laurent *Drake* bei Titusville in Pennsylvanien die erste »Tiefbohrung« Amerikas nieder, eine Ölsonde von 23 Metern, und damit begann

der Aufstieg der »Weltmacht Öl«

und der Aufstieg der russischen Mineralölindustrie, denn da er-

kannte auch Robert *Nobel* die Bedeutung der Petroleumbeleuchtung, richtete er in Petersburg eine Fabrik zur Herstellung der Petroleumlampen »Marke Aurora« ein.
Robert Nobel war ein Sohn des aus Schweden in Rußland eingewanderten Ingenieurs Immanuel Nobel sen., der in Petersburg eine Maschinenfabrik gründete, die Zarenarmee mit Kanonen belieferte und im Krimkrieg Multimillionär wurde. Der verlor sein Geld auch nicht durch so ausgefallene Ideen wie die eines unterirdischen Röhrensystems aus Sperrholz, das »die Särge mit Leichen aus den Städten viel billiger und hygienischer zu den Vorortfriedhöfen befördern« sollte als das die Leichenwagen taten, und der konnte so seinen Sohn Alfred finanzieren, der das Dynamit erfand, und der machte auch Robert und Ludwig Nobel finanziell unabhängig.
Ludwig setzte das Rüstungsgeschäft des Vaters fort, besaß unter anderem eine Gewehrfabrik. Für die Gewehrschäfte wurde Nußholz verwendet, das es in besonders guter Qualität im Kaukasus gab und so besuchte Ludwig Nobel anläßlich einer Holzeinkaufsreise auch
 das Ölgebiet von Baku.
Nirgends auf der Welt gibt es auf so kleinem Raum so viel »flüssiges Gold«: Das Bakurevier umfaßt nur etwa 50 Quadratkilometer, aber obwohl hier seit 1869 Öl gewonnen wird, ist von einer Erschöpfung der Vorräte noch nichts zu merken. Ein »Springer« wie z. B. der 1882 bei Bibi Eibat erbohrte gab tausend Tonnen pro *Stunde,* 1883 und 1895 angebohrte Quellen 8000 und 16000 Tonnen täglich.
Ludwig Nobel erkannte die Bedeutung dieser Region und er sah nicht nur das Geschäft, sondern auch die kulturelle Bedeutung des Petroleumlichtes, das Lesen können, das es in den endlosen russischen Winternächten bedeutete. Sein Bruder fabrizierte ja bereits Lampen. Aber für die wurde Leuchtpetroleum aus Amerika importiert, das so für die Bauern unerschwinglich blieb. Ludwig, Robert und Alfred Nobel gründeten deshalb die »Naphtagesellschaft Gebrüder Nobel«, kauften, als 1872 das Staatsmonopol für die Naphtanutzung aufgehoben wurde, das Ölfeld von Balachani und förderten schließlich vier Zehntel *allen* russischen Öls, weil sie als erste Bohrtürme aufstellten statt Öl*brunnen* zu graben; die erste Ölrohrleitung Europas bauten; und
 die Begründer der Tankschiffahrt
waren. Die Brüder Nobel schufen die *Voraussetzungen* dafür, daß

Rußlands Erdölföderung von 0,4 Millionen Tonnen im Jahre 1880 auf 10,4 Millionen t 20 Jahre später stieg – und Ludwig Nobel schuf zugleich eine der Hauptvoraussetzungen für das Wachstum der *Welt*-Mineralölindustrie, denn nicht nur in Rußland wurde ja zu seiner Zeit Öl in Fässern auf Karren transportiert und in Fässern auf Segelschiffen über die Meere gebracht (weil auf Dampfern die Feuersgefahr zu groß schien). *Nirgends* gab es vor 1874 Tankschiffe. Ludwig Nobel aber ließ sie bauen, zuerst aus Holz, seit 1877 aus Eisen. Als erster Tankdampfer der *Welt* lief damals in Göteborg Nobels »Zoroaster« vom Stapel, dessen Lagerraum unterteilt und gegen die Maschinenkamer isoliert war und der sich von den heutigen Tankern im Grunde nur durch seine Größe unterschied: Er verdrängte 140 Bruttoregistertonnen, wurde zerlegt nach Rußland transportiert und in Baku zusammengebaut, um das Kaspische Meer zu befahren, über Astrachan und die Wolga Leuchtpetroleum ins Innere des Landes zu bringen.

Wie Ludwig Nobel den Mineralöltransport revolutionierte, so die Gewinnung und Raffination, er baute die *erste* Raffinerie Rußlands in Baku, besaß als erster Eisenbahntankwagen, baute nicht nur eine Rohrleitung von seinen Feldern zu dieser (von Justus Liebig entworfenen) Raffinerie, sondern setzte auch den Bau der 700 km langen Pipeline von Baku nach Batum am Schwarzen Meer durch, die ebenfalls die *erste* ihrer Art war und lange die bedeutendste Ölleitung der Welt blieb, den sechsfachen Durchmesser der gleichzeitig in Amerika gebauten hatte. Vor allem, weil sie Batum als Ölhafen brauchten, nahmen die Russen 1878 der Türkei diese Stadt ab.

Als Ludwig Nobel 1888 starb, beschäftigte die Firma schon 5000 Leute, besaß sie 26 Tanker und über 500 Tankwaggons. Er hinterließ zehn Kinder und ein Vermögen von 35 Millionen Rubel – damals 76 Millionen Mark – und da sein ältester Sohn Immanuel so tüchtig war wie der Vater und Großvater wuchs das Unternehmen rasch weiter. Immanuel Nobel wurde für das russische Öl was John D. Rockefeller sen. für das amerikanische war. Er brachte den zersplitterten Besitz in seine und einige wenige andere Hände, organisierte einen russischen Gemeinschafts-Öl-Export, der sich auf dem Weltmarkt sehr bald fühlbar machte, obwohl sich das russische Öl kaum je in Kämpfe verwickeln ließ, wie sie sich Amerikaner und Engländer ständig lieferten. Nobel baute eine Verteilungsorganisation in Rußland auf, die das kleinste und fernste Dorf umfaßte. Er belieferte natürlich auch die russische Flotte und die Eisenbahnen, wurde Mitglied der Akademie der Wissenschaften, Träger höchster Orden und täglich reicher, zog aber nicht in die Hauptstadt, sondern ließ berühmte Gärtner kommen und verwandelte das Ölverpestete Ödland nahe Baku in einen üppigen Blumengarten, legte rings um seine »Villa Petrol« weite Rasenflächen und schattige Alleen an. Hatte schon Ludwig Nobel für seine Zeit vorbildliche soziale Einrichtungen geschaffen und seine Arbeiter bereits 1885 am Gewinn beteiligt, so behandelte auch Imannuel Nobel jun. seine Leute ungleich besser als seine Konkurrenten, hatte er während der Revolutionswirren von 1905 weit weniger unter Sabotageakten zu leiden als sie. Aber 1917 wurde er von Kerenski entschädigungslos enteignet wie jedermann, mußte er sich im Kaukasus verstecken, weil die Tscheka ihn jagte, und floh schließlich.

Und das taten zahlreiche andere Ölfeldbesitzer auch. Bis zum Tode Zar Alexander III im Jahre 1894 erhielten Ausländer in Rußland keine Ölkonzessionen und so wurden neben den Brüdern Nobel (die längst russische Staatsbürger geworden waren) Familien wie die Atsaturows oder die Schibajews durch das Bakuöl groß. Auch die traten ihre Rechte an englische und amerikanische Konzerne ab, denn die waren zum Unterschied von neun Zehntel aller westlichen Kapitalisten *nicht* so sicher, daß sich »das Räuberregime der Bolschewiken« unmöglich halten *konnte.*

Neben russischen hatte es seit Ende des vorigen Jahrhunderts auch ausländische Mineralölgesellschaften im Zarenreich gegeben, als erste eine von den Rothschilds finanzierte russisch-französische, bald auch mehr und mehr englische und bei Ausbruch der Revolution waren in Baku, dem nördlich Baku liegenden Revier von Grosny, in Maikop (das am Westhang des Kaukasus liegt) und im Revier Emba jenseits des Kaspischen Meeres rund 564 Millionen Goldmark ausländischen Kapitals investiert, davon rund 360 Millionen britisches und 140 Millionen französisches. Und nun kam etwa ebensoviel durch »Besitzabrundungen« hinzu: Sir Henry *Deterdings* Royal-Durch-Shell war schon seit 1902 am russischen Rothschildbesitz beteiligt, »ergänzte« den nun durch den Kauf der »Schibajew Co.« und der »Baku Russian Co.«, Firmen, die zusammen 174 Millionen Mark Kapital besessen hatten. Deterding schloß im Mai 1920 in Pa-

ris ein Abkommen mit den Brüdern Atsaturow, durch das er sieben Zehntel aller Felder von Grosny bekam. Er gründete
   die »*Anglo-Caucasian Oil Co.*«,
kaufte von anderen Emigranten in diesem Gebiet lagernde Rohre und ließ trotz des Bürgerkrieges Pläne für eine Rohrleitung Grosny-Noworossisk ausarbeiten, die eine Kapazität von 9 Millionen Jahrestonnen erhalten sollte. Oberst J. W. *Boyle* reiste für Deterding in den Kaukasus, um da die »Unabhängigkeitsbewegung« zu fördern und tat das auch mit Zustimmung Lord *Curzon's*, Sir Edmund *Ovey's* und durch deren Vermittlung Premierministers David *Lloyd George's*.
Grosny und Maikop wurden auch – wie erwartet – »ein zweites Baku«. Sie übertrafen dieses Revier sogar bald bei weitem. Nur bekam nicht Deterding das Öl: Die Weißrussen wurden besiegt, ein »selbständiges« Kaukasien kam nicht zutande und als England die Bolschewiken durch einen Verkaufsboykott des Öls mürbe machen wollte, fielen ihm die Amerikaner in den Rücken.
Natürlich fragt man sich heute, wieso Deterding oder die Standard Oil *glauben* konnten, reale Werte von den Emigranten zu erwerben, denn die Rechtslage schien doch von Anfang an klar:
Die russische Mineralölindustrie wurde am 1. November 1917 von der Regierung *Kerenski* verstaatlicht, die die USA wie England und die anderen Alliierten als rechtmäßig anerkannten und tatkräftig unterstützten.
Immanuel Nobel war russischer Staatsbürger wie die Brüder Atsaturow. Sein Besitz wurde 1917 enteignet und so konnte er ihn nicht drei Jahre später verkaufen, auch wenn die Käufer Amerikaner waren und ebensowenig spielte es juristisch eine Rolle, daß als Käufer anderer Emigrantenbesitzungen Engländer auftraten.
Aber auf die Rechtslage alleine kam es im Ölgeschäft *nie* an. Das Russische Reich war 1918–20 am Zerfallen. Die Bolschewiken waren völlig isoliert, schienen den Westmächten auf Gnade und Ungnade ausgeliefert, weniger durch deren Interventionstruppen als durch die am 30. Oktober 1919 von den Alliierten verhängte
   »*totale Wirtschaftsblockade« gegen Sowjetrußland*,
die eine furchtbare Hungersnot auslöste und das ganze Land zu paralysieren drohte.
Verursacht wurde diese Blockade durch die bolschewistische Erklä-

rung vom 24. Februar 1918, die sämtliche russische Staatsschulden aufhob. Diese Schulden hatten durch den Krieg 70 Milliarden Goldmark erreicht und von denen waren rund 25 Milliarden Auslandsverpflichtungen, England hatte damals 5,7 Milliarden Goldrubel zu erhalten, Frankreich 4,4 Milliarden und dazu kam der Schaden durch die Enteignungen: Hatte schon Kerenski die Mineralölindustrie verstaatlicht, so enteigneten die Bolschewiken am 28. Juni 1918 *alle* Unternehmen mit mehr als einer Million Rubel Kapital und darunter fielen natürlich *alle* ausländischen Großbetriebe. Ebenso alle Handelsfirmen, denn schon am 18. April 1918 war ja auch der gesamte russische Außenhandel zum Staatsmonopol erklärt worden. Nun verlief allerdings die alliierte Intervention so wenig nach Plan wie der ganze Bürgerkrieg und so wurde vom Westen gedroht und gelockt, blockiert, interveniert und verhandelt *zugleich*. Nicht zuletzt dank der Geschicklichkeit von
Leonid Borissowitsch Krassin,
der 1870 als Sohn eines Staatsbeamten in Kungur in Sibirien geboren wurde, an den Technischen Hochschulen von Petersburg und Berlin-Charlottenburg Maschinenbau studierte und dann als Ingenieur für den Industriellen *Morosow* arbeitete, einen der reichsten Leute Rußlands, der ihm bis zu seinem Tod monatlich 4000 Mark für die bolschewistische Partei übergab und zwei Tage vor seinem Selbstmord in Cannes im Winter 1905 mehrere hunderttausend Rubel in bar. In Deutschland und 1912–17 in Rußland für die Firma Siemens tätig, war Krassin, wie erwähnt, als »Nikititsch« auch einer der erfolgreichsten bolschewistischen »Expropriatoren«, leitete er nach der Revolution die »Außerordentliche Kommission zur Versorgung der Roten Armee« und trug durch den Munitionsnachschub entscheidend zu deren Siegen bei. Krassin wurde Vorsitzender des Obersten Volkswirtschaftsrates, Volkskommissar für Handel und Industrie, für das Verkehrswesen und schließlich für den Außenhandel, leitete zugleich die »Zentrale Russische Genossenschaftsunion« und wurde in dieser Eigenschaft 1920 von Lloyd George nach London eingeladen.
Denn am 9. November 1919 hatte der ja erklären müssen:
»Mit dem Schwert kann der Bolschewismus nicht mehr unterdrückt werden.«
Da hatte der Premierminister dem Unterhaus eingestehen müssen,

daß für die Unterstützung der Weißrussengeneräle von England *vergeblich* 79 Millionen £ oder damals rund 1600 Millionen Mark ausgegeben worden waren, rund dreißigmal so viel als das kaiserliche Deutschland für die Revolutionierung Rußlands aufwendete. Nun versuchte Lloyd George es »gütlich« und Krassin tat sein Möglichstes, um ihn in dem Glauben zu bestärken, Moskau sei zu Konzessionserteilungen wie zu Verhandlungen über die russischen Schulden bereit. »L. B. Krassin« hieß der lange größte Eisbrecher der Sowjetunion und das war eine sehr treffende Namenswahl, denn Krassin vor allem setzte am 1. Februar 1920 die Aufhebung der Hungerblockade durch und durch ihn kam
  der erste aller Wirtschaftsverträge zwischen den Bolschewiken und einer kapitalistischen Macht
zustande, der britisch-russische Handelsvertrag vom 16. März 1921, der den »Seuchenschutzgürtel«, den die Alliierten um Rußland gelegt hatten, durchbrach und sehr bald Schule machte: Durch das britische Beispiel angeregt kam es am 6. Mai 1921 zu einem Handelsabkommen der Sowjets mit Deutschland; am 2. September 1921 mit Norwegen und Anfang 1922 mit Italien. Alle bedeuteten die de-facto-Anerkennung des Sowjetregimes und zugleich, daß die Bolschewiken enteignete und beschlagnahmte Güter im Westen verkaufen konnten, *ohne* daß von den früheren Besitzern dagegen rechtlich eingeschritten werden konnte.

Führte Krassin in London Regierungsverhandlungen, so aber auch höchst wichtige private: Mit dem britischen Bergbaumagnaten *Urquarth* z. B. über Konzessionen in Sibirien. Und mit dem amerikanischen Öl-Magnaten Harry F. *Sinclair* über Ölkonzessionen und die wurden *entscheidend* wichtig, als die Konferenz von Genua, die offiziell »ein neues Verhältnis zu Rußland« schaffen sollte, scheiterte.

Vom 10. April bis 19. Mai 1922 tagend, sollte diese »Weltwirtschaftskonferenz« (der mit gleich negativem Erfolg dann 1927 und 1932 zwei weitere folgten) ursprünglich in Genf stattfinden aber Lloyd George verwechselte »Geneva« mit »Genoa« und die Italiener griffen das sofort freudig auf. Sie sollte – einer Vereinbarung mit Briand gemäß – auch die Reparations- und die Abrüstungsfrage behandeln, aber Briand wurde gestürzt und dessen Nachfolger Poincaré weigerte sich, dieses Programm zu übernehmen und so wußten

die Vertreter der 23 Staaten, die sich hier trafen, nicht, worüber sie eigentlich reden sollten, wurde diese Konferenz, an der erstmals nach dem Krieg auch Deutsche und Russen teilnahmen, praktisch *eine Versammlung der Sowjetgläubiger* und vor allem der enteigneten Mineralölgesellschaften, deren Vertreter zwei Stockwerke des Hotel Colombia belegten und die so optimistisch gestimmt waren, daß z. B. die Aktien der »British Maikop Oil Co.«, die ein Nominale von zwei Shilling hatten und Ende 1917 auf eineinhalb Pence gefallen waren, nun wieder auf 1 Shilling standen.
Aber es gab *viele* enteignete Ölgesellschaften. Die waren sich über Art und Höhe der Entschädigungen wie über die Bedingungen neuer Konzessionen keineswegs einig – und das wußten die Russen natürlich. Und so ...
Am 15. April 1922 treffen sich Lloyd George, Barthou, Krassin, Litwinow und Tschitscherin im berühmten Genueser Restaurant Ferrari. Premierminister Lloyd George bringt das Gespräch auf die Ölfelder und meint, die Russen alleine wären wohl nicht in der Lage, sie wieder voll in Gang zu bringen. Krassin antwortet, man sei immerhin schon wieder bei 44 % der Vorkriegsproduktion angelangt.
»Aber statt dessen könnten es doch 440 % sein!«
erklärt Lloyd George.
»Warum schließen Sie mit den früheren Besitzern nicht einen Pachtvertrag auf 99 Jahre?«
»Die ehemaligen Besitzer gehen uns nichts an«,
sagt Litwinow.
»Wichtig ist für uns nur der Preis, den wir für eventuelle neue Konzessionen erhalten.«
Lloyd George wird ärgerlich:
»Vergessen Sie, Herr Litwinow, daß Ihr Land England 2600 Millionen Pfund schuldet? Ich würde an Ihrer Stelle entgegenkommender in der Ölfrage sein!«
Litwinow aber erwidert ruhig:
»Wie Exzellenz auf diese Summe kommen, weiß ich nicht. Die Arbeiten der Sonderkommission, die die Schuldenhöhe feststellen soll, sind ja noch nicht abgeschlossen. Aber unsere Experten haben jedenfalls bereits ausgerechnet, daß die britische Interven-

tionsarmee, die widerrechtlich Teile unseres Landes und darunter auch Baku besetzte, Rußland einen Schaden von mindestens 5000 Millionen £ zufügte ...«
Lloyd George glaubt, nicht richtig zu hören. Waren die Russen wahnsinnig geworden? Begriffen sie nicht, welche Chance es für sie bedeutete, daß er sie in Genua zugelassen hatte? Litwinow wie Krassin und Tschitscherin begreifen das anscheinend nicht und so sagt Frankreichs Außenminister Barthou:
»Ich glaube, wir sollten lieber vom Wetter reden!«
Inzwischen verhandelt auch die Royal Dutch mit den Russen über 99 Jahre Pacht. Da keine Ölquelle 99 Jahre lang Öl gibt ... Amerikaner und Franzosen aber reden nicht einmal von Pacht:
»*Rückgabe der gestohlenen Felder*«
wird gefordert. Und zwar sofort.
»Andernfalls?«
fragt Krassin. Und da liegt der Haken: Einen Ölkrieg zu führen ist das amerikanische Volk so wenig bereit wie das englische oder französische. Man kann den Russen also nicht mit Handlungen drohen, sondern nur mit dem *Unterlassen* von Handlungen:
»Wenn ihr nicht zahlt, bekommt ihr keine Kredite!«
heißt es.
Aber *wie* dringend brauchen die Russen Kredite? Sie produzieren Öl und das können sie verkaufen.
»Das darf ihnen *niemand* abkaufen!«
erklärt Deterding.
»Das ist *gestohlenes* Öl! Wer es kauft, ist ein Hehler!«
Aber auch Deterding ist verhandlungsbereit und so wirft er den Russen einen Köder hin: Falls vorerst der »Altbesitz« entschädigt wird ...
Am 2. Mai 1922 schlagen die britischen Ölunterhändler in Genua den Russen einen Konzessionsvertrag vor, dessen Artikel 7 alle Interessenten ausschließt, die nicht schon *vor* dem Verstaatlichungsdekret vom 1. November 1917 in Rußland tätig waren. Damit sparen die Russen *sehr* viel Geld – und damit ist die amerikanische Konkurrenz ausgeschaltet, denn die Standard Oil hat ja erst 1920 die Hälfte der Nobelinteressen erworben.
Die USA sind in Genua amtlich nicht vertreten. Aber am 11. Mai 1922 teilt der amerikanische Botschafter in Rom, *Child*, im Auftrag seiner Regierung den Konferenzteilnehmern mit:

»... Was die Ölfragen angeht, wird festgestellt, daß die Regierung der USA es als ihre Pflicht ansieht, die Interessen und das Eigentum ihrer Bürger in Europa und überall sonstwo zu verteidigen. Sie wird also keiner nationalen oder internationalen Vereinbarung zustimmen, die nicht Offene Tür und gleiche Rechte für alle beinhaltet ...«
Damit ist *endgültig* klar:
Eine alliierte Einheitsfront gegen die Bolschewiken gibt es nicht.
Damit ist auch die Karriere von Lloyd George zu Ende, im Ölschlamm erstickt. Der versucht es noch einmal, setzt die Einberufung einer neuen Konferenz durch, die dann am 15. Juni 1922 in Den Haag eröffnet wird. Die bedeutet seine politische Beerdigung: Kein Prominenter nimmt mehr an dieser Zusammenkunft teil. Im nahen Scheveningen aber verbringen »zufällig« Sir Henry Deterding, Sarkis Gulbenkian und Oberst Boyle gleichzeitig mit französischen Ölgewaltigen ihre »Ferien«. Man einigt sich. Und daraufhin einigt sich im Haag auch die französische und britische Regierungsdelegation und da die Franzosen hier auch die Interessen der Amerikaner wahrnehmen ...
Aber die Russen haben inzwischen ihre eigenen Partner gefunden. Durch den Vertrag von Rapallo ist die »DEROP«, die »Deutsch-Russische Petroleumgesellschaft« zustandegekommen und vor allem hat ja 1922 Harry F. *Sinclair* ein Konsortium amerikanischer Ölfirmen zustandegebracht, die russisches Öl in aller Welt verkaufen. Als am 19. Juli 1922 die Alliierten Litwinow im Haag ein Ultimatum stellen: Unterzeichnung eines Ölabkommens oder Abbruch der Verhandlungen, lassen die Bolschewiken die 24 Stunden Frist verstreichen.
Harry F. Sinclair
hat nicht als Zeitungsjunge begonnen, sondern bereits Millionen von seinen Eltern geerbt. Verspekuliert die allerdings sehr rasch, verdient aber durch Weizentransaktionen ein neues Vermögen. 1903 wendet sich Sinclair dem Öl zu. Er kauft Indianern ihre Recht ab, kauft Felder überall auf der Welt und besitzt bei Ausbruch des Ersten Weltkrieges gut 50 Millionen $. Sinclair besitzt auch Konzessionen in Persien und Rußland. Um die zu retten, erscheint er 1919 auf dem Balkan, stellt er aus zurückflutenden Weißrussen eine Privatarmee von 8000 Mann auf. Aber bevor die noch zum Einsatz kommen, erkennt Sinclair, daß die »Roten« siegen werden. Viel ra-

scher als Sir Henry Deterding, der in zweiter Ehe mit der Tochter eines russischen Generals, mit Lydia Pawlowa Kudayarow, verheiratet ist, stellt er sich um, fährt nach London und nimmt da Kontakt mit Leonid Krassin auf.

Krassin ebnet als Leiter der Sowjetischen Handelsvertretung in England Sinclair alle Wege. Der mietet zwei Decks der »Homeric« für seine Experten und einen Sonderzug, der sie nach Moskau bringt, wird dort sofort von Lenin und allen andern bolschewistischen Großen empfangen, denn die wissen, daß Sinclair zu den intimsten Freunden des Präsidenten *Harding* gehört, daß er ein Freund des amerikanischen Staatssekretärs *Doheny* ist. In Sinclairs Begleitung befinden sich Senator Albert B. *Fall* und Archibald *Roosevelt*. Die Russen haben also allen Grund, anzunehmen, Sinclair könne die Anerkennung des Sowjetregimes durch Washington durchdrücken – und zu der wäre es sehr wahrscheinlich auch schon damals und nicht erst 1934 gekommen, wenn Präsident Harding nicht im Sommer 1923 plötzlich gestorben wäre – und durch das Auffliegen des Teapot-Dome-Skandals (der Verschacherung der amerikanischen Marineölfelder an Sinclair und seine Freunde) der inzwischen Innenminister gewordene Mr. Fall und Sinclair selber ins Gefängnis gekommen wären.

Vorerst jedenfalls kommt im Moskau ein Vertrag zustande, durch den sich Sinclair am 6. November 1923 verpflichtet, 115 Millionen $ zur Modernisierung der Ölfelder von Baku und zur Erschließung der Ölvorkommen auf Sachalin zu investieren. Die Sowjets übertragen ihm dafür praktisch die Generalvertretung ihrer staatlichen Öltrusts, des »Asneft« und »Soyusneft«, sodaß er so gut wie alleine alles russische Öl hätte verkaufen können.

Nur sitzen auf Sachalin die Japaner. Die haben die alliierte Sibirienintervention *nicht* wie die Amerikaner und Engländer abgebrochen, und die Japaner verhaften nun Sinclairs Ingenieure. Und Washington deckt die nun *nicht*, denn Außenminister ist damals Charles Evans *Hughes*, ehemaliger Anwalt und Direktor der Standard Oil. Hughes hält die Protestnoten an Tokio in so flauem Ton, daß Japan fest bleibt. Und inzwischen stellt sich, wie gesagt, heraus, daß Sinclair Staatssekretär Fall mit 260.000 $ bestochen hat, um das Marineöl von Teapot-Dome in Wyoming und von Elks-Hill in Kalifornien zu bekommen.

Sinclair fällt also 1924 aus. Aber nun schaltet sich die Standard Oil of New Jersey (die heutige Exxon Corporation) ein, die zu ihrem Nobelbesitz auch den »Nachlaß« Dohenys und Sinclairs übernommen hat. Deren Tochtergesellschaft Vacuum Oil schließt 1925 einen Vertrag mit dem Sowjetölexporttrust »Soyusneft« über die Lieferung von 800 000 Tonnen Rohöl und 500 000 Tonnen Leuchtpetroleum, die in Ägypten abgesetzt werden. Wenig später kauft die Standard selber 500 000 Tonnen Sowjetöl, vereinbart mit dem »Soyusneft« auf welchen Märkten sie sich gegenseitig nicht ins Gehege kommen wollen. Dieses Öl geht nach Indien und Herr Ivy *Lee,* Public-Relations-Berater der Standard, reist nach Rußland. Er findet dort alles überaus interessant und lanciert dutzende und bald hunderte Artikel über die Sowjetunion. Er lanciert natürlich auch Artikel über das Sowjetöl und so schreibt z. B. am 20. Juli 1927 das »Wall Street Journal«:

»... Die Sowjets haben Erdöl zu verkaufen und sind bereit, es so billig abzugeben, daß sich bestimmt ein Käufer findet. Amerikanische Gesellschaften halten es deshalb für besser, selber das Produkt zu kaufen und die Belieferung der Märkte zu regulieren, statt es den Russen zu überlassen, wahllos die Märkte zu überschwemmen.«

Da steht am 27. Juli in der New Yorker »World«:
»Die Politik der Vacuum Oil Co. wird durch ihren Präsidenten G. P. Whaley damit verteidigt, daß es ›kein größeres Unrecht sei, Erdöl von Rußland zu kaufen, als es diesem zu verkaufen‹ und diese Argumentation ist richtig ... Niemand erhob ja auch Widerspruch, als Rußland einen großen Auftrag auf amerikanische Baumwolle erteilte und niemand fragte, woher das Geld stamme ...«

Im New Yorker »Telegram« hieß es am 29. Juli:
»Törichterweise protzen wir damit, daß wir acht Zehntel des gesamten Erdölverbrauches der Welt produzieren, wobei wir anscheinend gänzlich die Tatsache übersehen, daß, je schneller wir unsere beschränkten und rasch schwindenden Vorräte verkaufen, wir desto früher
der Gnade jedes Angreifers ausgesetzt
sein werden ... Man sollte also der Standard Oil herzlich gratulieren ... Wenn sie Öl in Rußland kauft, wie ›rot‹ oder anderweitig unorthodox die Russen auch sein mögen ...«

Die Russen, die 1923 erst 330000 Tonnen Öl exportieren, zwei Jahre später aber bereits 1,36 Millionen Tonnen, können dank der Zusammenarbeit mit den Amerikanern nun ein Drittel ihrer Produktion auf den Weltmärkten absetzen, kommen rasch auf 6 Millionen Tonnen Export. Längst sind auch amerikanische Ölexperten nach Rußland gereist, haben da Raffinerien, Eisenbahnen und ein Ölleitungsnetz geschaffen, das 1937 mit rund 7000 km siebenmal so lang wie 1917 ist. Durch den Bürgerkrieg und die Enteignungen ist die russische Ölförderung 1920 auf 3,8 Millionen Tonnen gesunken. Aber Professor *Serebrowskij* hat den »Asneft« – das »Aserbeidschan-Naphta-Kombinat« geschaffen, die Betriebe zu einem Staatstrust zusammengefaßt, hat Fachschulen gegründet, mit Hilfe der amerikanischen Techniker das Ölgebiet von Baku »verjüngt« – und so beträgt die sowjetische Mineralölförderung 1930 mit rund 19 Millionen Tonnen mehr als doppelt so viel wie vor der Revolution, werden 1940 dann 31 Millionen erreicht – und 1985 ist die Ölförderung mit 596 Millionen Tonnen hundertfünfzigmal größer als zu Ende des Bürgerkrieges, ist die Sowjetunion nach Saudiarabien das zweitwichtigste Ölexportland der Erde.
Natürlich hat Sir Henry Deterding dieser Entwicklung nicht untätig zugesehen, politisch einflußreiche Freunde mobilisiert, Briefe an die Londoner »Times« und an die »Morning Post« geschrieben und mehr als eine Million Exemplare der Broschüre
»Recht oder Raub? Der Betrug der Sowjets!«
verbreiten lassen. Aber am russischen Öl verdienen nun bereits hunderte und aberhunderte Firmen Geld. Das holen westliche Tanker. Das versichern westliche Versicherungsgesellschaften. Das verteilen westliche Tankstellennetze. Dieses Öl ist billig und so kauft es die italienische Staatsgesellschaft AGIP, deckt es den halben »faschistischen« Bedarf. Da wird es im »autoritären« Spanien gekauft und bald in vierzig verschiedenen Ländern. Die Öleinnahmen machen die Sowjetunion kreditfähig und so ist im Mai 1927 die Londoner »Midland Bank« bereit, Moskau eine Anleihe von 50 Millionen £ zu gewähren.
Noch einmal versucht Sir Henry Deterding diese Entwicklung zu stoppen: Er hat einen seiner Leute in die ARCOS-Büros eingeschmuggelt, den Sitz der sowjetischen Handelsvertretung in London. Er hat sich dokumentarische Beweise dafür verschafft,

daß diese Delegation nicht *nur* Handelsgeschäfte macht, sondern auch kommunistische Propaganda finanziert und Spionage betreibt. Zwar ist »Spionage« ein schwer definierbarer Begriff, *jede* Information kann man so nennen. Aber Sir Henry sorgt dafür, daß das Home Office die »richtige« Interpretation anwendet und in der Nacht vom 10. zum 11. Mai 1927 wird eine Haussuchung im ARCOS-Gebäude durchgeführt. Das Resultat ist so, daß die Labourregierung MacDonalds, die am 24. Februar 1924 die Bolschewiken auch de jure anerkannt hat, stürzt, England die diplomatischen Beziehungen zu Rußland abbricht, die erst 1929 wieder aufgenommen werden. Aber *längst* ist es nun zu spät. Will Deterding den Amerikanern nicht alleine das russische Ölgeschäft überlassen, muß er nachgeben. Und so kauft England 1930 mit 926000 Tonnen noch mehr »gestohlenes« Öl als die Faschisten, die nun nur 815000 Tonnen abnehmen; da ist der Ölboykott so vollständig zusammengebrochen wie die alliierte Militärintervention der Jahre 1918—20 und wie die Wirtschaftsblockade. Der Londoner »Times« zufolge sagt Winston *Churchill* am 2. Februar 1931 in einer Massenversammlung in Liverpool: »Teuflische Taten werden im heutigen Rußland begangen. Hunderttausende werden mit einer Kälte und Grausamkeit zu Tode gequält, die es niemals seit der Zeit des Römischen Weltreiches gab. Menschen werden zu Tode geknüppelt und gemartert, aber trotzdem recken gewisse Klassen in diesem Lande und die Arbeiterregierung eifrig ihre Hände aus, um die durch grausame Herstellungsmethoden befleckten Güter zu nehmen. Wohin ist der alte Geist Britanniens gegangen?«
Niemand hört nun mehr auf Churchill. Denn inzwischen gibt es ja *die größte aller bisherigen Weltwirtschaftskrisen*, die, von den USA ausgehend, die Kaffeepflanzer Brasiliens so schwer in Mitleidenschaft zieht wie die Schafzüchter Australiens, die Zinnkulis Malayas oder die Kautschuksammler Indonesiens. Die Industrieproduktion des Jahres 1928 gleich 100 gesetzt, beträgt sie (dem Genfer Völkerbund zufolge) 1932 in den USA nur mehr 57, in Deutschland 61. Da sinkt der Wert der amerikanischen Autoproduktion 1929—32 z. B. von 3580 Millionen $ auf 973, nimmt hier das persönliche Einkommen von rund 86 auf 47 Milliarden $ ab, schrumpft der Welthandel im gleichen Zeitraum von 284 auf 110 Milliarden Mark. Die Roh-

stoffpreise fallen auf die Hälfte und weniger, die Rohstoffländer können so in den Industriestaaten kaum noch etwas kaufen und so wird
die Lockung des russischen Marktes unwiderstehlich, schwenken schließlich nicht nur die amerikanischen Ölgesellschaften, sondern die *gesamte* Wirtschaft der USA und der folgend die amerikanische Regierung zu den »Roten« über. Denn Herr Rußlands ist inzwischen *Stalin* geworden, der nicht an die Weltrevolution glaubt, sondern an die *eigene* Macht. Der Rußlands *National*-Bolschewismus schafft und die Weltkrise mit ihren vierzig Millionen Arbeitslosen *nicht* dazu nutzt aus diesen Notleidenden Aufständische zu machen, sondern der die absatzhungrigen *Fabrikanten* dazu verleitet, ihm bei Aufbau der sowjetischen Industrie zu helfen.

XIII
Die Hilfe der westlichen Wirtschaftskrisen

Rußlands Außenhandel und die deutsch-sowjetische und amerikanisch-sowjetische Zusammenarbeit

Wenn die Sowjetunion heute die nach den Vereinigten Staaten leistungsfähigste Nation der Erde ist und ihren Güteraustausch mit der Umwelt zwischen 1938 und 1986 auf rund 560 Milliarden Mark versiebzigfachte, so *bestand* sie 1922 für diese Welt praktisch nicht: Rußlands Außenhandelsvolumen sank 1913–20 von 6226 Millionen Goldmark auf 65 Millionen. Belgien gab 1922 für Auslandkäufe rund drei Milliarden Goldmark aus. Das bolschewistische Rußland noch nicht ein Dreißigstel. Machte die russische Ausfuhr vor dem Krieg ein Vierundzwanzigstel der Weltausfuhr aus, so nun weniger als ein Dreihundertstel. Wirtschaftlich zählte dieses Sechstel der Erde überhaupt nicht mehr und politisch waren die Russen Parias wie die Deutschen und seit dem Scheitern der Genuakonferenz völlig »abgeschrieben«.

War diese Konferenz für ihre Einberufer ein eklatanter Mißerfolg, so brachte sie aber nichtsdestoweniger eine *Weltsensation:* Der Blinde half dem Lahmen und am Ostersonntag den 16. April 1922 wurde im Hotel Palazzo Imperiale von Santa Margarita, einem Vorort von Rapallo unweit Genua

der berühmte und berüchtigte deutsch-russische Pakt von Rapallo

unterzeichnet. Lord Ronaldshay nannte den (in seiner Curzonbiographie)
»eine plumpe Herausforderung seitens der geächteten Übeltäter« und der Pariser »Temps« drohte Deutschland am 20. April 1922 mit einem Präventivkrieg – zu dem es bekanntlich in Form der Ruhrbesetzung im Januar 1923 auch *kam,* obwohl natürlich ein anderer Grund angegeben wurde. Noch heute gilt dieser Vertrag als »deutsch-russische Verschwörung gegen den Westen«. Aber er war die erste wahrhaft *europäische* Tat seit dem Wahnsinn von 1914 und

der Zweite Weltkrieg wäre verhindert worden, wenn es beim »Geist von Rapallo« geblieben wäre. Denn wie der deutsche Unterzeichner dieses Vertrages, der (deswegen ermordete) Außenminister Walther *Rathenau* es sagte:

»Wir haben unseren Frieden geschlossen nicht mit einem System, sondern mit einem Volk; und wir haben ihn geschlossen durch die Menschen, die gegenwärtig dieses Volk vertreten.«

Immer wieder hatte Deutschland nach 1918 versucht,
eine alle Interessen berücksichtigende europäische Gesamtregelung
zustandezubringen. Auf Wunsch Reichspräsident *Eberts* legte der erste Außenminister der Weimarer Republik, Graf *Brockdorff-Rantzau*, dem Kabinett am 21. Januar 1919 ein außenpolitisches Programm vor, in dem es heißt:

»Das Naturgemäße ist ein gemeinsames Arbeiten der bisherigen Gegner zur Wiederherstellung Rußlands.

Dabei wird jeder seine Vorteile haben: Frankreich wird seine Zinsen bekommen. England und Amerika Unternehmergewinne. Deutschland Löhne und Gehälter.

Alle werden von der Gefahr befreit sein ... die ein mit Explosivstoffen aller Art geladenes Rußland für die Kulturmenschheit in sich birgt ...«

Die Antwort der Sieger war Versailles.

Brockdorff unterschrieb diesen Vertrag bekanntlich nicht, trat als deutscher Außenminister zurück, wurde später aber Botschafter in Moskau. Und im Auswärtigen Amt setzte Ago von *Maltzan* die Bemühungen um eine *europäische* Langfristregelung der Differenzen fort und einer von Maltzans Beratern, Professor Otto *Hoetzsch*, schrieb 1921 in seiner Broschüre »Die weltpolitische Kräfteverteilung nach den Pariser Friedensschlüssen«:

»Ohne daß ein so gewaltiges Arbeitszentrum wie Deutschland wieder zu Ordnung, Ruhe, Freiheit und eigener Macht kommt ... und ohne daß Rußland zu staatlicher und wirtschaftlicher Ordnung zurückkehrt und dieses vielleicht gewaltigste Rohstoffzentrum der Welt an die Wirtschaft der Welt wieder angeschlossen wird, ist das Gleichgewicht nicht herzustellen, ohne daß in Wirtschaft und Politik eine länger dauernde Friedenszeit für Europa nicht möglich ist ...«

Wie sehr sich aber auch das »neue« Deutschland um einen »neuen« Geist in der Politik bemühte, die Weimarer Republik wurde von den Siegern für die Sünden eines Regimes bestraft, das sie *gestürzt* hatte. Der Vertrag von Rapallo war *Notwehr,* denn im März 1921 war es zu den alliierten »Sanktionen« gekommen und am 5. Mai 1921 folgte
das »Londoner Ultimatum«: Anerkennung von 137 Milliarden Goldmark Reparationsschuld, andernfalls ...
Da war im März 1921 unter alliierter Militärkontrolle über Oberschlesiens Zukunft abgestimmt worden. Eindeutig optierten die Oberschlesier für Deutschland. Aber im Oktober *teilte* der Völkerbund das Land und den wertvollsten Teil des Industriegebietes und die reichsten Kohlevorkommen bekam Polen ...
Rußland hatte ähnliche Erfahrungen gemacht: Da gab es nicht nur die alliierten Landungen in Wladiwostok und Archangelsk, Murmansk und Baku, Odessa und Reval. Nicht nur die massive Unterstützung Koltschaks und der andern Bürgerkriegsgeneräle, sondern, wie erwähnt auch die alliierte Blockade Rußlands vom 30. Oktober 1919, an der teilzunehmen auch Deutschland aufgefordert worden war. Berlin aber lehnte das ab,
»weil nicht Absperrung, sondern Kontakt das Mittel ist, um in Rußland eine Angleichung des politischen Lebens an die europäische Demokratie zu erreichen.«
Da war der polnische Angriff vom Mai 1920 gewesen. Den hatte die Rote Armee abgewiesen, aber als die vor Warschau stand, griffen die Franzosen ein. Und vor allem: *Was* hatten die Bolschewiken zu gewinnen, wenn Deutschlands Rußlandreparationen sofort weiter nach Paris und London gingen, um die Schulden des *Zaren* zu bezahlen?
Das aber war schließlich der *Haupt*-Zweck der Konferenz von Genua geworden und der Paragraph 116 des Versailler Vertrages sollte Deutschland *endgültig* niederhalten, denn der lautete:
»Die alliierten und assoziierten Mächte behalten Rußland ausdrücklich das Recht vor, von Deutschland alle Wiederherstellungen und Wiedergutmachungen zu erhalten, die den Grundsätzen des gegenwärtigen Vertrages entsprechen.«
Auf der Konferenz von Genua versuchten die Alliierten die Anerkennung der russischen Schulden dadurch zu erreichen, daß sie dar-

auf hinwiesen, letzten Endes könne die ja *Deutschland* bezahlen. Und besonders Frankreich lockte mit der Möglichkeit
»noch viel größerer deutscher Wiederherstellungen und Wiedergutmachungen«,
weil so zum eigenen Druck noch der russische hinzugekommen wäre – und Paris in dieser Politik zugleich eine Möglichkeit sah, das russisch-französische Vorkriegsbündnis zu erneuern.
Der sowjetische Außenminiser *Tschitscherin* wußte, daß Deutschland all diese Lasten nicht tragen konnte.
Er wußte weiters, daß England die französischen Absichten nicht teilte, von Rußland vor allem Ölkonzessionen forderte. Und so blieb die Konferenz von Genua ergebnislos, kam es aber zu dem deutsch-russischen Separatvertrag, durch den
beide Kontrahenten auf alle Wiedergutmachungsansprüche aus der Kriegs- und Revolutionszeit verzichteten;
enge Wirtschaftszusammenarbeit vereinbart wurde;
Deutschland die SU de jure anerkannte und die normalen diplomatischen Beziehungen wiederhergestellt wurden, die Deutschland am 5. November 1918 abgebrochen hatte, weil der Sowjetbotschafter Joffe die Bolschewisierung Deutschlands finanzierte.
Damit waren zum erstenmal seit Bismarcks Entlassung im Jahre 1890
freundschaftliche Beziehungen zwischen Deutschland und Rußland
hergestellt, durchbrachen *beide* Partner ihre Isolation und da zitierte am 4. Mai 1922 die Moskauer »Iswestija« sogar die Botschaft Wilhelms II. an Zar Nikolaus:
»Verbünden wir uns, und wir werden die Welt nicht zu fürchten haben!« Rückblickend hieß es in (Band III, S. 222) der 1947 in Moskau erschienen »Geschichte der Diplomatie«:
»Der Vertrag von Rapallo vereitelte den Versuch der Entente, eine kapitalistische Einheitsfront gegen Sowjetrußland zu schaffen. Die Pläne, Europa auf Kosten der besiegten Länder und Sowjetrußlands wiederherzustellen, waren zusammengebrochen. Die Sowjetdiplomatie errang einen Sieg, weil sie den Anweisungen *Lenins* folgte, der sagte:
›Wir müssen es verstehen, uns die Widersprüche und Gegensätze zwischen den Imperialisten zunutzezumachen. Wenn wir uns nicht

an diese Regel gehalten hätten, würden wir schon längst alle zum Vergnügen der Kapitalisten an verschiedenen Bäumen hängen.‹« Aber 1925 durch einen neuen Handelsvertrag und 1926 durch den von Außenminister *Stresemann* abgeschlossenen »Berlinvertrag« ergänzt, in dem sich Deutschland und Rußland bei Angriffen Dritter Neutralität zusicherten, war das Abkommen von Rapallo für *beide* Seiten überaus wichtig, denn nur so kam ein Wirtschaftsaustausch zustande, der Deutschland die Anpassungskrisen nach der Währungsumstellung von 1923 überwinden half und der sich in den Jahren 1930–32, als es schließlich 6,13 Millionen deutsche Arbeitslose gab, von je 100 deutschen Beschäftigten 30 und von je 1000 Einwohnern fast 87 keinen Verdienst hatten, als letzte Rettung erwies. Stalin wurde von *Bucharin* »ein neuer Dschinghis-Khan« genannt, aber er schuf die *Fundamente* der heutigen Sowjetunion und sein Verdienst bleibt es, wie schon gesagt, daß er
   die Weltwirtschaftskrise der Dreißigerjahre nicht zum Zerstören der westlichen Produktionskapazitäten, sondern zum Auf- und Ausbau der sowjetischen nutzte.
Damals – 1929–33 – baute die AEG den Dnjeproges, das größte Wasserkraftwerk Europas, dessen schließlich 900 000 Kilowatt der Muskelleistung von 30 Millionen Handarbeitern gleichkamen und das zugleich den Dnjepr zu einer der wichtigsten Wasserstraßen Rußlands machte. Damals arbeiteten dutzende und hunderte deutsche Firmen in der Sowjetunion – aber auch Ford und dutzende und hunderte amerikanische. Der Rapallovertrag sah in Artikel 4 die Meistbegünstigung vor. Es wurden bald auch deutsche Kredite vereinbart und so stieg die deutsche Ausfuhr in die SU von 73 Millionen Mark im Jahre 1923 auf 403 Millionen 1928 und 762 Millionen 1931 und das waren fast ausschließlich Fertigungserzeugnisse. *Nur der Rußlandhandel verhinderte während der Krisenjahre das Ärgste,* am 7. Juli 1932 z. B. schrieb der »Berliner Börsenkurier«:
   »Die deutsche Eisenindustrie lebt ausschließlich von Rußlandaufträgen.«
Drei Zehntel aller deutschen Werkzeugmaschinen gingen in diesen Jahren in die SU, Rußlands Anteil an der deutschen Werkzeugmaschinenausfuhr nahm 1929–32 von einem Zehntel auf drei Viertel zu und auch ein Fünftel der deutschen Gesamterzeugung an Elektromaterial wurde in der SU abgesetzt.

Nicht weniger wichtig als für Deutschland aber war der Handelsaustausch natürlich für die Sowjetunion, die *nur* durch diese Lieferungen ihre Fünfjahrespläne durchführen konnte, denn deutsche Güter machten 1931 über 37% *aller* sowjetischen Importe aus; die 626 Millionen Mark des Jahres 1932 sogar 46,5% (während 1938 Deutschlands Lieferungen nur mehr rund 34 Millionen Mark wert waren und nur 4,7% der russischen Gesamtkäufe ausmachten).
Noch wichtiger allerdings als die deutsch-russische wurde die amerikanisch-russische Wirtschaftszusammenarbeit, denn aus der entstand ja schließlich
das kriegsentscheidende und den Weiterbestand der Sowjetunion nach 1942—44 sichernde Bündnis:
Die Militärgeschichtsschreibung ist sich heute einig darin, daß nicht die Russen alleine und nicht die Amerikaner alleine Deutschland niederringen konnten, sondern daß »die widernatürliche Verbindung des Kreml mit Wallstreet« den Ausschlag gab.
Kurz vor der Versailler Friedenskonferenz hatte Englands Premierminister *Lloyd George* gesagt:
»Die größte Gefahr besteht darin, daß Deutschland sein Schicksal mit dem des Bolschewismus verbinden und seine Ressourcen, Köpfe und riesigen Organisationskräfte den revolutionären Fanatikern zur Verfügung stellen könnte ...«
In Rapallo schien das Wirklichkeit zu werden. Aber schon 1933 kam es in Deutschland zum Nationalsozialismus, im Jahr darauf zum Bruch zwischen Berlin und Moskau, und wenn Hjalmar *Schacht* auch noch im Dezember 1935 den damaligen Chef der Sowjetischen Handelsdelegation *Kandelaki* wissen ließ, Rußland stehe ein deutscher Kredit von 500 Millionen Mark zur Verfügung, nicht damals und nicht durch den kurzlebigen Stalin-Hitler-Pakt vom 24. August 1939 konnte der »Geist von Rapallo« wiederbelebt werden. Amerika aber trieb die große Krise von 1929 zur Handelsintensivierung *und* zur politischen Anerkennung des »feindlichen Systems« – und schließlich zu den Lend-Lease-Lieferungen an die Sowjetunion.
Begonnen hatten
die amerikanisch-russischen Beziehungen
auf eine Art, die heute so geflissentlich »vergessen« wird wie die Chronologie der Russischen Revolution: Sie begannen 1781, als der

Neuengländer Francis *Dana* begleitet von seinem damals vierzehnjährigen »Sekretär« John Quincy *Adams* (dem späteren Präsidenten der USA) und einem Dolmetscher über Riga nach St. Petersburg reiste, um Katharina der Großen sein Beglaubigungsschreiben als amerikanischer Botschafter zu überreichen.
Nur dachte die Zarin nicht daran, die Vereinigten Staaten anzuerkennen, denn die amerikanischen »Revolutionäre« waren in ihrem Reich so wenig beliebt wie später die Bolschewiken in Amerika. Dana brachte nicht einmal einen Handelsvertrag zustande, reiste nach zwei Jahren vergeblichen Wartens auf eine Audienz ab und 26 weitere Jahre vergingen, ehe John Quincy Adams erneut nach Rußland reisen konnte und es 1809 zur Aufnahme der diplomatischen Beziehungen kam, obwohl auch Zar Alexander I. seine Bedenken hatte und dem Amerikaner nur sehr zögernd die Hand reichte: In der amerikanischen Verfassung kommt kein einzigesmal das Wort »Gott« vor. Waren das also nicht nur Revolutionäre, sondern auch Atheisten?
Blieben die Russen zurückhaltend, so hatte *Jefferson*, der im gleichen Jahr 1801 Präsident der USA wurde, in dem Zar Alexander I. den Thron bestieg, in Rußland den
   »naturgegebenen Verbündeten gegen Hegemoniebestrebungen in Europa«
gesehen – damals die Napoleons I. – und schließlich meinte auch Alexander Michailowitsch *Gortschakow*, der 1856–82 russischer Außenminister war:
   »Wie Rußland sind die Vereinigten Staaten ein wesentliches Element des Weltgleichgewichts.«
Da es 1867 auch zur Beendigung der russischen Amerikaexpansion kam, der Zar den USA für 7,2 Millionen $ Alaska verkaufte (das einer Anregung *Leibnitz'* folgend der Däne *Bering* für die Russen entdeckt hatte), so schien es keinerlei Interessengegensätze zwischen den beiden Ländern zu geben.
Aber es war, wie geschildert, *Amerika,* das Japan zur Öffnung seiner Häfen zwang – und zwar, weil der Asienhandel lockte. Wie die Japaner trachteten die USA in der Mandschurei Fuß zu fassen, verlangten sie im Jahre 1900 in China »Offene Tür«, gleiche Rechte für alle, und als es zum Russisch-Japanischen Krieg kam, gestand Präsident Theodore Roosevelt:

»Japan spielt unser Spiel!«
Und Japan konnte das, weil Jacob Schiff in Beantwortung der russischen Pogrome den Japanern 200 Millionen $ lieh.
Wurde 1917 der Sturz des Zaren von Amerikas Juden mit Jubel begrüßt, so paßte er aber auch Präsident *Wilson* und dessen Außenminister *Lansing* ins Konzept, der das Schlagwort vom »Kreuzzug für die Demokratie« erfunden hatte und der das Bündnis mit dem zaristischen Absolutismus als Schönheitsfehler empfand. Sofort wurde deshalb auch die »Provisorische Regierung« und *Kerenski* anerkannt und diesem, wie erwähnt, 187 Millionen $ zur Verfügung gestellt.
Allerdings unter der Bedingung, daß er Rußland gegen Deutschland im Krieg hielt: Wilson sandte im Mai 1917 eine Delegation nach Rußland, die von Elihu *Root* geführt wurde, und niemand störte es, daß so

ein Friedensnobelpreisträger Leiter der amerikanischen Kriegspropaganda in Rußland

wurde: Von Beruf Advokat, 1899—1904 Kriegsminister unter den Präsidenten McKinley und Theodore Roosevelt und Schöpfer des amerikanischen Generalstabes, war Elihu Root seit 1905 als Außenminister Roosevelts führend am Zustandekommen zahlreicher Schiedsverträge beteiligt und erhielt dafür 1912 den Friedensnobelpreis.
Nun versprach er im Auftrag Wilsons Kerenski 2500 amerikanische Lokomotiven, 60000 Güterwaggons, jede Menge Lebensmittel und was Rußland sonst brauchte. Da sollten auch 2000 amerikanische Ingenieure Rußland bei seiner Wirtschaftsentwicklung helfen und die National City Bank in Petersburg eine Filiale eröffnen, »vorerst« 100 Millionen $ für die Nutzung von 38 Bergbaukonzessionen bereitstellen, die die Amerikaner sich jenseits des Ural ausbaten.
Waren diese Verhandlungen im Juli 1917 abgeschlossen, so gab es da aber auch den bolschewistische Putsch und den Putsch Kornilows und ehe Amerikas »Großhilfe« an Kerenski sich realisieren ließ, war der gestürzt. Und mit dem Bolschewiken weiterverhandeln, die das geheiligte Privateigentum negierten? Die ohne Parlament regierten und sofort Sonderfriedensangebote in die Welt funkten?
Den ersten Vorschlag zur Zusammenarbeit machte Leon *Trotzki*

am 5. März 1918, zwei Tage nach der Unterzeichnung des deutschrussischen Friedensvertrages von Brest-Litowsk: Trotzki schlug Robert Bruce *Lockhart,* dem britischen Geschäftsträger und Geheimdienstchef, und Raymond *Robins,* dem damals wichtigsten Amerikaner in Rußland, vor, die Ratifizierung dieses Vertrages durch den Obersten Sowjet zu verhindern, falls die alliierten »ausreichende Hilfe« garantierten, die Japaner an der Besetzung Wladiwostoks hinderten und deren Sibirienpläne ablehnten.
Lockhart wie Robins befürworteten die Annahme dieses Angebots und ebenso Kerenskis Privatfinanzier William Boyd *Thompson,* der seinen Schützling vergeblich aufgefordert hatte, »Lenin seinen Donner zu stehlen und selber Rußlands Äcker zu verteilen«, und der jetzt
  »eine Bolschewikenherrschaft noch immer weit besser als eine Dikatur der Weißrussengeneräle«
fand, Präsident Wilson bereits am 23. Januar 1918 einen Bericht Robins überbracht hatte, in dem der zur Anerkennung Lenins riet.
Aber London und Washington konnten sich nicht entscheiden. Zwar richtete Präsident Wilson am 12. März 1918 eine Botschaft an die Sowjets, in der es heißt:
  »Ich möchte dem russischen Volk die Gewißheit geben, daß die Regierung der Vereinigten Staaten jede Gelegenheit benutzen wird, um Rußland die vollkommene Souveränität und Unabhängigkeit in seinen eigenen Angelegenheiten zu sichern und ihm in vollem Umfang wieder zu seiner großen Rolle im Leben Europas zu verhelfen ...«
Aber an solchem »Bla-Bla« war Trotzki nicht interessiert, irgendwelche konkreten Garantien gab Wilson nicht und so nahm der Allrussische Sowjetkongreß am 16. März 1918 den Friedensvertrag mit 523 Stimmen Mehrheit an.
Der amerikanische Meinungsstreit ging weiter: *Mit* den Bolschewiken? *Gegen* sie? Da gab es, wie geschildert, amerikanische Dienststellen, die eine »deutsche Revolution mit Hilfe der russischen« wünschten, andere – die Rußlandabteilung des State Department z. B. – die eine alliierte Intervention und die gewaltsame Unterdrückung des Bolschewismus à la Churchill propagierten. In Rußland selber gab es damals den US-Botschafter David Rowland *Francis,* einen 1850 geborenen Lokalpolitiker aus Missouri, der seinen

Posten auf Grund von »Verdiensten um die Demokratische Partei«, das heißt dank seiner Wahlspenden, bekam. Francis hatte (Bruce Lockhart zufolge) eine geradezu krankhafte Leidenschaft für das Pokerspielen, wurde nach dem Abendessen unruhig wie ein Kind, das zu seiner Eisenbahn zurückwill und niemand und nichts durfte ihn beim Spiel stören. Nach dem bolschewistischen Staatsstreich hatte Francis den Sitz der US-Botschaft nach Wologda verlegt, das gut 500 km östlich Petersburg und etwa auf halbem Weg zwischen Moskau und Archangelsk liegt, erfuhr so nur durch (meist verstümmelte) Telegramme, was vorging. Und seine zwei Hauptberichterstatter widersprachen einander ständig: Maddin *Summers*, der amerikanische Generalkonsul in Moskau, war ein erzkonservativer Karrierediplomat, der mit den Bolschewikenführern »prinzipiell« keinerlei Kontakt aufnahm und sie alle für »deutsche Agenten« hielt. Der erwähnte Major Raymond *Robins* war Chef der Amerikanischen Rotkreuzmission, hatte keine diplomatische Funktion, aber enorme Medikamenten-, Nahrungsmittel- und Kleidervorräte, denn Vorsitzender des (1881 gegründeten) Amerikanischen Roten Kreuzes ist ja der Staatspräsident, Kontrollbehörde das Kriegsministerium und neben der amtlichen Förderung und den Mitgliedsbeiträgen hatte diese Hilfsorganisation so viele Spenden erhalten, daß ihr 1917−19 über 1600 Millionen Mark zur Verfügung standen. Robins war ein idealistischer Pro-Kommunist, arrogant und durch seine mangelnden Sprachkenntnisse behindert, durch seine reichlichen Spenden aber persona gratissima bei Lenin, Trotzki und den andern Bolschewikenführern und so schließlich der *wirkliche* Verbindungsmann zwischen dem State Department, Präsident Wilson und den russischen Machthabern. Raymond Robin's Meinung war, daß

»bei Anwendung der richtigen Methoden aus den Bolschewiken gute Verbündete werden könnten«

(was sich ja auch 1941−45 als richtig erwies) und Botschafter Francis übernahm die Ansichten des Rotkreuzchefs: Er beauftragte den amerikanischen Militärattaché, Trotzki beim Aufbau der »Roten Armee« zu helfen, weil die

»eines Tages der bolschewistischen Kontrolle entzogen und nicht nur gegen die Deutschen, sondern auch gegen ihre Schöpfer eingesetzt werden könnte ...«

Präsident Wilson seinerseits schwankte hin und her und daran änderte auch der Geheimauftrag nichts, den er im März 1919 dem jungen Millionär Bullitt erteilte.

William Christian (»Bill«) Bullitt
entstammte einer Nonkonformisten-Familie: 1891 als Sohn eines reichen Kohlenhändlers in Philadelphia geboren, war er auf seine Abstammung von Fletcher Christian, dem Anführer der Meuterer auf der »Bounty« Captain Bligh's, weit stolzer als auf die von Augustin Washington, dem Vater des ersten Präsidenten der USA, denn in dem sah er nur einen Anhänger der britischen Unterdrücker. Am vornehmen Rittenhouse Square aufgewachsen, schrieb Bill Bullitt über dessen Bewohner den Skandalroman »It's not Done« und weigerte sich schließlich, Mitglied der berühmten Anwaltsfirma Bullitt, Dawson & Tarrant zu werden, weil es der »auf gute Honorare mehr als auf die gute Sache« ankam. Statt dessen wurde Bullitt nach Absolvierung der Universität Yale für 10 $ die Woche Reporter des »Public Ledger«, fuhr mit Henry Fords »Friedensschiff« 1915 nach Europa und arbeitete da – da es zum Frieden nicht kam – als Kriegsberichterstatter. 1917–19 in der Mitteleuropaabteilung des State Department, schrieb Bullitt Reden für Präsident Wilson, die dem so gut gefielen, daß er ihn mit zur Friedenskonferenz nach Paris nahm. Und während eine Nichte Bullitts am Irischen Aufstand teilnahm und in Dublin Handgranaten verteilte, fuhr der selber

als Sonderbeauftragter Wilsons nach Moskau:
Von Premierminister Lloyd George veranlaßt, suchte Wilson die Teilnahme der Russen an den Beratungen zu erreichen, denn ohne sie schien ihm ein dauerhafter Frieden unmöglich. Und so sollte Bullitt feststellen:
War zu erwarten, daß die Bolschewiken sich hielten?
Sollte man sie de jure anerkennen?
Und zu welchen Gegenleistungen waren sie bereit?
Bullitt kam am 8. März 1919 in Moskau an und hatte sofort Unterredungen mit Lenin, Tschitscherin und Litwinow. Die USA hatten von der Regierung des Zaren, der Regierung Kerenskis und als Entschädigung für Enteignungen 628 Millionen $ zu bekommen und die Russen waren bereit, sie zu bezahlen, falls *sofort* diplomatische Beziehungen aufgenommen und eine Nichtinterventionsgarantie

gegeben wurde. Bindende alliierte Zusagen mußten bis zum 10. April 1919 in Moskau eintreffen.
Bullitt war sicher, daß die Bolschewisten sich halten würden. Er war auch sicher, daß »eine höchst ersprießliche Zusammenarbeit« mit ihnen möglich sei – und seine Sympathien gingen schließlich so weit, daß er sich von seiner ersten (»superkapitalistischen«) Frau scheiden ließ und 1923 die Witwe des amerikanischen Kommunisten John *Reed* heiratete, der an der Kremlmauer begraben liegt.
Aber ehe Bullitt wieder in Paris eintraf, hatte sich »die Situation« geändert: Poincaré erfuhr von der Geheimmission und schlug Krach. Die französische Presse meldete:
»Koltschak binnen zwei Wochen in Moskau!«
General Judenitsch ließ Einladungen zu einem Siegesbankett im Petersburger Winterpalast drucken und General Denikin schien Herr der russischen Ölfelder. Da rief vor allem Bela *Khun* am 21. März 1919 in Budapest
die »Ungarische Räterepublik«
aus und die Greuel, die seine Anhänger verübten, und die *Art* seiner »Sozialisierungsmaßnahmen« wirkten wie eine kalte Dusche auf alle Moskausympathisierer. Schon das Beglaubigungsschreiben, das Ludwig *Martens* am 19. März als Sowjetbevollmächtigter im State Department überreichen wollte, war nicht angenommen worden und nun konnte der Kerenski-Botschafter *Bachmetjew* im Einverständnis mit dem amerikanischen Außenministerium Kredite für die Weißrussen aufnehmen, unterzeichnete Wilson auch die Pariser Note vom 26. Mai 1919, die Admiral Koltschak Anerkennung und Hilfe versprach.
Bill Bullitt aber empfing Wilson gar nicht erst zu seinem Bericht. Lloyd George erklärte im Unterhaus, er kenne »diesen jungen Amerikaner« nicht, verheimlichte die Verhandlungswilligkeit der Bolschewiken und behauptete in Paris »Anregungen von russischer Seite« seien leider nicht eingegangen.
William C. Bullitt war mit Recht empört. Aber er konnte es sich leisten, seiner Empörung auch höchst lautstark Ausdruck zu geben und vor allem *er* verhinderte so die Ratifikation des Versailler Vertrages durch den amerikanischen Kongreß. Bullitt schrieb Wilson einen Brief, in dem stand:
»Ich war einer der Millionen, die Ihrer Führung blindlings und

vertrauensvoll folgten und glaubten, daß Sie mit nichts weniger zufrieden sein würden als mit
einem Dauerfrieden, der auf selbstloser und vorurteilsloser Gerechtigkeit beruhen sollte.
Jetzt aber ...«
Und Bullitt zählte auf, warum Versailles nicht nur keinen Frieden bringen sondern »eine Menge neuer Kriege auslösen« werde. Er sorgte dafür, daß dieser Brief in die Presse kam, sagte auch im gleichen Sinn im September 1919 vor einem Senatsausschuß aus und zitierte da den amerikanischen Außenminister *Lansing*, der ihm gesagt hatte:
»Wenn der Senat und das amerikanische Volk wüßten, was der Friedensvertrag eigentlich bedeutet, dann würde er abgelehnt werden.«
Lansing widersprach dem nicht, aber mit Bullitts Diplomatenkarriere war es natürlich dennoch vorbei – zumindest bis 1933. Versailles wurde von den USA *nicht* anerkannt, Völkerbundesmitglied wurden sie auch nicht und das hatte vor allem für Deutschland verheerende Folgen, denn nun konnten England und Frankreich in Europa praktisch tun, was sie wollten. Bullitt selber wurde Direktor einer großen Filmfirma in Hollywood, widmete sich der Vermehrung seines Vermögens und wurde schließlich einer der Vorkämpfer der de-jure-Anerkennung der Sowjetunion durch Franklin D. Roosevelt. Und zu der kam es, weil die Amerikaner inzwischen zu glauben begannen, daß Rußland rasch zum bedeutendsten Markt der Erde werden würde und die Krise der Dreißigerjahre all ihre »moralischen Bedenken« paralysierte.
Vor dem Ersten Weltkrieg spielte
Amerikas Handel mit Rußland
keine Rolle: Die USA nahmen weniger als ein Hundertstel der russischen Exporte ab und die Russen kauften dort nur etwa ein Dreißigstel ihres Gesamtbedarfes. Aber dann ließ dieser Krieg die US-Exporte von rd. 63 Millionen Rubel 1913 auf 938 Millionen 1916 steigen. Schon die 1923 in New York gegründete sowjetische »Informationsstelle« wies auf diese Entwicklung hin und nachdem am 28. Mai 1924 die »AMTORG Trading Corporation« ins New Yorker Handelsregister eingetragen wurde, hieß es bei jeder Gelegenheit:

»Das amerikanisch-russische Handelsvolumen kann bedeutender als *alle* anderen werden.«

Die AMTORG war eine »Firma« wie jede andere, nur daß all ihre Anteile der Moskauer Außenhandelsbank gehörten, die sie von den Gründern – in Rußland geborenen amerikanischen Staatsbürgern – kaufte. Als zentrale Ein- und Verkaufsorganisation der Sowjetunion in Amerika unterstand der AMTORG auch das staatliche sowjetische Reisebüro INTOURIST, die Sowjetbuchhandlung AMKNIGA und der Sowjetfilmvertrieb AMKINO.

Erfolgreichster Leiter dieser Organisation, die neun Jahre lang praktisch alleine die Interessen der Sowjetunion in den USA wahrnahm, war

Petr Alexejewitsch Bogdanow,

der einer der reichsten Kaufmannsfamilien entstammte, mit seinem gepflegten, grauen Spitzbart, seinen ruhigen, eleganten Anzügen und seiner unaufdringlichen Höflichkeit das Gegenteil von dem war, was sich die Amerikaner unter einem Bolschewiken vorstellten. Bogdanow hatte die Moskauer Technische Hochschule absolviert, war schon 1901 wegen revolutionärer Umtriebe ins Gefängnis gekommen, hatte dann kommunistische Propaganda unter den in den Japankrieg ziehenden Truppen getrieben und an den Unruhen von 1905 teilgenommen. Die verunglückte Revolution »ernüchterte« ihn angeblich. Bogdanow gab scheinbar jede politische Tätigkeit auf und wurde Ingenieur der Moskauer Stadtverwaltung. Aber fast alles, was er verdiente, floß der Leningruppe zu und als die Polizei das entdeckte, kam er 1914 erneut ins Gefängnis. Aber nun brach der Krieg aus und er kam für drei Jahre als Pionieroffizier an die Front. 1917 war er in Gomel, wurde Mitglied des Revolutionsrates. Einer der wenigen Techniker, über die die Bolschewiken verfügten, stieg Bogdanow rasch als Organisator der chemischen Industrie auf, wurde er Chef der Metallabteilung des Obersten Wirtschaftsrates. Bogdanow schuf den ersten Entwicklungsplan, den »Goelro«. Er brachte die Industrie im Nordkaukasus wieder in Gang und wurde 1929 zum Chef der AMTORG ernannt, »um die Weltkrise für den Fünfjahresplan zu nutzen«.

Als Bodanow seinen Posten antrat, ging gerade eine Anti-Kommunistenwelle über das Land, tagte unter dem Vorsitz von Hamilton *Fish* ein Kongreßausschuß zur Untersuchung »roter Umtriebe«.

Bogdanow war der einzige »authentische Bolschewik«, der zu finden war, und so mußte er aussagen. Schwören wollte er nicht, denn »Religion ist eine Privatangelegenheit«. Er durfte »versichern«. Und versicherte, daß er kein Kommunist sei. Seine Biographie wurde ihm vorgelesen. Die stimmte auch. Aber bevor er nach Amerika reiste, war Bogdanow aus der KP ausgetreten, denn
»beamtete Sowjetvertreter dürfen im Ausland keine Politik treiben.«
Senator Fish fragte, ob der kleine, ruhige Russe ihn verhöhnen wolle. Aber das tat der keineswegs, erklärte offen, sobald er wieder daheim sei, werde er um die Wiederaufnahme in die Partei nachsuchen.
Tatsächlich traf Bogdanow nie einen amerikanischen Kommunisten (und das FBI paßte *sehr* gut auf), traf übrigens auch nie mit einem amerikanischen Arbeiter zusammen. Er bezog eine geschmackvoll eingerichtete Luxuswohnung am Riverside Drive Ecke 101ste Straße. Er gab Empfänge im Hotel Biltmore, besaß einen schwarzen Lincoln mit einem höchst würdevollen englischen Fahrer und verbrachte die Wochenenden in den Landhäusern seiner amerikanischen Freunde. Bei Oberst Hugh *Cooper* z. B., der in Rußland große Ingenieurarbeiten durchführte, oder Direktoren der Chase Bank *Rockefellers,* mit denen er eng zusammenarbeitete. Henry *Ford* lud Bogdanow ein (und dieser Ford), denn die Russen kauften *sehr* viele Autos, bei Ford innerhalb eines Jahres für 27 Millionen $ und Ford lieferte auch Ersatzteile, richtete schließlich in der Sowjetunion Auto- und Traktorenfabriken ein. Bogdanow hielt auch zahlreiche Handelskammerreden. Und gab anschließend seinen Zuhörern Aufträge. In seinen Büros auf der Fifth Avenue und Twenty Nineth Street, die sechs Stockwerke einnahmen, gab es schließlich über 800 Angestellte, davon zwar nur etwa 50 Russen, aber deren Appetit schien unersättlich, wie Bergbaumaschinen brauchten sie Mikrometer, wie Drehautomaten Labor-Ausrüstungen und die AMTORG schloß Kontrakte mit über 1600 amerikanischen Ingenieuren, die für je zwei Jahre nach Rußland gingen und da (mit Goldklausel) etwa dreimal so viel verdienten als daheim.
Allerdings meldeten sich bei Bogdanow
weit mehr Weltverbesserer als Ingenieure:
Da liefen ihm Währungsreformer die Tür ein, Komponisten woll-

ten zehnteilige Symphonien zum »Lob der Arbeit« verkaufen und über 80 amerikanische Maler Sowjetgrößen porträtieren. Da wurden der AMTORG Eisenbahn- und Kanalbaupläne unterbreitet, die etwa 10 Jahre sowjetisches Gesamtbudget erfordert hätten und da gab es natürlich tausende Erfinder, die Bogdanow garantierten, die Sowjetunion über Nacht zum reichsten Land der Erde zu machen. Bogdanow hörte sich alles freundlich an, besaß eine Geduld, die nur von seiner Arbeitskraft übertroffen wurde. Er kaufte und kaufte, *überzeugte* so die »Größten der Großen« davon, daß

Rußland der beste Kunde in der ganzen amerikanischen Wirtschaftsgeschichte

werden konnte, denn schon durch die Fünfjahrespläne war der sowjetische Industrieausrüstungsbedarf »praktisch unbeschränkt«. Nur, erklärte Bogdanow, setze das auch die de-jure-Anerkennung der SU voraus, denn wie sollte er Großaufträge vergeben, wenn die Lieferungen jederzeit durch einen politischen Machtspruch gestoppt werden konnten? Und wie wollten die USA mit anderen Lieferanten konkurrieren, wenn sie ihm keinerlei Langfristkredite gewährten?

Die am Geschäft interessierten Amerikaner verstanden das durchaus. Aber das amerikanische Volk war jahrelang mit anti-bolschewistischen Greuelgeschichten geschreckt worden und nur langsam wirkte sich Ivy Lee's Public-Relationstätigkeit für die Ölkonzerne aus. Immer wieder gab es Anti-Dumpingpropaganda und Senatsuntersuchungen, und da 1929 England wieder normale Beziehungen zu Rußland aufgenommen hatte und Deutschland bessere Kreditbedingungen denn je anbot, sanken die AMTORG-Käufe von 1930 rund 114 Millionen $ auf 51 Millionen zwei Jahre später und knapp 9 Millionen 1933.

Und das wirkte: Eine Gruppe amerikanischer Industrieller unter Führung James D. *Mooney's,* eines General Motors-Vizepräsidenten, verlangte seit Ende 1932 energisch die de-jure-Anerkennung der Sowjetunion durch die USA. Eine Public-Relations-Firma wurde engagiert, Kontakte zu Felix *Frankfurter* und dessen nun als stellvertretender Staatssekretär im Finanzministerium amtierenden Harvard-Schüler Dean G. *Acheson* aufgenommen; Harold L. *Ickes* und Präsident F. D. Roosevelts neuer außenpolitischer Berater William C. *Bullitt* »interessiert«. Und der Zeitpunkt war günstig, denn zu den wirtschaftlichen Schwierigkeiten der USA traten diplomatische Niederlagen und so erklärten einflußreiche Politiker wie Senator Herbert Clairborne *Pell* (dieser im Augustheft 1931 der Zeitschrift »American Mercury« unter dem Titel »Preparing for the Next War« – »Vorbereitung für den nächsten Krieg«) was auch heute noch gilt:

»Mehr und mehr wird offenbar, daß es keine dritte Möglichkeit gibt: Europa muß sich vereinigen, oder entweder unter amerikanischer Wirtschaftskontrolle oder unter russischer Herrschaft leben ... Europa *wird* sich früher oder später zusammenschließen ... und dann Amerika nachhaltig die Stirn bieten ...
Nur Rußland wird dann eine Hilfe für Amerika sein
und wird – schon kraft seiner Lage – *stets* solch eine Hilfe bleiben und unter welchem Regime immer eine Bedrohung für alle praktisch denkbaren Feinde der USA darstellen ...«

Viel ist inzwischen geschehen, aber Gedankengänge wie die Senator Pells keineswegs vergessen und selbst John Foster *Dulles,* den man gewiß keinen »Moskowiterfreund« nennen kann, sagte ja am 23. April 1956:

»Wir suchen vor allem anderen den Anbruch jenes unvermeidlich nahenden Tages zu beschleunigen, an dem die historische Freundschaft zwischen dem russischen und dem amerikanischen Volk wieder voll zum Ausdruck kommt ...«

Jede neue Wirtschaftskrise wird dieses »Nahen« enorm beschleunigen und 1929 *gab* es diese Krise ja und so lud Präsident Franklin D. Roosevelt am 10. Oktober 1933, ein halbes Jahr nach seinem Amtsantritt, den Staatschef der Sowjetunion, *Kalinin,* ein, über die Aufnahme diplomatischer Beziehungen zu verhandeln.

Als sowjetischer Unterhändler kam David Mordeowitsch Wallach-Finkelstein, genannt

Maxim Litwinow

im November 1933 nach Washington, der klein und häßlich war, aber mehr Witz als alle andern bolschewistischen »Großen« besaß und F. D. Roosevelt rasch für Pläne gewann, die *weit* über die de-jure-Anerkennung der Sowjetunion hinausgingen.

In Bialystok in Russisch-Polen 1876 als Sohn eines reichen Schächters geboren, hatte Litwinow ursprünglich eine Rabbinerschule besucht, wechselte aber dann in ein Realgymnasium über und mußte als Siebzehnjähriger zum Militär. Er fand im Kaukasus Anschluß an revolutionäre Kreise, tat sich als Waffenschmuggler hervor und richtete im Jahre 1900 in Kiew eine Geheimdruckerei ein. Er wurde verraten, kam nach Sibirien, flüchtete ins Ausland und wurde in Paris verhaftet, als er 1908 Rubelnoten umwechseln wollte, die von einem Bankraub in Tiflis stammten. Litwinow konnte erneut entkommen, lebte nun unter dem Namen Harrison als Reisevertreter in England und heiratete da Ivy *Low,* die Nichte des einflußreichen Schriftstellers Sir Sidney Low. Nach dem bolschewistischen Umsturz von Lenin 1917 zum »Geschäftsträger in London« ernannt, wurde Litwinow zwar vom Foreign Office nicht anerkannt, wohl aber als Geisel festgenommen, als die Bolschewiken nach einem mißglückten Attentat auf Lenin und einen verunglückten Putschversuch den britischen Geschäftsträger Bruce Lockhart verhafteten und schließlich gegen Lockhart ausgetauscht.

Seit Januar 1919 Mitarbeiter Außenminister Tschitscherins, nahm Litwinow an zahlreichen Konferenzen teil und wurde am 22. Juli 1930 der Nachfolger des schwer zuckerkranken Tschitscherin. Er besaß nun ein erstaunliches Wissen, wußte aber vor allem genau, was er wollte. Das war von Anfang an

ein amerikanisch-sowjetisches Bündnis gegen Deutschland.

Und Litwinow sah auch den »gangbaren Weg« dazu. Er verbesserte systematisch Moskaus Beziehungen zu den Baltenstaaten und der Türkei und verständigte sich im Sommer 1932 mit *Herriot,* obwohl Stalin Frankreich noch auf dem XVI. Parteikongreß im Jahre 1930

»das aggressivste und militaristischste Land unter allen aggressiven und militaristischen Ländern der Welt«

genannt hatte. Dem sowjetisch-polnischen Nichtangriffspakt vom 25. Juli 1932 folgte am 29. November 1932 der Nichtangriffspakt zwischen Moskau und Paris, der die gesamte politische Konstellation Europas veränderte, schon *vor* der nationalsozialistischen Machtergreifung den »Geist von Rapallo« negierte und eine *neue* Einkreisung Deutschlands bedeutete.

Zugleich betrieb Litwinow eine »Rückrollpolitik« gegenüber Japan und *beides* machte ihn natürlich sofort bei F. D. Roosevelt lieb Kind: Obwohl die USA noch immer auf die Bezahlung der 628 Millionen $ warteten, die ihnen die Russen schuldeten (und auch Litwinow deren Bezahlung keineswegs versprach), brachte er binnen

vierzehn Tagen die de-jure-Anerkennung der Sowjetunion zustande, schon am 17. November 1933 wurde das entsprechende Protokoll unterzeichnet.
Damit sahen sich Japan und Deutschland *zwei* Fronten gegenüber und daran änderte auch die Ernennung Bill Bullitts zum ersten US-Botschafter in Moskau nichts.
War Bullitt als Wilsons »persönlicher Vertrauensmann« ein Pro-Kommunist gewesen, so wurde er als Roosevelts Botschafter rasch ein Anti-Kommunist, verlor er in Moskau all seine Illusionen und sah er, daß im Vergleich zu den Bolschewiken die Zaren Menschenfreunde waren. In seinem 1946 veröffentlichten Buch »The Great Globe Itself« nannte Bullitt schließlich Stalin einen »zweiten Hitler«, forderte er eine von den USA geführte
»Liga der Freien Welt, die Stalin das Handwerk legt«.
An den Schandpfahl gestellt sollten
»alle jene Bürger der Vereinigten Staaten werden, die Präsident Roosevelt dazu verleiteten, Stalin zu behandeln als ob er eine Mischung Abraham Lincolns mit Woodrow Wilson sei ...«
War Bullitt nicht länger ein Pro-Kommunist, so aber nach wie vor ein »Anti-Faschist« und vor allem – wie Roosevelt selber – ein fanatischer Deutschen-Hasser. Der Präsident betrachtete ihn zeitweilig als seinen wichtigsten außenpolitischen Berater, ließ ihn – sehr zum Mißfallen des State Department – mehreremale jährlich nach Washington kommen und an Geheimberatungen im Weißen Haus teilnehmen, telephonierte auch bei jeder Gelegenheit mit Bullitt in Paris, wo er seit 1936 als US-Botschafter residierte. Daß er hier schon in den ersten Wochen seiner Amtstätigkeit Frankreich und Polen amerikanische Hilfeversprechen machte, ließ ihn zu einem der
Hauptförderer des Zweiten Weltkrieges
und damit zu einem der Hauptförderer des Weltmachtaufstieges der Sowjetunion werden; dadurch vollendete er, was er schon durch die Verhinderung der Ratifikation von Versailles 18 Jahre zuvor begonnen hatte.
Aber wie der Erste war ja *scheinbar* auch der Zweite Weltkrieg ein hervorragendes Geschäft für die Amerikaner und jedenfalls kurbelte er den Rußlandhandel an wie nichts zuvor: 1929–39 kaufte die Sowjetunion für 566 Millionen $ in den USA, zahlte sie bar. 1940 zog die AMTORG in größere Büros, schräg gegenüber J. P. Mor-

gan in No. 210 Madison Avenue und nun wurde K. I. *Lukaschow* ihr Chef, der zeitweilig Dekan der Universität Leningrad gewesen war und als einer der hervorragendsten sowjetischen Transportspezialisten galt. Der organisierte die Verschiffungen über den kleinen mexikanischen Pazifikhafen Manzanillo: Dorthin kamen die russischen und die von Moskau gecharterten norwegischen etc. Schiffe und amerikanische, die hier umluden. Was teuer war, aber die gefährliche Atlantikroute vermied.

Schon 1941 bezog die Sowjetunion z. B. achtmal so viel Baumwolle aus den USA als ein Jahr zuvor. *Alle* Käufe nahmen rasch zu, aber der »Boom« kam erst, als die *amerikanischen* Steuerzahler diese finanzierten, die Russen als Pachtleihlieferungen

Güter im Wert von 11.000 Millionen Dollar oder damals 46 Milliarden Mark geschenkt

bekamen. Während des Krieges gingen (Bernie Baruch zufolge) 1981 amerikanische Lokomitiven nach Rußland und 375 000 Lastautos. Da bekamen die Sowjets 7 786 000 Autoreifen, 52 000 Jeeps und 35 000 Motorräder. Da bekamen sie 415 000 Telephonapparate und 15 Millionen Paar Militärstiefel, vier Millionen Tonnen Nahrungsmittel und Unmengen Flugbenzin ebenso wie Werkzeugmaschinen im Wert von rund 500 Millionen $ und riesige Mengen Spezialstähle, Leichtmetallegierungen und Präzisionsinstrumente.

Ohne diese amerikanische Hilfe hätten die Russen niemals 22 Millionen Mann mobilisieren können. Sie brachte ihnen aber auch »Prototypen«, das »Neueste vom neuen«, das sie nachbauen konnten – und daß Moskau *alles* bekam, was es wollte, war vor allem das Verdienst

Anastas Iwanowitsch Mikoyans,

des erfolgreichsten sowjetischen Handelsorganisators, eines der besten Kaufleute der *Welt* – und eines Mannes, der stets Leben- und Lebenlassen predigte und so auch selber alle »Säuberungen« überstand, sich erst Ende Dezember 1965, als Siebzigjähriger und »Vorsitzender des Präsidiums des Obersten Sowjet« – als sowjetisches Staatsoberhaupt und damit Inhaber des höchsten Staatsamtes, das die SU zu vergeben hat – zurückzog, um »nach vier Jahrzehnten Sowjetprominenz« seine Memoiren zu schreiben.

In Sanain, einem kleinen Armenierdorf des Kaukasus 1895 als Sohn eines Tischlers geboren, hatte Mikoyan in Tiflis das gleiche Priesterseminar wie Stalin besucht, war aber nicht wie dieser relegiert worden, sondern machte 1915 seine Abschlußprüfung mit Auszeichnung. Nur glaubte er nun nicht mehr an Gott und trat statt in den geistlichen Stand in die bolschewistische Partei ein. Mikoyan sprengte Anfang 1917 die Stahltresore der Tifliser Staatsbank, kämpfte dann in Baku gegen die Türken und die Engländer, rettete unter Lebensgefahr den späteren Schwerindustriekommissar *Ordschonikidse* und wurde schließlich selber verwundet und gefangen. Als einziger unter 27 Bolschewikenführern entging er der Hinrichtung, wie und warum bleibt mysteriös. In einem Segelboot von Baku nach Astrachan geflohen, gelangte Mikoyan 1919 nach Moskau und traf da erstmals mit Lenin und Stalin zusammen. Er zeichnete sich im Kampf gegen Denikin aus, spielte in Nischnij-Nowgorod – dem heutigen Gorki – eine bedeutende Rolle und wurde 1926 als Nachfolger Sinowjews Handelskommissar.

Mikoyan war nun 31 Jahre alt, damit das jüngste bolschewistische Regierungsmitglied und damals

der jüngste Minister der Welt.

Da bis Oktober 1953 das sowjetische Handelsministerium den Binnen- und den Außenhandel dirigierte, hatte Mikoyan schließlich 200 Millionen Kunden daheim und über 2000 Millionen Kunden im Ausland zu befriedigen – und mußte praktisch bei Null beginnen. Denn vor der Russischen Revolution lag der russische Außenhandel fast ausschließlich in ausländischen Händen, und vorwiegend deutschen. Der Großteil der Importe wurde über die Petersburger Filialen der ausländischen Konzerne getätigt, aber auch die Aufkäufer von Butter, Eiern, Getreide und Holz arbeiteten vorwiegend für fremde Exporthäuser. Als durch ein Dekret vom 22. April 1918 der Außenhandel zum Staatsmonopol erklärt wurde, gab es nur *ganz* wenige Russen, die entsprechende Erfahrungen und Verbindungen hatten. Und da die Bolschewiken auch die russischen Schulden annullierten und Ausländer wie Inländer entschädigungslos enteigneten, besaßen sie

jahrelang keinerlei Kredit,

mußten auch nach Aufhebung der westlichen Blockade Bestellungen im Voraus und in Gold bezahlt werden.

Rußlands Ausfuhr sank so, wie geschildert, 1913–20 von 1507 auf 1,4 Millionen Goldrubel, die Einfuhr von 1374 auf knapp 29 Millionen. Und als Mikoyan Minister wurde, hatte sich die Lage zwar schon wesentlich gebessert, aber in Mark von 1913 betrug die russische Pro-Kopf-Ausfuhr 1926 doch nur knapp vier und die Einfuhr nicht einmal drei Mark, ein Zwanzigstel, respektive ein Dreißigstel der deutschen Werte. Auch mengenmäßig erreichten die sowjetischen Exporte 1928 nur 9 Millionen Tonnen gegen die 24,6 im Durchschnitt der Jahre 1909—13 und dabei waren (dem sowjetischen Finanzministerium zufolge) 1926—27 von 770 Millionen Rubel Gesamtexport 345 Millionen oder 44% »mit Verlust ausgeführt« worden, 235 Millionen davon »mit schwerem Verlust«. Und kaum daß Mikoyan die ersten Erfolge errang, kam es ja zur Kollektivierung der Landwirtschaft, sanken die Erträge katastrophal, konnte immer weniger exportiert und damit auch immer weniger gekauft werden.

Aber Mikoyan schloß nichtsdestoweniger im Verlauf seiner Karriere

mehr als zweihundert Handelsverträge

und zahllose Kreditverträge ab. Denn seine wieselflinken, grünen Augen sahen die Welt stets ohne Scheuklappen und mit untrüglicher Sicherheit erkannte er lange *vor* anderen alle Chancen. Für Mikoyan spielte der Marxismus keine größere Rolle als das Christentum für die westlichen Kaufleute und Staatsmänner. Daß er eng mit Lenin und später mit Stalin zusammenarbeitete, der ihn in seine »Kaukasierrunde« aufnahm, jeden Abend mit ihm im Kreml aß und trank, ergab sich »aus der politischen Sachlage«. Aber Mikoyan fühlte sich nur als »Chefeinkäufer der Revolution und des Sowjetimperiums«, war stolz, »ein armenischer *Kaufmann*« und *»nur* ein Kaufmann« zu sein, und wurde auch von seinen Gegnern als

»der größte Händler der Erde«

anerkannt. Was er allerdings nur werden konnte, weil die Sowjetunion gegenüber den Vereinigten Staaten einen entscheidenden Vorteil hat: Wenn die in ihren Nahrungsmittelüberschüssen ersticken, Eipulver, von dem sie ganze Kavernen voll haben, ebensowenig kaufen können wie Fette oder Baumwolle, war Mikoyan stets der willkommene *Abnehmer,* kaufte er Reis in Burma und Baumwolle in Ägypten, Maschinen in Amerika und Schiffe in Deutschland.

Daß er all das trotz der lange beschränkten Lieferfähigkeit der SU

bezahlen konnte, ist ein Kapitel für sich (und wird im nächsten erörtert). Aber stets verstand Mikoyan alle Möglichkeiten zu *nutzen*, war er nicht nur ein schöner Mann mit einem Charakterkopf und mandelförmigen Augen, einer Adlernase und einem kleinen, sehnig-schlanken Körper, der ihn zum hervorragenden Turner und zum besten Walzertänzer Moskaus machte; er war auch außerordentlich klug – und daheim wie im Ausland *anpassungsähig:* Mikoyan wußte (wie es eine russische Redensart ausdrückt) »wo die Krabben den Winter verbringen«. Er verstand zu erzählen und im richtigen Augenblick zu schweigen. Er kam mit dem Multimillionär Averell *Harriman,* der im Zweiten Weltkrieg amerikanischer Botschafter in Moskau war, so gut aus wie mit dem Labour-Handelsminister und späteren Premier Harold *Wilson.* 1936, 1959, 1962 und 1963 in den USA, hieß er da bei den Reportern nur »Smiling Mike« und wenn Vize-Präsident Richard *Nixon* ihn den »zweifellos fähigsten Kommunisten, dem ich begegnet bin« nannte, so fand er auch Sympathie bei den Massen, denn er küßte Babies, als ob er immer schon amerikanische Provinzpolitik getrieben hätte; machte bei einem Photo mit dem Industriemagnaten Cyrus *Eaton* ebenso das »richtige« Gesicht wie bei der Aufnahme mit Sophia *Loren.*
Mikoyan paßte sich aber nicht nur an, sondern *lernte* überall in unglaublich kurzer Zeit was es zum Nutzen der Sowjetunion zu lernen gab. Er brachte es schließlich auf einen
Binnenhandelsumsatz von 900 Milliarden Mark und einen Außenhandelsumsatz von fast 80 Milliarden,
baute sich dazu am Moskauer Smolenski-Boulevard ein siebenundzwanzigstöckiges Bürohaus, residierte da in einem riesigen, hyperamerikanischen Büro, sorgte aber auch dafür, daß amerikanische Spezialisten seinen »jungen Leuten« Unterricht in Ausstellungstechnik, in Public Relations, in den neuesten Werbemethoden und allgemeiner »Salesmanship« gaben. Mikoyan erklärte seinen Mitarbeitern ungestraft schon während der Stalinära:
»Die *Wirtschaft* beherrscht die Politik!
Ihr müßt superkapitalistische Verkäufer werden!«
Und hatte auch selber immer neue Ideen: Statt an acht Ausstellungen in acht Ländern (davon 6 der Freien Welt) im Jahre 1951 nahm die SU vier Jahre später bereits an 149 Ausstellungen in 41 Ländern (davon 32 nichtkommunistischen) teil und wenn bei der in Karachi

z. B. niedrig fliegende Flugzeuge Probepackungen mit sowjetischem Reis abwarfen, so waren die nicht mit Hammer und Sichel versehen, sondern zeigten das islamische Glückssymbol, die Hand der Fatima. Da gab es nicht nur überall Tanzgruppen, Gratiskaviar und Krimchampagner in jeder Menge, sondern Mikoyan stellte stets nur aus, was da oder dort *wirklich* gebraucht wurde und ließ seine Vertreter stets auch sagen:

»Und dafür nehmen wir dies oder das ab ...«

Die »Kaufmacht« der Sowjetunion

war, wie gesagt, Mikoyans beste Waffe, aber leicht hatte er es deshalb keineswegs, denn wenn er als Binnenhandelsminister immer wieder auf Verbrauchsgüterimporte drang, so widersetzten sich dem neun Zehntel aller Fabrikleiter ebenso wie die mächtigsten Parteifunktionäre, denn die fürchteten Qualitätsvergleiche. Und da gab es ja nicht nur Devisenmangel, sondern die Sowjetunion ist schon durch ihre geographische Lage im Außenhandel gehandikapt, hat ja nur wenige eisfreie Häfen und riesige Binnendistanzen zu diesen Häfen zu überwinden. Und da war es auch erst Mikoyan, der wie ein Panther um den

Aufbau einer eigenen Handelsflotte

kämpfte: Von den 1912 im russischen Auslandsseeverkehr eingesetzten 12 Millionen Nettoregistertonnen fuhren nur 1,8 unter russischer Flagge. 1924 war diese Tonnage auf 3 Millionen NRT gefallen und da waren nur mehr 284 000 Tonnen eigener Schiffsraum. Mikoyan rechnete Stalin und er rechnete jedem, der es hören oder nicht hören wollte, vor, daß die sowjetischen Frachtausgaben enorme Importverluste bedeuteten. Und so *stieg* schließlich die sowjetische Handelstonnage 1926−36 von 313 000 BRT auf 1,2 Millionen − und 1986 besaß die SU mit rund 20 Millionen BRT den mehr als dreifachen Handelsschiffsraum der Bundesrepublik, war der Sowjetseegütertransport zwanzigmal größer als 1913.

Wie sich Mikoyan um den Schiffbau kümmern *mußte*, so aber sehr bald natürlich um »Grundsatzfragen« ebenso wie um sein engeres Ressort, denn von der Verbrauchsgüterbereitstellung hing ja die Leistung der Gesamtwirtschaft ab und Moskaus Außenpolitik beeinflußte zutiefst Mikoyans Handelsmöglichkeiten. Was seine Partner dachten, interessierte ihn nie, solange sie pünktlich lieferten und zahlten. Mikoyan überredete Otto *Wolff* − den Vater des heutigen

Ostausschußvorsitzenden – und Firmen wie Krupp zu ihren ersten Rußlandgeschäften. Aber wenn es 1928 in der Berliner sowjetischen Handelsmission über 2000 Angestellte gab, so war der Vertrag von Rapallo dafür so unentbehrlich gewesen wie die Anerkennung der SU durch F. D. Roosevelt eine der Voraussetzungen dafür war, daß Mikoyans New Yorker AMTORG zeitweilig 1600 Leute beschäftigen konnte. Und so predigte Mikoyan
    schon in den Zwanzigerjahren »Koexistenz«,
fand er später den Streit mit Jugoslawien so »lächerlich« wie er den mit Peking beizulegen versuchte. Mikoyan überstand alle innenpolitischen Wandlungen, war aber deswegen doch nie ein »Ja-Sager«, verbrachte z. B. 1955 seinen Urlaub demonstrativ an der jugoslawischen Adriaküste obwohl Tito da noch von den »Allmächtigen« wüst beschimpft wurde und propagierte auch eine »entschärfte Zone in Mitteleuropa«, als das noch nicht Mode war. Mikoyan trat für die Neutralisierung Griechenlands ein, versprach Österreich 1957 auch für den Kriegsfall strikte Respektierung seines neutralen Status. Und es war Mikoyan – und nicht Chruschtschow, der zudem in einer Geheimsitzung sprach – der bereits auf dem XX. Parteitag im Februar 1956 den *ersten* und den *Haupt-*Stoß gegen den »Stalinismus« führte und da auch
    die Beseitigung des Dogmas von der »Unvermeidbarkeit des Krieges«
durchsetzte, u. a. sagte:
    »Faktisch verlief der Oktoberumschwung des Jahres 1917 friedlich. Und der Weg zum Sozialismus kann weiter *friedlich* verlaufen!«
Es war Mikoyan, der im November 1962 die Verhandlungen mit Fidel *Castro* über den Abbau der sowjetischen Raketenbasen auf Kuba führte, dessen Zustimmung erreichte und so entscheidend an der Vermeidung eines Konfliktes beteiligt war, der leicht zum Dritten Weltkrieg hätte führen können.
Damit aber ist Anastas Mikoyan ein *Beweis* dafür, wie sehr seit jeher wirtschaftliche Überlegungen und Notwendigkeiten die Politik des Kreml beeinflussen. Und da beweist vollends die enge Zusammenarbeit zwischen Mikoyan und A. P. *Serebrowskij*, der die Sowjetunion zum vielleicht bedeutendsten, mit Sicherheit aber zum zweitbedeutendsten Goldproduzenten der Erde machte, daß die marxi-

stisch-leninistischen Dogmen zumindest seit der Machtergreifung Stalins *keinerlei* reale Rolle mehr spielen. Die Vervielfachung der sowjetischen Goldproduktion wiederum beweist, welchen Einfluß immer wieder der Vernunft *widersprechende* Handlungen auf die Weltwirtschaft und die Weltpolitik ausüben, denn immense Mengen von Produktionsmitteln mit Gold statt mit realen Werten bezahlen konnte Mikoyan ja nur durch den westlichen Gold-*Wahn*. Auch dieser Wahn war eine unentbehrliche Hilfe beim Aufbau der östlichen »Supermacht« und wir können nur hoffen, daß der Wahn einer Welt der »sachten« Energien nicht noch verheerendere Folgen hat.

XIV
Serebrowskij nutzt den Goldwahn

Die Bedeutung der sowjetischen Gold- und Diamantenvorkommen

Daß sich das bolschewistische Regime halten konnte, hat viele Gründe, aber zu den wichtigsten gehören
Die Eiszeit und die Romane von Brett Harte.
Oder wenn man es anders ausdrücken will die berüchtigte »Sibirische Kälte«. Denn wenn es in diesem Drittel des asiatischen Festlandes und größtem außertropischen Waldgebiet auch unerträglich heiße Sommer gibt, die niedrigsten Temperaturen aller ständig bewohnten Gebiete der Erde *wurden* in Werchojansk gemessen: Am 21. Februar 1892 minus 69,8 Grad Celsius. Und vor Jahrmillionen muß es hier noch weit kälter gewesen sein, denn da lag ganz Sibirien unter einem so mächtigen Eispanzer wie heute Grönland. Das aber half den Bolschewiken wie kaum etwas anderes, denn die Eiszeitgletscher und ihr Schmelzwasser brachten
ungeheure Mengen Schwemmgold
in das Flußgebiet des Wittim und der Olekma, der Lena und Kolyma, schufen Goldseifenvorkommen von hunderten und aberhunderten Quadratkilometern Ausdehnung. Die Gletscher zermahlten unvorstellbare Gesteinsmengen, schliffen ganze Gebirge ab, und als sie schmolzen, wusch ihr Wasser mehr Gold aus als noch so viele Großbagger in absehbarer Zeit zu bewältigen vermögen. Nachdem schon 1744 das Berggold des Ural entdeckt und die ersten Schächte gegraben worden waren und im Jahr darauf ein Goldbergwerk im sibirischen Altai in Betrieb kam, wurde um 1830 Goldsand an den meisten Lena-Nebenflüssen gefunden, wie es ihn reiner nirgends gab. An vielen Stellen enthielt jeder Kubikmeter 20 Gramm Metall, während bereits ein Gramm rentabel ist. Aldan, Amgan, die Botama schwemmten so viel Gold zu Tal, daß selbst das primitive Auswaschen mit der Handschüssel vielen Jakuten vor dem Ersten Weltkrieg 50 Mark täglich einbrachte. Die burjätischen und chinesischen

Goldschmuggler, die das staatliche Ankaufsmonopol brachen, verdienten riesige Vermögen. Bis Mitte des vorigen Jahrhunderts war *Rußland der führende Goldproduzent der Welt* und im Witimgolddistrikt ging es noch um 1900 zu wie eine Generation früher in Kalifornien. In Matschinsk, dem Hauptort der Goldwäschereien an der mittleren Lena, strahlten elektrische Bodenlampen in die Nacht, lange bevor es sie in London und Paris gab. Bis in den frühen Morgen herrschte Hochbetrieb im Bergwerksrestaurant, das ganz im Stil der Petersburger Luxuslokale aufgezogen war, wo eine Zigeunerkapelle spielte, französischer Champagner in Strömen floß und Kokotten aus aller Welt Wiener Walzer tanzten. Zwar hatte Kalifornien Rußland vom ersten Platz der Weltgolderzeuger verdrängt und als 1886 das Gold Südafrikas entdeckt wurde, sank es auf den dritten, denn die afrikanischen Vorkommen liegen wie die amerikanischen und australischen weit verkehrsgünstiger als die russischen. Aber statt der rund fünf Tonnen jährlich während der Periode 1821—40 betrug Rußlands Goldförderung 1913 doch fast 40 Tonnen im Wert von damals rund 110 Millionen Goldmark.

Der Erste Weltkrieg und die Revolutionswirren legten Großbetriebe wie die der englischen Lena Goldfields Ltd. und belgischer Firmen still, machten die Versorgung der etwa 40 000 Leute unmöglich, die in rund tausend sibirischen Kleinbetrieben aus 16 Millionen Tonnen Sand etwa 33 000 Kilo Waschgold gewannen. Und so betrug die Goldförderung der Sowjetunion 1921 ganze 43 177 Unzen oder weniger als 1400 Kilo, die damals knapp 900.000 $ wert waren. Und nichts geschah, um die Goldproduktion wieder in Gang zu bringen, denn *Lenin* empfand es als

»kennzeichnend, daß mit dem Gold Amerikas auch die Syphilis nach Europa kam«,

betrachtete das Gold als

»völlig unnütz und bestenfalls zum Zahnfüllen zu gebrauchen«.

Und sah in Rußlands Goldwäschern

»Volksfeinde, die ebenso einem Fetisch dienen wie die Popen und die man zwingen muß, Brauchbares zu produzieren«.

Nun wußte zwar auch Lenin, *wie* wichtig für das Überleben seines Regimes die 200 Kisten mit je 150 Kilo Lenagold gewesen waren, die den Bolschewiken im Februar 1918 durch einen Glücksfall in die Hände fielen, und wie wichtig das Gold des »Schatzzuges« Admiral

Koltschaks, das die Tschechische Legion 1920 Moskau auslieferte. Aber Gold *produzieren* war etwas ganz anderes als Gold »beschlagnahmen«. Das bedeutete tausende und abertausende Menschen mit dem »verfluchten Metall« in Berührung zu bringen – und in »kapitalistische Versuchung« zu führen. Und zudem sah Lenin im Ausfallen der russischen Goldproduktion ein Mittel zur »Krisenförderung«. Lenin zufolge war
»die Zerstörung der Währung das sicherste Mittel, ein Land reif für den Kommunismus zu machen«.
Durch den Krieg war die Goldförderung der Welt 1913–22 von 22,2 auf 15,4 Millionen Unzen gefallen. Gold-*Mangel* mußte den Geldumlauf bremsen, Deflationskrisen auslösen, diese zum Abgehen vom Goldstandard und schließlich zu Inflationskrisen führen. Dem Westen Gold zu verkaufen, lag also *nicht* im Interesse der Weltrevolution – von allen andern Überlegungen abgesehen.
Stalin waren solche Gedankengänge zu kompliziert (obwohl sie sich als teilweise richtig erwiesen). Er erkannte, daß es nicht auf den echten Wert des Goldes ankommt, sondern auf den *Glauben* an diesen Wert, und er war überzeugt, daß Krieg und Revolution und Inflation diesen Glauben überall gestärkt hatten. Ebenso, daß, wenn Rußland kein Gold produzierte, andere nur um so mehr produzieren würden.
Und davon war auch Anastas *Mikoyan* überzeugt: Gold für wertvoll zu halten, mag ein *Wahn* sein. Aber es gilt seit *Jahrtausenden* als wertvoll und festverwurzelter Glauben *hält* sich. Auch wenn Gold nicht als wertvoll galt und gilt, weil wir es selber für irgendeinen nützlichen Zweck brauchen, sondern einzig und allein, weil *andere* Menschen es für begehrenswert halten – und so *wirklich* Unentbehrliches für Gold hingeben. Und Gold galt nun als *so* begehrenswert, daß sich
überall Abnehmer zu Festpreisen
fanden, es für Goldimporte keine Kontingente und keine Zollschranken gab. Mikoyan mußte Holz und Getreide zu Preisen verkaufen, die oft nicht einmal die Transportkosten deckten. Auch die russischen Ölpreise wurden von den Trusts gedrückt und überall gab es Dumpinggeschrei und alle erdenklichen Restriktionen. Gold aber wollten sie alle und die Transportkosten für Gold betrugen zudem einen Bruchteil der Massengutfrachten, Gold konnte die So-

wjetunion auch schon zu einer Zeit *rationell* exportieren, als sie keine eigene Handelsflotte besaß.

Stalin und Mikoyan suchten also dem Westen so viel Gold zu verkaufen, wie sie nur konnten. Und stützten so – den Leninisten zufolge – die kapitalistischen Währungen. Schwächten aber *dennoch* Rußlands Gegner, denn wenn die 5000 Mark für ein Kilo-Sowjetgold bezahlten, so *thesaurierten* sie ja diese 5000 Mark, *entzogen* sie sie ihrer Produktion. Nicht, daß das in den Kellern der Staatsbanken liegende Gold oder das privat gehortete Gold seinen Besitzern keine Zinsen trägt, ist das Wesentliche. Sondern daß es *volkswirtschaftlich tot* ist, als Produktionsfaktor ausfällt: Kapital ist gespeicherte Arbeitskraft. Es ist unentbehrlich, um die Zeitspanne zwischen Produktionsmittel – und Verbrauchsgütererzeugung zu überbrücken, denn auch während sie eine Drehbank oder eine Mühleneinrichtung herstellen, müssen ja die Arbeiter bezahlt werden. Gold aber bedeutet Geld, das *nicht* länger umläuft. *Nicht* neue Arbeitsplätze schafft, die Erzeugung von Nahrungsmitteln oder Rohstoffen nicht steigert. Und wenn jedes Kilo Sowjetgold 5000 Mark

westliche Produktionskraft *lahmlegte,* so *steigerte* es gleichzeitig die sowjetische Leistungsfähigkeit, denn mit dem Sowjetgold wurden ja *Produktionsmittel* gekauft: Zwei Kilo Sowjetgold bedeuteten eine leistungsfähige Werkzeugmaschine, einen starken Traktor oder ein gutes Lastauto. Dieses Gold brachte nicht nur 20,6 und später 35 $ die Unze und schließlich 200, 400 und mehr als 800 Dollar:

Das Sowjetgold wurde als Multiplikationsfaktor benutzt und als Transformator von ungelernter Sträflingsarbeit in höchstwertige Spezialistenproduktion:

Der halbverhungerte Analphabet, der an der Kolyma Gold wusch, brachte den Bolschewiken Erzeugnisse westlicher Facharbeiter, in die Generationen Forschungs- und Entwicklungsarbeit ebenso investiert worden waren wie Erziehungsmillionen; die das Resultat von Leistungsstolz und Verantwortungsbewußtsein ebenso wie von Erfindungsgeist und Unternehmerinitiative darstellten; über die die Russen selber – vorläufig zumindest – nicht verfügten.

Wieso aber dachte Stalin so ganz anders über das Gold als Lenin?

Nur weil Mikoyan zu Goldexporten riet?
Die Sowjetunion gilt als
»das Produkt des Marxismus, zwangsläufiger und unabänderlicher wirtschaftlicher Entwicklungsgesetze«.
Aber sie hielt sich nicht zuletzt, weil Stalin Francis Brett *Harte's* im Jahre 1869 geschriebenes Buch »The Outcaste of Poker Flat« las und dessen »The Luck of Roaring Camp«, das 1870 erschien. Harte machte die Zeit der kalifornischen Goldfunde lebendig und inspirierte so Stalin zu einer seiner wichtigsten Entscheidungen, der Gründung des »Sojus Soloto«, des »Sowjet-Gold-Trust« im Jahre 1927: In seinem 1936 erschienenen (aber rasch wieder aus dem Handel verschwundenen) Buch »Über die Front des Goldes« schildert
Professor A. P. Serebrowskij,
der Organisator und Leiter dieses Trusts, das Gespräch mit Stalin, das zur Neuorganisation der russischen Goldförderung führte, sagt da:
»Stalin hatte sich eingehend mit den Büchern von Brett Harte befaßt. Er bewies mir, daß der Westen der Vereinigten Staaten seine Erschließung der Entdeckung von Goldvorkommen verdanke, kein anderer Faktor dabei in Frage kam. Die Zinn-, Kupfer- und Bleiindustrie entstand erst auf den Spuren der Goldsucher; die Landwirtschaft entwickelte sich, weil es galt, die Prospektoren zu ernähren; und auch die Straßen und Eisenbahnen wurden des Goldes wegen gebaut.
Nachdem er einen Abriß des kalifornischen Goldrausches gegeben hatte, fuhr Stalin fort: ›Warum soll sich ein Entwicklungsprozeß, von dem die Vereinigten Staaten profitierten, nicht auch auf unsere Verhältnisse übertragen lassen?
Wir werden zuerst mit den Goldminen beginnen und dann allmählich zu anderen Mineralien übergehen, zu Kohle und Eisen. Mit dieser industriellen Entwicklung muß dann der Ausbau der Landwirtschaft Schritt halten.‹ Und er schloß: ›Um die Goldförderung zu studieren, werden Sie sofort nach den Vereinigten Staaten fahren. Besuchen Sie die besten Minen in Kalifornien, Colorado, Alaska und Montana und machen Sie sich mit der Goldindustrie ganz und gar vertraut …‹«
Von Beruf Ingenieur und Lehrer der Moskauer TH, gehörte Serebrowskij zu den »alten Kämpfern« des Bolschewismus und kannte

Stalin aus dessen Zeit in Baku. Unansehnlich und stets schlecht gekleidet, nur mittelgroß und leise und hastig sprechend, war er dennoch der geborene Menschenführer und ein Mann von ungeheurer Energie, der rastlos lernte, nur Tatsachen gelten ließ und die gegen jederman vertrat. Serebrowskij hatte, wie geschildert, die russische Mineralölindustrie reorganisiert, den Staatstrust »Asneft« geschaffen, disziplinlose Parteigrößen ebenso rücksichtslos entfernt wie faule Bohrmeister. Nun ging er also nach Amerika und später auch nach Südafrika und »saugte Wissen auf wie ein Schwamm«. Er sah sich aber stets auch nach tüchtigen Helfern um und lernte in Alaska einen Bergwerksdirektor kennen, der ihn als Nurpraktiker ideal ergänzte, seine genialen Planungen verwirklichte: John D. *Littlepage,* einen Hünen, der als einer der hervorragendsten Fachleute des Weltgoldbergbaus galt, den Politik nicht im geringsten interessierte und der in Rußland nur

»*das Land, das man zum gößten aller Goldproduzenten machen konnte«,*

sah: Im März 1928 unterschrieb Littlepage einen Zweijahresvertrag als Chefingenieur des Sowjet-Gold-Trusts – und blieb zehn Jahre. Die Arbeit begann in Kochtar, in Südsibirien. Hier gab es Schachtbaue, die längst ersoffen waren, Maschinen, die zu Schrott wurden, »Bergleute«, die keine Ahnung vom Bergbau hatten. Die abbauwürdigen Schichten lagen 150 bis 300 Meter tief. Leistungsfähige Pumpanlagen waren also nötig, um des Grundwassers Herr zu werden, und *alles,* was Littlepage brauchte, mußte aus Amerika herbeigeschafft werden.

Stalin war damals noch *nicht* der absolute Beherrscher der Sowjetunion. Wenn er Befehle gab, hieß das keineswegs, daß sie blind ausgeführt wurden, und Serebrowskij hatte nicht nur gegen die Natur und die mangelnden Transportmöglichkeiten zu kämpfen, sondern auch gegen Parteileute, die keine Goldindustrie wollten. Verzögerungen und Hemmungen waren an der Tagesordnung und allein schon die Gewöhnung der Arbeiter an moderne Maschinen erforderte übermenschliche Geduld.

Serebrowskij besaß sie. Und so stieg

die sowjetische Goldproduktion

von den 0,06 Millionen Feinunzen des Jahres 1921 auf 1,3 Millionen zehn Jahre später und damit auf den Stand von 1913. Da waren es

1933 schon rund zweieinhalb Millionen Unzen zu je 31,08 Gramm und die brachten nun 87,5 Millionen $ oder fast viermal so viel ein, als Rußlands Golderzeugung 1913 wert war. 1936 wurden 7,35 Millionen Feinunzen erzeugt und damit stand die Sowjetunion hinter Südafrika an der zweiten Stelle der Welt.

Was seit 1936 gefördert wurde, weiß außer den höchsten Sowjetfunktionären niemand. Produktions- und Vorratsziffern werden nun geheimgehalten, seit 1947 steht auf ihren »Verrat« die Todesstrafe. Aber einer im Februar 1980 veröffentlichten Studie der Consolidated Gold Fields zufolge betrug die Sowjetgoldförderung 1977 etwa 444 Tonnen oder rund 15,7 Millionen Feinunzen, bei einer damals bekannten Weltgoldproduktion von 990 Tonnen also rund 45 %. Als Durchschnitt der Jahre 1960–80 wurden etwa 320 Tonnen jährlich angenommen. Die Goldverkäufe im Westen brachten Moskau 1979 rund 2,6 Milliarden Dollar – aber da betrug der Unzenpreis im Jahresdurchschnitt 364 Dollar während er am 18. Januar 1980 (als bisherigen Rekord) 835 Dollar erreichte. Die 1985 von den Russen über London abgesetzten 220 Tonnen Gold waren etwa 2,7 Milliarden Dollar wert. Insgesamt wurde während der Herrschaft der Kommunisten in Rußland Gold gewonnen, das Devisen *jeder* Art und einer *weltweiten* Kaufkraft von etwa 200 Milliarden DM gleichkam. Neuere amtliche Zahlen gibt es, wie gesagt, nicht. Aber von den zwischen 1926 und 1935 von Moskau an Deutschland vergebenen Industrieaufträgen im Wert von 3,8 Milliarden Mark wurden 1,33 in Gold bezahlt, rund ein Drittel also. Von den amerikanischen Lieferungen, die 1930–40 zusammen 566 Millionen Dollar ausmachten, wurde die Hälfte in Gold abgedeckt.

Einen Markt für das Sowjetgold aber gab es immer, denn *weltweit ist das Mißtrauen in die Stabilität der Währungen tief verwurzelt und heute größer denn je.*
Moskau verkaufte nicht nur den Staatsbanken Gold, sondern belieferte stets auch die »freien« Märkte. Die Moscow Narodny Bank in London gründete z. B. 1962 eine Filiale in Beirut, versorgte durch diese den ganzen Nahen Osten mit Gold, das seit den siebziger Jahren in immer größeren Mengen von den Öl-Scheichs gehortet wurde. Enge Verbindungen gab und gibt es auch mit Kuwait, Dubai und Abu Dhabi, die den Goldhandel mit Indien und weiten Teilen Südostasiens beherrschen, und Sowjetgold ist beliebt, denn es ist

das »reinste« Gold der Welt:
Goldschmelzen wie die von Swerdlowsk gehören zu den technisch bestausgerüsteten und unter Ursprungszeichen wie »Moskauer Staatsraffinerie« oder »All Union Goldfactory« steht zugleich ».99 99« und das bedeutet den höchsten im Normalhandel erhältlichen Feinheitsgrad. Das auf dem Londoner Goldbarrenmarkt geforderte Minimum beträgt .99 50 und das südafrikanische Gold besitzt nur .99 60 Feinheit.
Diese Qualität setzten Serebrowskij und Littlepage durch und die schufen *alle* Grundlagen der heutigen sowjetischen »Goldgeltung«. Aber keineswegs *nur* die: Auf den russischen Goldfeldern gab es zeitweilig 660 000 meist zu »Artels« – Familiengenossenschaften – zusammengeschlossene private Goldsucher, die »Starateli«, die auf eigene Faust kleine Vorkommen ausbeuteten. Da gab es aber auch hunderttausende und zeitweilig Millionen Zwangsarbeiter. Serebrowskij überzeugte Stalin, daß sich nur hochmechanisierte Betriebe rentierten. Er kaufte Großbagger im Ausland, verglich die Leistungen der verschiedenen Typen und Marken, kumulierte die Vorteile und merzte die Mängel aus und schuf mit Littlepage einen »Sowjet-Typ«, den die Kirow-Werke in Leningrad bauten, die früher »Krassni Putilowetz« und noch früher A. N. Putilow-Fabriken hießen und Rußlands bedeutendste Rüstungsfirma waren. Aus den Goldbaggern wurden Erdbewegungsmaschinen entwickelt, die das immense Wasserstraßennetz der Sowjetunion schaffen halfen, hunderttausende Kilometer Straßen bauten. Was mit der Goldförderung begann – und zum nicht geringen Teil durch sie finanziert wurde – führte zu den maschinellen Einrichtungen der riesigen Kohletagebaue der Sowjetunion und zu dutzenderlei anderem.
Serebrowskij arbeitete von Anfang an auf lange Sicht: Gold wächst nicht nach. Sobald ein Vorkommen erschöpft war, mußten neue zur Verfügung stehen und so setzte er mehr als 800 Geologen ein. Die fanden Gold in Armenien wie in Usbekistan und im heutigen »Dalstroj« (= »Fernes Aufbaugebiet«) zwischen der Kolyma, der Bering-Straße und dem Ochotskischem Meer, einer Region sechsmal so groß wie die Bundesrepublik. Und die entdeckten natürlich nicht nur Gold. Die entdeckten dutzende wertvolle Metallvorkommen und in Jakutien geschah schließlich, was auch in Südafrika geschehen war:

Die Suche nach Gold führte zur Entdeckung von Diamantenvorkommen.
Es war keine Übertreibung, als Marschall Bulganin im Februar 1956 dem Moskauer Parteitag mitteilte, in Jakutien sei »eine der bedeutendsten Entdeckungen der letzten Jahrzehnte« gemacht worden, denn im Wiljui-Becken, nahe dem Daldun und am Oberlauf der Morkoka wurden nicht weniger als 42 »Vertikalablagerungen« gefunden, Diamanten-»Pipes« wie die Südafrikas. Tief ins Erdinnere reichend, sind diese »Röhren« von 200 bis 300 Meter Durchmesser mit dem sogenannten »Blaugrund« gefüllt, einem vulkanischen Tuff, in dem sich vor Jahrmillionen die Kohlenstoffkristalle bildeten, die nun »Diamant« heißen (von griechisch »adamas« = »unbezwingbar«, weil Diamanten an Härte *alle* anderen Stoffe übertreffen). Die jakutischen Lagerstätten enthalten im Durchschnitt vier Karat pro Tonne »Blaugrund« während schon 0,05 bis 0,06 als »rentabel« gelten.

Wie Samuel Montagu & Co. in London seit Beginn der sowjetischen Goldexporte deren wichtigste, westliche Käufer sind, setzt seit Beginn der Diamantenverkäufe der Diamantenwelt-Trust Harry Oppenheimers, die De Beers Company, die russische Produktion ab und mit einer Teetasse voll guter Schmucksteine ist ein Stahlwerk zu erwerben. Die Diamanten Jakutiens schlossen als Industriesteine eine der fühlbarsten Versorgungslücken der Sowjetunion, erhöhten sehr wesentlich ihre Industrieproduktion. Denn wenn das Wort »Diamanten« noch immer Vorstellungen von indischen Maharadscha-Schätzen oder extravaganten, reichen Frauen erweckt, gewichtsmäßig werden heute

neun Zehntel aller Diamanten von der Industrie verwendet.
Seit nach dem Ersten Weltkrieg Werkzeuge mit Hartmetallschneiden entwickelt wurden, die die Schnittgeschwindigkeiten verzehn- und verzwanzigfachten – und so jetzt z. B. die gleiche Drehbank mit dem gleichen Dreher leistet, was früher 10 oder 20 Maschinen mit 10 oder 20 Leuten leisteten – brauchte man Mittel zum Formen und Schleifen dieser Hartmetalle. Schleifscheiben aus Karbiden von Wolfram und Titan genügten nicht mehr, sondern nur noch Diamanten. Die USA verbrauchten so im Jahre 1940 bereits vierzigmal so viele Industriediamanten wie 1920, allein die Automobilindustrie benötigt hier nun etwa 10 Millionen Karat jährlich. Aber mit Dia-

manten sind auch die Bohrkronen besetzt, ohne die es keine Ölquellen gäbe; mit Hilfe von diamantbesetzten Bohrern aller Art werden nun dutzende unentbehrliche Metalle gewonnen, mit Diamantpulver Zahnräder und Motorzylinder geschliffen, die Kalanderwalzen der Papierfabriken egalisiert und Diamantenlager sind unentbehrlich für zahlreiche Präzisionsmeßinstrumente. Da werden mit Hilfe von Diamanten binnen 60 Minuten 370 Tonnen Kupfer in 30 Millionen Meter Draht verwandelt, sind sie bei der Herstellung von Uhrfedern so unentbehrlich wie bei der Erzeugung der Glühdrähte unserer Glühlampen.

Diamanten gehören heute also zu den *unentbehrlichen* Industriehilfsstoffen – und werden nur an *sehr* wenigen Stellen der Erde gefunden. Bis 1956 besaß die Sowjetunion nennenswerte Vorkommen ebensowenig wie die Vereinigten Staaten, Japan oder Deutschland, mußte sie etwa zwei Millionen Karat *geschmuggelte* Industriediamanten jährlich kaufen und Phantasiepreise bezahlen, weil die auf den westlichen Embargolisten standen.

Heute exportiert die Sowjetunion *sämtliche* Schmuckdiamanten, die ihre Vorkommen liefern und gewinnt so viele Industriesteine, daß sie trotz des rapide gestiegenen Eigenverbrauchs auch von diesen den größten Teil exportieren kann. Amtliche Zahlen über die Gewinnung und den Export russischer Diamanten gibt es so wenig wie Goldzahlen, aber die UN schätzte für 1980 die Sowjetproduktion auf 10,85 Millionen Karat. Damit gewann sie *mehr* als Zaire (No. 2) und Südafrika (No. 3), *führte* sie mit 26,3 % der Weltproduktion.

Gold und Diamanten zeigen, *wie* vielfältig und groß die Schätze sind, die die *Natur* den Kremlherrschern bietet – und wie sie sie dank der Westwelt nutzen konnten und nutzen können. In der Sowjetunion – und *nur* hier in nennenswertem Ausmaß – werden aber die Naturgegebenheiten nicht nur *genutzt,* sondern (wo sie ungünstig sind) auch *geändert:* Wurde Jakutien und die ganze riesige Sowjetarktis erschlossen, so die Wüstengebiete Sowjetmittelasiens bewässert und damit in Baumwollfelder und Fruchtland *verwandelt.* Zwar bietet die Meerwasserentsalzung Rußland nicht entfernt die gleichen Möglichkeiten wie Nordafrika oder dem Nahen Osten, denn hier gibt es nur relativ wenige, geeignete Küstengebiete und die Sowjetunion ist *so* groß, daß zwischen der Ostsee und dem Pazifik selbst in der Luftlinie fast 6000 Kilometer Festland liegen, entsalztes Meerwasser über viel zu große Entfernungen transportiert werden müßte. Aber da gibt es bekanntlich russische Flüsse, die zu den wasserreichsten der Erde gehören. Die liefern bereits heute mehr Strom als die amerikanischen, werden morgen aber auch riesige sowjetische Trockengebiete befruchten und so die agrarische Nutzung gewaltiger Mengen heute ungenutzter Sonnenenergie ermöglichen. Und *das* erst wird die Sowjetunion zu einer echten Weltmacht machen. Denn wenn sie – wie gesagt – das einzige Industrieland ist, das ohne Energieeinfuhr auskommt (und 1984 mit rund 21 Milliarden Dollar Öl- und Erdgasexporteinnahmen 78 % ihrer Gesamthartwährungsexporterträge erzielte), so gilt diese Energieautarkie ja nur für die industriell genutzten Energieträger, *nicht* auch für den Nahrungsenergiebedarf der Sowjetbevölkerung, die jetzt 280 Millionen beträgt und jährlich um etwa zweieinhalb Millionen zunimmt. Nicht nur der Kommunismus – die Kolchosen- und Sowchosenwirtschaft – sondern auch die Verdopplung der Zahl der zu Ernährenden während der kommunistischen Herrschaft führten dazu, daß aus dem zeitweilig bedeutendsten Getreideexportland der größte Getreide-*Käufer* der Welt wurde. Aber solange die SU nicht auch ihren Bedarf an Nahrungsenergie (der jetzt etwa 450 Milliarden Kilowattstunden jährlich gleichkommt) *selber* decken kann; solange sie (wie das ja bereits geschah) durch Blockaden ausgehungert werden kann und mit Millionen Hungertoten rechnen muß, ist sie *keine* Weltmacht, denn das heißt »allen anderen Mächten ebenbürtig oder überlegen sein«. Gorbatschow weiß das sehr wohl und gab deshalb den »Dawydow-Plan«, das gewaltigste Meliorations-Projekt aller Zeiten, *nicht* auf.

XV
Die Umgestaltung der Natur

Der Dawydow-Plan, die Erschließung der
Sowjetarktis und Russlands »Eiserne Sklaven«

»Vereint mit dem Willen des Proletariats, das die Diktatur ausübt, gewinnt der menschliche Verstand die Macht, Sümpfe trockenzulegen, Steppen und Wüsten zu bewässern, den Lauf der Flüsse zu verändern und die Kraft des fallenden Wassers zu bezwingen ... er besiegt das ewige Eis der Arktis, verbindet die Meere durch Kanäle und wandelt die physikalische Beschaffenheit des gewaltigen Landes der Sowjetunion ...«
Als Maxim *Gorki* das 1920 schrieb, schienen es Dichterworte. Heute ist all das Realität, denn wenn es den Kommunisten *nicht* gelang, einen »neuen Menschen« zu schaffen, die Natur *haben* sie verändert. Wenn es heute an der Moskauer Lomonossow-Universität 16 Geographielehrstühle und 30 geographische Seminare gibt, die Geographie hier eine *eigene* Fakultät bildet, die acht Stockwerke des Hochschulhochhauses einnimmt, so wußte schon Lenin, daß
*»jede Produktion ein Prozeß zwischen Mensch und Natur
... und das geographische Milieu ... eine ständig notwendige Bedingung des materiellen Lebens der Gesellschaft darstellt ...«*
Fand der Nestor der Sowjetgeographen, der 1950 verstorbene Professor L. S. *Berg*, volle Unterstützung bei der höchsten Parteiführung, so aber auch in den maßgebenden militärischen Kreisen und es war der spätere Generalstabschef
Boris Michailowitsch Schaposchnikow,
der 1928 erklärte:
»Mit allen Mitteln müssen wir uns gegen die klimazerstörenden Maßnahmen der Menschheit wehren. Die abendländische Wissenschaft hält es nicht für nötig, sich um diese Dinge zu kümmern. Rußland aber plant – als heute einziger Staat – seine Wasserwirtschaft *so*, daß die drohenden Katastrophen überstanden werden können. Die Menschen aus den zu Wüsten gewordenen

Gebieten werden bei uns genügend Raum finden, Ostsibirien und der mittelasiatische Raum, von uns generalplanmäßig ›wassersicher‹ gemacht, werden ihnen neue Lebensmöglichkeiten bieten ...«

Zwar stimmt es nicht, daß »die abendländische Wissenschaft« die Erosionsgefahr nicht erkannte. Aber sie predigte tauben Ohren und so traf die große Dürre 1934 z. B. sechs Zehntel der Fläche der Vereinigten Staaten, 24 von 48 Bundesstaaten, traf sie unmittelbar 27 Millionen Menschen. Schon als Schaposchnikow entsprechende Pläne ausarbeiten ließ, gab es zwischen dem Norden von Texas und Kanada eine »dust bowl«, die sich 800 Kilometer weit erstreckte und aus der 1935–40 über 350 000 Farmerfamilien abwandern mußten. Meist erst zwischen 1900 und 1910 waren die am schwersten betroffenen Gebiete im Osten Montanas, im Westen Nord- und Süddakotas und in Wyoming besiedelt worden. Eine halbe Generation hatte der umgepflügte und ungedüngte Steppenboden durch seine Weizenernten reich gemacht – aber nur Wüste blieb übrig.

In Rußland gab es ähnliche Gefahren. Aber hier kam es nicht nur bereits 1840 zur Gründung des Bodenkundlichen Instituts von Nischnij-Nowgorod, dem heutigen Gorki an der Wolga; arbeiteten nicht nur weltweit anerkannte Pedologen wie V. V. *Dokutschajew* oder K. D. *Glinka,* sondern hier sorgte die Staatsführung nach der Revolution sofort auch für

die praktische Anwendung der wissenschaftlichen Erkenntnisse.

In Slatoust, einer Industriestadt des südlichen Ural, 1882 geboren (und in Moskau 1945 gestorben), war der spätere Marschall der Sowjetunion Schaposchnikow nach Absolvierung der Generalstabsakademie seit 1910 Offizier im Kaukasus, stieg er im Ersten Weltkrieg zum Stabschef der Kaukasusarmee auf und war bei Ausbruch der Revolution Oberst. Von der »Roten Arbeiter- und Bauernarmee« übernommen, entwarf Schaposchnikow die Operationspläne gegen Denikin und Wrangel, 1920 die gegen Polen. 1921–24 stellvertretender Generalstabschef, dann Befehlshaber des Wehrbezirks Leningrad, Moskau und Wolga, leitete Schaposchnikow vom April 1928 bis Juni 1931 und vom Mai 1932 bis November 1942 den sowjetischen Generalstab, den er mit der Regierung zu einem »Vereinigten Militärischen Führungsstab« zu verschmelzen suchte. Sein dreibändiges Werk »Das Gehirn der Armee«, das er 1927–29

schrieb, gilt auch heute noch als keineswegs überholt und ist eines der ganz wenigen militärischen Fachbücher, das nicht die Wehrmacht selber, sondern das Volk und seinen *Lebensraum* als zentrales Thema sieht. Und so war es auch vor allem Schaposchnikow, der den Beschluß zur
Verwirklichung des »Dawydow-Planes«
durchsetzte.
Die Grundidee seines Projektes umriß Mitrofan Mihailowitsch *Dawydow* 1941 folgendermaßen:
»Unsere großen Wasserläufe durchfließen die vereisten Tundren des Nordens und vermögen dort keine Fruchtbarkeit zu schaffen. Deshalb müssen wir sie nach Zentralasien umleiten, in die Gebiete brütender Hitze, die heute durch Wassermangel unfruchtbar sind.
Wir errichten am Ob, vor seinem Zusammenfluß mit dem Yrtisch und unweit Belgoroje einen Damm, der seinen Wasserspiegel um sechzig Meter hebt. Dadurch werden seine aus dem Süden kommenden Zuflüsse zu Abflußkanälen. Das Wasser des Ob wie das des Yrtisch, Tobol und Ischim gelangt so zu den Turgaihöhen, die zwar vereinzelt bis zu 120 Meter über dem Meer, im Durchschnitt aber nur 26 Meter über dem Spiegel des ankommenden Wassers liegen. Durch die werden wir einen Kanal graben und das Wasser unserer arktischen Ströme so zum Aralsee und weiter zum Kaspischen Meer leiten ...«
Nimmt man einen Atlas zur Hand, so scheint das Dawydowprojekt phantastisch: Der geplante Stausee,
das »Sibirische Meer«,
das mit seinen 270000 Quadratkilometern die halbe Fläche Frankreichs bedeckt, liegt in der Luftlinie mehr als tausend Kilometer vom Aralsee entfernt, dieser weitere 600 km vom Kaspischen Meer. Dieses Binnenmeer ist mit seinen 440000 Quadratkilometern bekanntlich das größte der Erde. Aber 1930—60 sank hier der Wasserspiegel um zweieinhalb Meter, schrumpfte das Kaspische Meer um fast ein Drittel, weil die Wolga nun weite Trockengebiete der Ukraine befruchtet, ihm weniger Wasser als früher zuführt. Sollen nun – wie geplant – auch Teile der Nogaier- und der Kalmückensteppe befruchtet und 30 Millionen Hektar Land in Kasachstan neu bewässert werden, so muß die Verbindung des »Sibirischen Mee-

res« mit dem Aralsee 20 Meter tief und 200 Meter breit werden – den Suezkanal also bei weitem übertreffen. Solch ein Kanal müßte 10 000 Kubikmeter pro Sekunde bewältigen (gegen die 7700 des Ganges oder die 25 000, die der Amazonas bei Niedrigwasser führt) und es müßten dazu insgesamt etwa 15 Milliarden Kubikmeter Erde bewegt werden oder ebensoviel wie seit Beginn des Bergbaus in allen Bergwerken Englands zusammengenommen an Gestein und Erde ausgeräumt wurden.

Dennoch aber ist der Dawydowplan ausführbar, denn solch einen »Kanal« *gab* es bereits einmal: Im 3. Band seines Werkes »Antlitz der Erde« wies der große Geograph Eduard *Suess* bereits 1908 auf die geotektonische Bedeutung des Turgaitores hin, den Durchbruch durch die Wasserscheide zwischen Tobol und Irgis, zwischen dem Osten des Südural und dem Westen der kirgisischen Steppenregion. Im Oligozän, vor etwa 25 Millionen Jahren, gab es hier einen Meeresarm, der Nordsee und Arktischen Ozean miteinander verband, denn auch die Westsibirische Tiefebene (die größte Ebene der Erde) war damals vom Meer bedeckt (und ist so heute an Erdöl und Erdgas so reich wie an Metallen und Salzen). Suess bewies bereits, daß der Tobol heute diesem Meeresarm der Braunkohlenzeit folgt und daß der jetzt in den Tschlakarsee mündende Turgaifluß vor gar nicht so langer Zeit nach *Süden* floß und im Aralsee mündete. Und so konnte Dawydow mit Recht sagen:

»Unsere Kanaltrasse wurde von der *Natur* vorgezeichnet. Und die schuf auch das nötige Gefälle: Der Ob-Stausee liegt 70 Meter über dem Meer, ebenso wie der, den wir am Zusammenfluß von Jenissei und Tunguska schaffen und durch einen Kanal mit dem neuen Sibirischen Meer verbinden werden. Der Aralsee aber liegt nur 48 Meter über dem Meer und das Kaspische Meer schließlich 30 Meter unter dem Ozeanniveau. Nur ein Hindernis gibt es, die Turgai-Höhen …«

Aber auch die bilden heute *kein* unüberwindliches Hindernis mehr. Der Sowjetunion stehen nun ganz andere technische Mittel zur Verfügung als 1941 oder gar 1928 und damals für unmöglich gehaltene »Ingenieur-Geographiepläne« *wurden* verwirklicht. Das »Bratskmeer« der aufgestauten Angara z. B., das 570 Kilometer lang und 40 Kilometer breit ist. Oder der »Turkmenische Hauptkanal«, der, den Amu-Darja nutzend, quer durch die Wüste Kara-Kum den

Aralsee mit dem Kaspischen Meer verbindet. Da er in Breite und Wasserführung etwa dem sommerlichen Dnjepr gleichkommt, wurde beim Bau dieses 1100 Kilometer langen Kanals bereits dreieinhalbmal so viel Boden bewegt wie beim Bau des Suezkanals. Neben 7 Millionen Hektar Weideland bewässert der »Turkmenische Hauptkanal« nun 1,3 Millionen Hektar Ackerland.

Das Dawydowprojekt sah ursprünglich
die Bewässerung von 76 Millionen Hektar – fast die Fläche Frankreichs und Westdeutschlands zusammengenommen – durch die »Anzapfung« und Umleitung sibirischer Ströme
vor. Es wird seit einem halben Jahrhundert durch Sonderstäbe detailliert und abgeändert, denen im Durchschnitt 140 »Chefexperten« und etwa 4000 »Faktenbearbeiter« angehörten. Heute nehmen an dieser Arbeit auch 120 sowjetische Forschungsinstitute teil, die alle Umweltauswirkungen des Dawydowplanes, die demographischen und wirtschaftlichen Folgen abschätzen. Die jeweiligen finanziellen Möglichkeiten der SU werden berücksichtigt und verschiedene Terminpläne ausgearbeitet. Aber wiederholt wurden die Neufassungen des Gesamtplanes vom Zentralkomitee der Partei und von der Sowjetregierung diskutiert und der Verwirklichungsbeschluß bestätigt, zuletzt am 21. Oktober 1984. Die neueste Version des Flußumleitungsprojekts wurde am 2. Januar 1985 vom Direktor des Moskauer Instituts für Wasserprobleme, Grigori Woropajew, und am 5. Juni 1985 vom Minister für Melioration und Wasserwirtschaft, Nikolai Wasiljew, bekanntgegeben. Sie sieht »vorläufig« die Umleitung von 5,8 Kubik-*kilometern* = 5,8 Milliarden Kubikmetern Wasser aus den Flüssen Suchona, der nördlichen Dwina und aus der Onega vor. Später sollen auch der Ob und der Jenissei »angezapft« werden. Alle Umleitungen und Kanäle erhalten Schleusen, um sie zugleich zu Wasserstraßen zu machen.

Da der ZK-Beschluß vom Oktober 1984 durch den damaligen Parteichef Tschernenko und Ministerpräsident Tichonow bekanntgegeben wurde, erhob sich die Frage, ob auch Gorbatschow den Dawydowplan befürworte, und das tat er im Juni 1985: Nach wie vor sollen bis Ende des Jahrhunderts 30 bis 32 Millionen Hektar bewässert und 19 bis 21 Millionen entwässert werden, die auf meliorierten Böden erzielten Ernten im Jahre 2000 etwa 60 statt heute 25 Millionen Tonnen betragen. Im laufenden Fünfjahresplan allerdings stehen (wie Ministerpräsident Ryschkow dem 27. Parteikongreß der KPdSU mitteilte und am 4. März 1986 der Gosplanchef Leonard Wid der Presse sagte) die erforderlichen Mittel, die auf etwa 50 Milliarden Rubel (= rd. 175 Milliarden DM) geschätzt werden, noch nicht zur Verfügung. Am 16. August 1986 beschloß das Politbüro »die vorläufige Aufschiebung« des Projekts. Nicht zuletzt wohl, weil bekanntlich das Genfer Treffen Gorbatschows mit Präsident Reagan (und vollends das von Reykjavik) keinerlei Entlastung der Militärbudgets brachten.

Aber auch bereits verwirklichte Energie- und Meliorationsprojekte der SU fügen sich ja in die Langfristpläne Schaposchnikows und Dawydows ein, die je 2000 MW-Wasserkraftwerke Kuijbyschew und Wolgograd (früher Stalingrad) ebenso wie der Wolga-Don-Kanal, durch den die Wolga seit 1952 Anschluß an die Weltmeere hat. Auch

die Wolga,

in deren Einzugsgebiet Vorkriegsdeutschland, Frankreich und Italien zusammen Platz hätten; die 3700 Kilometer lang ist oder fast dreimal so lang wie der Rhein; die 195 Nebenflüsse hat und so viel Wasser führt, daß sie binnen 24 Stunden den Spiegel des Bodensees um eineinhalb Meter heben könnte; ist so heute *nicht* was sie 1917 war. Allein der erwähnte Kanal (den schon Peter I. und Katharina II. planten) veränderte Rußland grundlegend, denn der verbindet ja nun das Weiße Meer und die Ostsee mit dem Kaspischen-, dem Asowschen- und dem Schwarzen Meer, schließt 30 000 Kilometer Wasserwege des Wolga- und Nordwestbeckens wirtschaftlich an das Schwarzmeerbecken und die 13 000 km Wasserwege des Dnjepr-Don-Systems an. Heute »Leninkanal« genannt, ist diese 39 Meter Höhenunterschied überwindende Wasserstraße 105 Kilometer lang und 60 Meter breit, wurde durch sie zugleich das 200 km lange und 30 km breite »Zimljansker Meer« geschaffen, das rund 25 Milliarden Kubikmeter Wasser speichert und das allein am unteren Don, im Gebiet von Rostow, 650 000 Hektar Trockengebiete bewässert. Die Schleusen dieses nachts befeuerten Kanals sind groß genug, um Trockenfrachter von 10 000 Tonnen Tragkraft und 20 000-Tonnen-Tanker aufzunehmen. Da gibt es als Ergänzung den Moskwa-Wolga-Kanal, der um 47 km länger als der Panamakanal ist, 1938 in Betrieb kam, und seit 1964 den Wolga-Ostsee-Kanal,

der (360 km lang) das 150 Jahre alte Mariinsk-Kanalsystem ersetzt. Seit April 1965 fahren
Viertausendtonnenfrachter quer durch die Sowjetunion von der Ostsee nach Persien,
kommen die von Hamburg in 25 statt früher 50 Tagen nach Pahlewi oder Naushahr an der Kaspiküste, sparen die 4320 Kilometer des üblichen Hochseereiseweges.
Was aber wenig bedeutet im Vergleich zu den strategischen und wirtschaftlichen Folgen, die die Erschließung des »Nördlichen Seeweges« hatte, die Revolutionierung der Sowjetarktis, die vor allem das Werk von Professor Otto Juljewitsch *Schmidt* ist, des Schöpfers des »Glawsewmorputj«, der »Zentralverwaltung des Nördlichen Seeweges«. Denn deren 1940 etwa 40000 und heute rund 600000 »Pioniere« veränderten und verändern ein Gebiet, das zwei Fünftel der Sowjetunion ausmacht, mit neun Millionen Quadratkilometern die Vereinigten Staaten übertrifft.
Bis zur Revolution war diese siebenunddreißigfache Fläche der Bundesrepublik praktisch wertlos, leer und tot. Noch zu Ende des 19. Jahrhunderts hätte man selbst die Fahrten der Holzfrachter nach Igarka »Arktisexpeditionen« genannt, denn nördlich Hammerfest begann damals ja auch politisch »Niemandsland«. Erst 1920 wurde in Paris das internationale Abkommen geschlossen, das Spitzbergen – Svalbard – Norwegen zuteilte, und erst 1922 wurde ganz Grönland dänisch. Die Regierungen dachten über die Arktis wie Ludwig XV. über Kanada: Schneewüsten, nicht der Beachtung wert.
  Hauptursache dieser Vernachlässigung war
  die Unzugänglichkeit der Arktis,
der *Eis*-Gürtel, der sie von der bewohnten Welt trennt. Denn Flugzeuge gab es damals ja noch nicht und auch der »Nördliche Seeweg« war gerade erst entdeckt worden. So heißt heute die 6100 Seemeilen und rund 11300 km lange Schiffahrtsverbindung zwischen Archangelsk und Wladiwostok. Entscheidend aber sind die 5200 km Nowaja-Semlja – Beringstraße, die durch die Karasee, die Wilkitskijstraße, die Laptewsee und Laptewstraße ins Ostsibirische Meer und ins Tschuktschenmeer führen. Ausläufer des Golfstromes berühren Island, das Nordkap Norwegens, und gelangen durch die Barents-See bis Murmansk, das ganzjährig eisfrei ist, und teilweise bis Archangelsk. Erst bei Nowaja-Semlja versickern sie. Aber östlich die-

ser Inselgruppe gibt es auch im Hochsommer Eisfelder, die nur von starken Eisbrechern zu überwinden sind, dazu andere Gefahren aller Art; und so wurde diese Verbindung Europas mit Asien vier Jahrhunderte lang vergeblich herzustellen versucht.
Bis der Kaufmann *Sidorow* aus Jenisseisk tat, was damals keine Regierung tun wollte: er finanzierte den hervorragendsten Arktisforscher seiner Zeit, den schwedischen Geographen Adolf Erik *Nordenskiöld*. Nicht weniger als vierzig Denkschriften hatte Sidorow zwischen 1853 und 1874 verfaßt, in denen er der Petersburger Regierung nachwies, daß Sibirien nicht nur durch eine Eisenbahn, sondern auch vom Ob und vom Jenissei aus erschlossen werden müsse. Da der Zar nicht reagierte, charterte Sidorow 1874 einen englischen Dampfer, der vor dem heutigen Obdorsk am Ob ankerte. 1875 ankerte Nordenskiöld im Jenissei-Delta und 1876 fuhr Sidorow selber von Jenisseisk über das Eismeer bis Petersburg. 1878 dampften die »Fraser« und die »Expreß«, zwei zu Nordenskiöld »Vega«-Expedition gehörende Schiffe, den Jenissei hinauf und schließlich gelang 1878—79 Nordenskiöld
   die Nordostpassage:
Aus Schweden kommend, fuhr die »Vega« in die Beringsee ein und die »Norwegisch-Sibirische Handelsgesellschaft« wurde gegründet, die diese Route regelmäßig befahren wollte.
Aber die Aufgabe überstieg die Möglichkeiten privater Initiative, erforderte Eisbrecher, wie es sie damals noch nicht gab, und Seekarten, wie sie erst 1912—15 der Marineoffizier Boris *Wilkitskij* schuf. Dies erforderte vor allem Eisstudien, wie sie erst Otto Juljewitsch Schmidt organisierte, der 1932 auf dem Eisbrecher »Sibirjakow« erstmals die Fahrt Archangelsk-Wladiwostok in 2 Monaten und vier Tagen, innerhalb *einer* Navigationsperiode, zurücklegte, durch das Vermeiden der Überwinterung diese Route erstmals *kommerziell* interessant machte.
Schmidt, der 1956 nach langer Krankheit als Fünfundsechzigjähriger starb, war zuerst Chemiker, studierte dann Mathematik und Physik, lehrte an der Leningrader Universität Hydrologie und leitete dort das 1921 gegründete Arktische Institut der Russischen Akademie der Wissenschaften, deren Vizepräsident er später wurde. »Nebenbei« Chefredakteur und Herausgeber der Sowjetenzyklopädie, war Schmidt nicht nur wegen seines langen, kohlschwarzen

Vollbartes und seiner durchdringenden blauen Augen ein Mann, den man schwer vergaß, sondern er wirkte vor allem durch eine geradezu unvorstellbare Arbeitskraft und Vielseitigkeit. In seinem Ledermantel und seiner Pelzmütze bald am Nordpol (wo er am 22. Mai 1937 landete, um eine Sowjetflagge aufzupflanzen), bald auf Kamtschatka auftauchend, verstand er vom Polareis mehr als die ältesten Eislotsen, gab er Arktispiloten Ratschläge, die sie mit Nutzen befolgten, und schulte persönlich junge Geologen. Schmidt's Stärke war, daß er äußerste Genauigkeit mit Weitsicht paarte: er sah selber nach, ob bei dieser oder jener Expedition nicht die Nadeln zum Reinigen der Primuskocher vergessen worden waren, denn das bedeutete Verzicht auf warmes Essen und heiße Getränke, konnte leicht den Tod bedeuten. Schmidt erkannte aber auch als einer der Ersten, daß die Erschließung arktischer Gebiete

die Durchführung dutzenderlei ganz verschiedener Aufgaben gleichzeitig und genau aufeinander abgestimmt

verlangt – und forderte so kurzerhand »Regierungsgewalt« über alle europäischen und asiatischen Sowjetterritorien jenseits des 62. Breitengrades. Schmidt setzte am 17. Dezember 1932 die Errichtung des »Glawsewmorputj« durch und leitete dieses einmalige, unmittelbar dem Ministerpräsidenten unterstellte Unternehmen während der entscheidenden Aufbaujahre. Stalin hatte erklärt:

»Unsere Arktisregionen bergen kolossale Reichtümer, die wir so rasch wie möglich erschließen müssen. Die Sowjetarktis ist größer als Westeuropa. Nickel und Kupfer, Salz und Phosphate, Kohle und Öl, Graphit und Zinn sind nachgewiesen. Meere und Flüsse sind fischreich und Holz gibt es in Überfluß. Aber *Menschen* fehlen ...«

Und Schmidt wies Stalin nach, daß durch Gold oder Platin oder in Flugzeugen zu verfrachtende Pelze *nie* genug Menschen in diese leeren Räume zu ziehen waren. Nach seiner Rückkehr aus dem Beringmeer sagte er ihm:

»*Der Schlüssel zur Lösung der wirtschaftlichen und demographischen Probleme der Sowjetarktis*

ist der ›Nördliche Seeweg‹ und der hat nur Sinn, wenn es Massenfrachten *gibt*, wenn nicht nur Häfen, Wetterstationen und Leuchttürme gebaut, sondern zugleich auch die Holzwirtschaft entwickelt und neue Bergwerke und Städte gegründet werden.«

Schmidt wußte natürlich auch, daß die Arktis ganz neue *technische* Anforderungen stellte, daß er Radiostationen und Flugzeuge brauchte, Mechaniker und Ärzte ebenso wie Forscher. Er mußte die *gesamte* menschliche Tätigkeit koordinieren können – und erhielt diese gewaltige und *einmalige* Machtfülle: Schmidt bekam »vorerst« 100 Schiffe und 125 Flugzeuge. Dem »Glawsewmorputj« wurden Handel und Eingeborenenerziehung ebenso wie das Gesundheitswesen, die Pelztierjagd und die Fischerei unterstellt, Holzwirtschaft und Bergbau wie alle Arten Transporte. Die »Zentralverwaltung« wurde der nur Stalin persönlich verantwortliche Herr eines Reiches, das sich von der Fischerhalbinsel an der finnischen Grenze mehr als 6000 Kilometer weit bis Amerika erstreckt. Der »Glawsewmorputj« erhielt seinen Hauptsitz in Moskau und Schmidt teilte diesen »Trust« in 10 Direktorate ein: je eines für Politik, Hochseeflotte und Häfen; Binnenschiffahrt; Luftfahrt; Hydrographie; Polarstationen; Geologie; Bauwesen; Material- und Lebensmittelversorgung; Kultur und Soziales. Eng mit der Wehrmacht, der zivilen Luftfahrtgesellschaft »Aeroflot« und Serebrowskijs »Sojus Soloto« zusammenarbeitend, schuf Schmidt mehr als 150 Polarwetterstationen, die heute durchweg mit Radar ausgerüstet sind und von Barentsburg auf Spitzbergen und Nansenland bis zur Beringstraße die Navigationsbedingungen auf dem nördlichen Seeweg überwachen. Heute ergänzen dazu zahlreiche vollautomatische Wetterbeobachtungsstationen, die nur einmal im Jahr kontrolliert und mit neuen Energieträgern versehen werden, die bemannten und geben ihre Radiomeldungen an sechs Zentren. Schmidt schuf »Stützpunkte« und ließ bei allen größeren Flugplätzen und Reparaturwerkstätten anlegen. Er stationierte da Botaniker, Zoologen und Agronomen ebenso wie Geologen und Transportfachleute. Und während Häfen und Leuchttürme gebaut wurden sandte der »Glawsewmorputj« unter Schmidt und seinem Nachfolger Iwan Dimitrijewitsch *Papanin* zwischen 1932 und 1952 nicht weniger als
   vierhundert Forschungsexpeditionen
aus, die Kohle und Öl, den Flußspat von Anderma, wie das Gold und Platin der Tschukten-Halbinsel fanden. Die zwischen Karasee und Beringmeer 160 neue Fischarten feststellten, aber ebenso die Kamanew-Inseln westlich Sewernaja Semlja entdeckten und erst 1940 die richtige Form der heute eine Großradiostation tragenden

Insel Tyrtow ermittelten, die auf allen früheren Seekarten so falsch wie die Bäreninsel und die Medweschkijstraße eingezeichnet gewesen waren.
Und all das begann sich auszuwirken: die neuen Kenntnisse der Eisdrift und ihrer *Ursachen*. Die neuen geologischen Entdeckungen und ihre praktische *Nutzung*. Flugzeug und Radio und neuartige Eisbrecherkonstruktionen, die schließlich im ersten Atomeisbrecher der Welt gipfelten. Und hatten während der 44 Jahre 1876–1919 insgesamt 55000 Tonnen Güter das Gebiet des »Glawsewmorputj« passiert, so waren es während der 5 Jahre 1933–38 schon 1,2 Millionen Tonnen, in dem *einen* Jahr 1965 mehr als 5 Millionen Tonnen, und heute über 50 Millionen. Lebten in »Schmidts Reich« 1926 insgesamt 654000 Menschen, so sind es heute gut 20 Millionen. Denn der »Professor« verstand es, den ehemaligen Matrosen Papanin aus Sewastopol zu einem Arktisforscher zu machen, der Weltgeltung errang. Der ließ den Fischerjungen Wladimir Iwanowitsch *Woronin* zum Kapitän des Eisbrechers »Sibirjakow« aufsteigen, 1933–34 zum Führer der »Tscheljuskin«-Expedition und schließlich zum größten Städtebauer der Arktis. Schmidt spornte Dutzende und Hunderte junge Menschen zu außerordentlichen Taten an und obwohl der »Zentralverwaltung« lange nur weniger als sieben »Pioniere« auf je hundert Quadratkilometer zur Verfügung standen, veränderten die so ein Gebiet, das, wie gesagt, an Ausdehnung die Vereinigten Staaten übertrifft. Igarka, Dudinka, Norilsk oder Nordwik haben heute durch ihre Exportgüter *Welt*-Bedeutung und ohne die rapide Erschließung der Sowjetarktis wäre die Sowjetunion heute nicht die zweitbedeutendste Industrienation der Erde. Denn bei vielen Stoffen ist die *Unentbehrlichkeit* das Entscheidende und nicht ihre Menge und wie Moskau erst durch die Diamanten Jakutiens den Vorsprung einzuholen vermochte, den der Westen durch die Massenverwendung von Hartmetallen besaß, so war das Nickel von Norilsk unentbehrlich für die Erzeugung sowjetischer *Qualitäts*-Stähle.
Tausenderlei mußte *zusammenwirken*, unzählige Wechselbefruchtungen und Leistungs-*ketten* waren nötig, um die heutige Sowjetunion zustandezubringen. Niemals auch wäre sie ohne die *Fehler* ihrer Gegner zur »Supermacht« aufgestiegen und einen neuen, möglicherweise *tödlichen* Fehler kann Tschernobyl auslösen. Denn

was Wladimir Iljitsch Lenin 1919 dem VIII. Allrussischen Rätekongreß sagte, wurde von seinen Nachfolgern *nie* vergessen:
»Kommunismus – das ist die Sowjetmacht plus Elektrifizierung des ganzen Landes.«
Und wie es in seinen »Werken« (russisch Band 31 S. 484) heißt:
»Nur dann, wenn das ganze Land elektrifiziert ist; wenn in der Industrie, der Landwirtschaft und im Transportwesen
die Energiegrundlage für die moderne Großwirtschaft
geschaffen ist, erst dann haben wir wirklich gesiegt.«
Auf diesem Weg sind die Russen in den vergangenen zwei Generationen *sehr* weit gekommen, und in einem Tempo wie *kein* anderes Land, auch die Vereinigten Staaten oder Japan nicht. Denn
die Energieversorgung der Sowjetunion
im Vergleich zur Bevölkerung entwickelte sich (zuf. UN) folgendermaßen:
(abgerundete Zahlen)

	1923	1983	= Steigerung auf das	= % Anteil d. Weltpr.	von
Bevölkerung, Millionen	137	272	doppelte	5,8	4700
Produktion, Mio. Tonnen					
Kohle (Stein- u. Braunk.)	14	718	51fache	18,8	3820
Mineralöl	7	619	88fache	22,4	2760
Erdgas, Mia. cbm	2	536	268fache	34,7	1545
Elektrizität, Mrd. kWh	3	1420	473fache	17,0	8400

Der Gesamtenergieverbrauch in Kilo SKE betrug (zuf. »Weltentwicklungsbericht 1983«)

Vereinigte Staaten	11 622
Sowjetunion	6420
Westdeutschland	6050 (DDR 7410)
Japan	4650

Die Anteile am Primärenergieverbrauch der SU betrugen 1985 in Prozent rund:

Mineralöl	35
Erdgas	33
Kohle	24
Wasserkraft	4
Kernenergie	3

Auch die Sowjetunion verfiel also in den Fehler des Westens, aus Bequemlichkeit die Energieträger, von denen es auf der Erde am wenigsten gibt, am intensivsten zu nutzen. Obwohl bereits am 27. Juni 1954 in Obninsk bei Moskau das *erste* nicht der Nuklearsprengstoffgewinnung, sondern *nur* der Stromerzeugung dienende Kernkraftwerk der Welt in Betrieb genommen wurde (ein Werk von 5 MW), vernachlässigte die Sowjetunion lange die Kernenergienutzung, wurden stattdessen riesige Wasserkraftwerke gebaut und 1978 betrug die gesamte Kernkraftwerkskapazität der Russen (der Internationalen Atomenergieagentur in Wien zufolge) nur 7616 Megawatt gegen die damals 46340 der Vereinigten Staaten. Darunter allerdings auch Prototypen wie den »Brüter« Schewtschenko am Kaspischen Meer, der schon seit 1969 ein »Mehrzweck«-Werk ist, neben Strom die Wärme für eine große Meerwasserentsalzungsanlage liefert. Verschiedene andere Reaktoren versorgten Städte mit Wärme. Und da war auch der Fehler bereits erkannt, 13 Kernkraftwerke in Bau. 1974—80 wurde am Zimljansker Stausee des Wolga-Don-Kanals bei Wolodonsk in Südrußland

die erste Fabrik der Welt, die Kernkraftanlagen im Fließbandverfahren herstellt,

geschaffen und die liefert nun jährlich acht »Millionari« ab, acht Kernkraftwerke von je einer Million Kilowatt oder 1000 MW. Die Haupthalle dieses »Atommasch« ist 744 Meter lang, 393 Meter breit und 42 Meter hoch. Der berühmte Regimegegner und Friedensnobelpreisträger Andrej Sacharow hatte 1977 erklärt:

»Eine der notwendigsten Voraussetzungen für die Bewahrung der wirtschaftlichen und politischen Unabhängigkeit eines jeden Landes ist die Kernenergie ...und bei der geht es auch um die Bewahrung der Freiheit für unsere Kinder und Enkel ...«

Diese Überzeugung teilen andere Regimegegner. In der Sowjetunion gab und gibt es keinen Widerstand gegen die Kernenergie. Und nicht nur, weil dort eine Diktatur herrscht, sondern weil — wie in den Entwicklungsländern — kein »Wohlstandsüberdruß« aufkommen kann und es nicht (wie bei uns) groteske *Auswüchse* der (selbstverständlich berechtigten) Umweltbesorgnis gibt. *Nur* die Sowjetunion käme heute zur Not auch ohne Kernkraftwerke aus, denn sie ist

die einzige Industrienation, die von fremden Energieträger- oder Energieeinfuhren unabhängig ist,
dazu bekanntlich noch Öl und enorme Mengen Erdgas ausführt. Aber riesige Entfernungen sind zu überwinden. Die größten Energieträgervorräte und bedeutendsten Wasserkraftkapazitäten liegen in Sibirien und Jakutien, 5000 und mehr Kilometer von den großen Bevölkerungsagglomerationen und Industriegebieten entfernt. Nur Kernkraftwerke sind standort-unabhängig. Und so *werden* sie überall dort gebaut, wo der Wärme- *und* Strombedarf es erfordert. *Nach* Tschernobyl genauso wie vorher.

In Japan hinderten selbst Hiroshima und Nagasaki die Nutzung der Kernenergie nicht und dort geht sie ebenfalls planmäßig verstärkt weiter. Nicht minder in Frankreich. Und so sollte endlich auch in der deutschen Kernenergiediskussion nicht von höheren oder niedrigeren Strompreisen, von den Auswirkungen eines »Aussteigens« aus der Kernenergie auf die Arbeitslosigkeit oder die deutschen Exportchancen die Rede sein, sondern von der

Bedrohung unserer Existenz.

Einer Bedrohung, weit weniger durch die »Rote Armee« oder die Zielstrebigkeit und das Beharrungsvermögen der Schachspielernation als durch unsere *selbstmörderische* Verkennung der *Natur*-Gegebenheiten. Dessen, woran auch dutzende Tschernobyls nichts ändern.

Den Russen bleibt ungleich mehr Zeit, sich auf das Nachölzeitalter umzustellen als uns. Ihren riesigen Meliorationsprojekten im *eigenen* Land stehen keine politischen Schwierigkeiten und keine Angst vor dem »Neo-Kolonialismus« wie uns in Afrika entgegen. Wie das Zarenreich in Witte oder Stolypin überragende »Unternehmerpersönlichkeiten« im besten Sinn des Wortes besaß, so die Bolschewiken in Serebrowskij oder Schmidt. Und so könnte es sehr wohl sein, daß die ungeheuren Aufgaben, die in unserer und in der nächsten Generation bewältigt werden *müssen,* statt vom Westen von den Russen bewältigt werden. Überwinden wir unsere geistige Verwirrung nicht *rasch,* so brauchen uns die Russen nicht militärisch niederzubringen, da bringen wir uns selber um. Entweder wir lernen aus der Geschichte der russischen Revolutionen, oder all unsere Sorgen erledigen sich durch unsere *Selbstzerstörung.*

Register

Abrüstungs- und Friedenskonferenz (1899) 44 f.
Adams, John Quincy 189 f.
Adenauer, Konrad 23
Akaschi, Motodjira 103 f.
Alaska 189
Aleksejew, General Michail Wassiljewitsch 131, 133
Alexander I. 189
Alexander II., der »Zar-Befreier« 76, 83 f.
Alexander III. 29 f., 88 f.
Alexandra Feodorowna, Zarin 34, 79 f., 88 f., 90 f.
»American Jewish Committee« 95 f.
Amerikanische Finanzierung der russischen Revolution 96, 97 f., 142
Amerikanische Finanzierung Kerenskijs 137 f.
»Amtorg Trading Corporation« 195 ff., 201 ff., 207
Angst 10 f.
Arktis 227 ff.
Asew, Enoch (alias Raskin) 77, 103
Ashberg, Wladimir Olav 97, 121
Atomangst 10 f.
Atombombenversuche 7, 9
Atomstrom 166
Aufstiegsfaktoren 11 ff.

Bagrow, Mordka 92 f.
Baku 169 f.
Balfour-Deklaration 63
Balkankriege 110
Ballin, Albert 56, 114
Baruch, Bernard Mannes 96, 202
Batum 170
Bernstein, Eduard 104 f.
Bethmann-Hollweg, Theobald von 114, 122
Bevölkerung und Energienutzung 16 f.
Bodenkunde 222
Bogdanow, Petr Alexejewitsch 196 ff.
Bolschewiken und Menschewiken 134

Boltzmann, Ludwig 15
Brasilien 8
Brest-Litowsk-Frieden 123, 154 ff., 161, 191
Brockdorff-Rantzau, Ulrich Graf von 104 ff., 117, 118 f., 184
Brokdorf 8
Brussilow, General Alexei Alexejewitsch 120
Buber, Martin 59
Buchanan, Sir George 105, 127, 136
Bullit, William Christian 193 ff., 198 ff., 201 f.

Churchill, Winston 96, 181
Clemenceau, Georges 167

Dawydow-Plan 223 ff.
Demidow, Anatol Nikolajewitsch 26 f.
Detering, Sir Henry 171 ff., 176 ff., 180 f., 236
Deutsche Finanzierung der russischen Revolution 104 ff.
Deutsche Fürstenansprüche auf russische Gebiete 155
Deutschland, Bolschewisierungsversuch 161 ff., 165 f.
Deutschland, Fortschritts- und Technikfeindschaft 10 ff., 13
Deutschland, »Revolutionsbeschleunigung« durch die Alliierten (1918) 163 ff.
Deutschland – Rußland/SU 23, 183 ff., 186 ff.
Diamanten 216 f.
Dorfgemeinschaften, russische (MIR) 84 f.
Dostojewskij, Fjodor M. 23
Dserschinskij, Felix Edmundowitsch 150
Dulles, John Foster 199

Ebert, Reichspräsident Friedrich 122, 165
Eckardstein, Freiherr Hermann von 49
Energiebedeutung 15 ff.

Energiekriege 16, 20
Energie-»Sklaven« 18
Energieträger und Menschenleistung 18
Energieverbrauch 19, 232
Energievorräte der Erde 19 ff.
Erdöl 14, 16, 19 f., 21, 167 ff.

Fall-Out 7 ff., 9
Fillmore, Millard 38 f.
Föderalismus 158 f.
Francis, David Rowland 191 f.
Frankfurter, Felix 198
Frantz, Constantin 22 f.
Furcht 10 f.

Gapon, Jurij 70 ff.
»G-2« (US-Geheimdienst) 163 ff.
Geistige Wandlung 11 ff.
»Gelbe Gefahr« 72 f.
Generalstreik, russischer (1905) 75 f., 80
Genua-Wirtschaftskonferenz (1922) 174 ff., 183 f.
Geographiebedeutung 221 f.
»Glawsewmorputj« (Zentralverwaltung des Nördlichen Seeweges) 227 ff.
Gold 37 f., 208, 209 ff.
Goldmann, Nahum 64
Gorbatschow, Michail 225
Gorki, Maxim 108 f., 151, 221

Harte, Francis Brett 209, 213
Helphand-Parvus, Alexander 104 ff., 107 ff.
Herzl, Theodor 59, 63
Hesse, Hermann 160
Hoeltzsch, Otto 184
Hoffmann, Generalmajor Max 154 ff.
Hughes, Charles Evans 178

Iwan III. 25
Iwan IV. 94

Jakutien 217 ff.
Japan – Amerika 11 f., 20, 39 ff., 66 f.
Japan, Aufstiegsfaktoren 11 f.
Japan – China 41 f.
Japan – England 40 ff., 55, 66
Japan, Erdölbedarf 20

Japan, Kernenergie 234
Japan – Rußland 38 ff., 53 ff.
Japan, Weltbedeutung 12
Joffe, Adolf Abramowitsch 161 f.
Johnson, Thomas M. 163 ff.
Juden 59 ff., 63 ff., 94 ff., 98

Kahn, Otto H. 65, 67, 97
Kalifornien 37 f., 213
Kampf ums Dasein 15
Kaspisches Meer 224
Kaufkraftschaffung aus dem »Nichts« 21 f.
Kerenski, Aleksandr Feodorowitsch 134, 136 ff. 143 ff., 145 ff., 190
Kernenergie 7 ff., 223 f., 233 ff.
Khnun, Bela 194
Kommunistisches Manifest 38
Korea 42, 49 ff.
Krassin, Leonid Borissowitsch 102, 173 f.
Krimkrieg 41
Kronstädter Aufstand (1922) 152 ff.
Kühlmann, Richard v. 106 f., 123, 154 f.
»Kuhn, Loeb & Co.« 64 ff., 97
Kuropatkin, Aleksej Nikolajewitsch 54

Lasalle, Ferdinand 141
Lee, Ivy 179 ff., 198
Lenin, Wladimir Iljitsch Uljanow, gen. 99 ff., 103, 109, 114, 118 ff., 120, 124, 138, 139 ff., 153, 159 f. 161, 210 f., 231 f.
Littlepage, John D. 214, 216
Litwinow, Maxim Maximowitsch 175, 199 ff.
Lloyd-George, David 155, 173 f., 175 ff., 177, 188
Lockhart, Robert Bruce 146, 191
Ludendorff, General Erich 121 f.

Mandschurei 42 ff.
Maschinenwelt 10, 17 ff.
Massenhaß, gelenkter 141
Massenhysterie 7 ff.
Massenmedien 13 f.
Meerwasserentsalzung 21
Menschenrecht auf Energie 19

Mikoyan, Anastas Iwanowitsch
  202 ff., 211
Miljukow, Pawel Nikolajewitsch
  105
Mommsen, Theodor 23
Muskelarbeitsleistung 17 f.

Nach-Öl-Zeitalter 20 f.
Neu-Helvetien 37 f.
Nicolai, Walter 115
Nikolai Nikolajewitsch, Groß-
  fürst 79 ff. 132
Nikolaus II. 34, 44, 47 ff., 50,
  52 ff., 71, ff., 76 ff., 78 ff., 89 f.,
  91 ff., 127 ff.
Nobel, Immanuel 167 f.
Nobel, Ludwig 170 f.
Nobel, Robert 169
Nördlicher Seeweg 227 ff.
Nordenskiöld, Adolf Erik 228 f.

Ochrana 76 f., 93, 101, 163 f.
Odessa 75, 95
Ölembargo, amerikanisches 20
Ölkriege 20

Pachtleihlieferungen der USA 202
Pazifikkrieg 20
Pell, Herbert Clairborne 199
Peter der Große 25, 30, 41
Petersburg 22 f., 41, 129 ff.
Plechanow, Georgi Wladimiro-
  witsch 149
Plehwe, Wjatscheslaw Konstani-
  nowitsch 50 f., 52, 76 f.
Pobedonoszew, Konstantin
  Petrowitsch 50 f.
Pogrome 58 ff., 69 ff., 94 ff.
Port Arthur 54 f., 103 f.
Portsmouth-Frieden (1905) 72 f.
»Potemkin«-Meuterei 74 f.
»Prawda« 101 f., 120 f., 140
Propagandakosten 100 ff.
Public Relations 179 f., 198
Puschkin, Alexander 47

Radek, Karl 119, 162
Radionukleide 7 ff.
Rapallopakt 183 ff., 186 f.
Rasputin, Grigorij Jefimowitsch
  90 f.
Rathenau, Walther 184
Reagan, Ronald 7

Reparationen, deutsche 185
Robins, Raymond 191 f.
Roosevelt, Franklin D. 20, 198 ff.
Root, Elihu 190
Roschestwenskij, Sinowij Petro-
  witsch 55 ff.
Rothschild, Bankhäuser 62 f., 64
Rubel 31
Ruhrbesetzung 183
Russisch-Chinesische Bank 42
Russisch-Japanischer Krieg 53 ff.,
  66 ff., 72 ff., 104
Russische Revolution (1905) 73 ff.,
  95, 97
Russische Revolution (März 1917)
  127 ff.
Russische Revolution (Oktober
  1917) 104 ff., 141 ff.
Russki, Nikolaus Wladimiro-
  witsch 131 f.
Rußland (Zarenreich), Agraraus-
  fuhr 88
–, Asienexpansion 41 ff.
–, Ausdehnung 25 f.
–, Bauernunruhen 83
–, Bodenbesitz 85, 87 f.
–, Bodenschätze 26 ff.
–, Erdöl 167 ff.
–, Expansion 22, 25 ff.
–, Gefahr 22 f.
–, Gewerkschaften (zaristische)
  69 ff.
–, Japan 48 ff., 53 ff.
–, Juden 59 ff., 94 ff.
–, Mandschurei 42 ff.
–, Nationalitäten 111 f., 155 f.,
  158 ff.
–, Proletariat 83
–, Sibirienerschließung 25 f., 27 f.
  33 f.
–, Terrorismus 51 f., 87, 95
–, Wirtschaftsentwicklung 31 ff.,
  83 f.

Sawinkow, Boris 103
Schaposchnikow, Boris Michailo-
  witsch 221 ff.
Schiff, Jacob Heinrich 64 ff., 95,
  96, 97, 99
Schiffahrt 21, 206
Schmidt, Otto Juljewitsch 227 ff.
Serebrowskij, A. P. 180, 213 ff.
Sibirien 25 f., 27 ff., 33 f., 225 f.

237

Sibirisches Meer 223 f.
Sinclair, Harry F. 174, 177 ff.
Sinowjew, Grigori Jewsejewitsch 152 ff., 161 f.
Sklarz, Georg 116, 119
»Sojus Soloro« (Sowh. Gold-Trust) 213 ff.
Sonnenenergie 22
Sowjetunion, Arktis 227 ff.
–, Ausdehnung 25 ff.
–, Außenhandel 183 ff., 187 ff., 195 ff., 201 ff.
–, – Deutschland 23, 183 ff., 186 ff.
–, Diamanten 216 f.
–, Energie 231 f., 233 f.
–, Erdöl- und Erdölexport 169 ff., 179 ff., 219
–, Flußumleitungen 223 ff.
–, Gold 209 ff., 214 ff.
–, Handelsflotte 206
–, Koexistenz 207
–, Markt 182 ff., 206 ff.
–, Vereinigte Staaten 188 ff., 193 ff., 199 ff.
–, Wasserstraßen und Bewässerung 223 ff., 226 ff.
Stalin, Josip Wissarianowitsch Dschugaschwili, gen. 160, 201, 213
»Standard Oil Co. of New Jersey« 179 ff.
Staubstürme, amerikanische 222
Stolypin, Petr Arkadjewitsch 86 ff., 91 ff.
Strahlungsbelastung, radioaktive 8 ff.
Suess, Eduard 224
Suez-Kanal 55
Sutter, Johann August 37 f.

Takahashi, Koekiyo 66 f.
Teapot-Dome-Skandal 178 f.
Technik- und Unternehmerfeindschaft 13 f.
Thompson, William Boyd 136, 137, 191
Three-Mile-Island-Reaktorunfall 7
Tichomirow, Victor 101
Togo, Heihachiro 56 f.
Transsibirien-Eisenbahn 27 ff., 33f., 54
Trepow, General Dimitrij Feodorowitsch 69 f., 94 ff.
Trotzki-Bronstein, Leon 95, 101, 109 f., 141 ff., 146 ff., 154, 162, 191, 192
Tscheka 150
Tschernobyl-Katastrophe 7 ff., 166, 234
Tschertas (russische Juden-Regionen) 60
Tsushima-Seeschlacht 56 f.
Türkei 110 ff., 170
Turgai-Tor 224
Turkmenischer Hauptkanal 224 f.

Ukraine 156 ff.
Ungarische Räterepublik 194

Vereinigte Staaten, Asienexpansion 38 f.
–, Aufstiegsfaktoren 11
–, – Deutschland 163 ff., 201
–, – Japan 11 f., 20, 39 f.
–, – Juden 63 ff.
–, Rußland/SU 7, 23, 188 ff., 193 ff., 199 ff., 201 ff.
Versailler Friedensvertrag 185 f.
Victoria von England 30

Wackersdorf 8
Währung 211
Warburg, Felix 97
Warburg, Fritz 118
Warburg, Paul 65
Wasserkreislaufausweitung 21 f.
Wassermangel 21
Welthandel 21
Weltkriege 15 f.
Weltwirtschaftskrise (1929 ff.) 181 f., 183 ff.
Wilhelm II. 30, 45, 56, 98, 106 ff., 124, 186
Wilson, Woodrow 96, 138, 159 f., 190, 191, 193
Wise, Rabbi Stephen S. 64, 96
Wiseman, Sir David 95
Witte, Sergeij Juljewitsch 27 ff., 34 ff., 42 ff., 45, 51, 62, 72 ff., 78 ff.
Wohlstandsüberdruß 13
Wolga 223, 226 f., 233

Zeman, Zbynek A. 105
Zimmer, Max 112, 116
Zionismus 63 ff., 98
Zischka, Anton 235 f.

Anton Zischka

Der D$llar

Glanz und Elend einer Währung

Wirtschaftsverlag Langen-Müller/Herbig

Nikolai Poljanski
Alexander Rahr

Gorbatschow
Der neue Mann

Universitas